高等院校经济管理类系列教材

U0369003

商品流通企业会计实务
(第3版)(微课版)

蔡维灿　　林克明　　陈由辉　　主　编

姜媚珍　王朝晖　卢招娣　吴思丹　副主编

清华大学出版社

北　京

内 容 简 介

本书按照财政部新颁布的《企业会计准则——基本准则》及应用指南、企业会计制度及税制改革的有关
规定、商品流通行业的会计核算要求，并在充分借鉴和吸收相关已有教材和理论成果的基础上精心编写和修
订而成。本书理论与实例结合紧密，注重操作性。全书共分为 10 个项目，内容包括总论、批发业务的核算、
农副产品业务的核算、连锁超市业务的核算、进口贸易业务的核算、出口贸易业务的核算、特殊商业业务的
核算、酒店餐饮业务的核算、费用和税金的核算及财务报告的编制，涵盖领域广泛。

为方便教学，本书配有微课视频、思政案例及习题参考答案，读者可扫描书中或前言末尾左侧二维码进
行观看或下载；针对教师，本书另赠 PPT 课件、课程标准和授课计划，教师可扫描前言末尾右侧二维码获
取相关资源。

本书是一本富有特色的介绍商品流通行业会计核算的规范化教材，适合高等院校财会类及商贸类专业
学生学习，也可作为企业财会人员、管理人员及财经类院校教师的参考用书。

本书封面贴有清华大学出版社防伪标签，无标签者不得销售。
版权所有，侵权必究。举报：010-62782989，beiqinquan@tup.tsinghua.edu.cn。

图书在版编目(CIP)数据

商品流通企业会计实务：微课版 / 蔡维灿，林克明，陈由辉主编. -- 3 版.
北京：清华大学出版社, 2025.2. -- (高等院校经济管理类系列教材).
ISBN 978-7-302-68214-1

Ⅰ. F715.51
中国国家版本馆 CIP 数据核字第 2025M8F339 号

责任编辑：桑任松
装帧设计：李　坤
责任校对：吕春苗
责任印制：刘海龙
出版发行：清华大学出版社
　　　　　网　　址：https://www.tup.com.cn, https://www.wqxuetang.com
　　　　　地　　址：北京清华大学学研大厦 A 座　　　　邮　　编：100084
　　　　　社 总 机：010-83470000　　　　　　　　　邮　　购：010-62786544
　　　　　投稿与读者服务：010-62776969, c-service@tup.tsinghua.edu.cn
　　　　　质量反馈：010-62772015, zhiliang@tup.tsinghua.edu.cn
　　　　　课件下载：https://www.tup.com.cn, 010-62791865
印 装 者：小森印刷霸州有限公司
经　　销：全国新华书店
开　　本：185mm×260mm　　　　印　张：15　　　　字　数：362 千字
版　　次：2015 年 11 月第 1 版　2025 年 2 月第 3 版　印　次：2025 年 2 月第 1 次印刷
定　　价：45.00 元

产品编号：106162-01

前　言

为深入贯彻党的二十大精神，深化课程思政建设，落实立德树人根本任务，本书在第2版的基础上，以最新税率标准为依据进行改版优化，并按照财政部新颁布的《企业会计准则——基本准则》以及应用指南、企业会计制度及税制改革的有关规定、商品流通行业的会计核算要求，在充分借鉴和吸收已有教材和理论成果的基础上精心编写和修订而成。

本书从理论、准则、实例三维角度构建体系框架，具有一定的系统性、规范性、前瞻性、实用性和可操作性。本书共分为10个项目，其中：项目1为总论，项目2～项目8分别介绍批发业务、农副产品业务、连锁超市业务、进口贸易业务、出口贸易业务、特殊商业业务、酒店餐饮业务的会计核算规范，项目9介绍了费用和税金的核算，项目10介绍了财务报告的编制。本书涵盖了内贸业务与外贸业务、传统业务与新兴业态、城市贸易业务与乡镇贸易业务等会计核算内容，符合企业集团化发展的会计核算要求。

为加强理论联系实际，突出对学生知识、能力和素质的培养，提高学生的思想政治觉悟和专业实践能力，每个项目开始设有知识目标、能力目标、素质目标、思政目标、情境导入，中间穿插实例，后面附有项目实训；为培养学生的自学能力，便于学生复习和巩固所学内容，每个项目后面附有小结、同步测试、思考与练习；为了丰富教材内容，各项目还安排了拓展延伸的相关案例；为了丰富教材资源，还提供了配套课程标准、授课计划及全套微课视频。

本书由蔡维灿教授、林克明教授和陈由辉注册会计师担任主编，由姜媚珍高级会计师、王朝晖副教授、卢招娣副教授、吴思丹副教授担任副主编，由王倩会计师参编。具体分工如下：林克明撰写项目9、项目10；陈由辉撰写项目7、项目8；姜媚珍撰写项目4；王朝晖撰写项目2、项目3；卢招娣撰写项目6；吴思丹撰写项目1；王倩撰写项目5。全书由蔡维灿、林克明和陈由辉整合定稿。

本书在编写过程中参考了大量相关著作、网络资料、教材和文献，汲取和借鉴了同行的相关成果，在此谨向有关作者表示诚挚的谢意和敬意！

由于编者水平有限，书中难免存在不妥和疏漏之处，敬请读者批评、指正。

编　者

读者资源下载

教师资源服务

目　　录

项目 1

总　论

【知识目标】

● 了解商品流通的含义、商品流通企业的类型、商品交接方式。

● 掌握商品流通会计核算方法和商品流通会计的内容。

● 掌握商品流通企业的会计要素、会计等式、会计科目。

【能力目标】

● 能正确判断商品流通企业的类型。

【素质目标】

● 培养学生不断学习和更新会计知识的能力。

● 培养学生团队协作和沟通的能力。

● 培养学生养成学习与工作严谨细致的能力。

【思政目标】

● 培养学生爱岗敬业的职业精神，帮助其树立正确的人生价值观。

● 培养学生在学习与工作中遵守会计职业道德。

● 培养学生认真、细致、严谨的工作态度。

【情境导入】

朱总理三题 "不做假账" 的深意

朱镕基总理曾先后3次为3所国家会计学院题写校训,且3次题字竟是同样的内容:"不做假账"。2002年11月19日,朱镕基总理在香港举行的第十六届世界会计师大会上演讲并提到此事时,引起了热烈的掌声。

20世纪末至21世纪初,美国安然公司及世通公司惊天破产所揭露的大公司财务欺诈案,不都是"假账"在作怪吗?在不少地方,"账"是为"人"服务的,会计是听领导指挥的,"两本账""阴阳账""糊涂账"……比比皆是。

做假账,确实为某些人、某些小团体、某些地方带来了"好处"。然而,它带来的损害甚至灾难却不知是那些"好处"的多少倍。近年来,一些公司为了获取上市资格,大做假账,上市之后,继续公布虚假财务状况,极大地损害了投资者的利益。假账的大量存在,也使我国很多统计信息及经济指标误差很大,这不仅严重影响了政府的决策,也动摇了"诚信"这块市场经济的基石。更重要的是,假账对党和政府一直倡导的"实事求是"工作作风和原则构成了严重挑战,助长了弄虚作假之风。这种风气甚至蔓延到其他领域,"假作真时真亦假,谁不作假谁吃亏",使整个社会的公信力大大降低。

"不做假账"原本是会计行业职业操守的"底线",但这个"底线"在当前却遭受冲击。这个"底线"如果得不到恢复,其他方面的会计技能也将失去根本。所以,会计行业的当务之急,就是要重建信用。这不仅是会计行业的安身立命之本,也是整个社会经济大厦的基础。

"不做假账"这4个字不仅是送给国家会计学院的,也是送给全国会计从业者的。

(资料来源:《南方都市报》2002-11-20)

根据材料,分析与讨论:
一个会计工作者最基本、最重要的会计素养有哪些?

【案例分析】

一个会计工作者最基本、最重要的会计素养包含以下几个方面:
(1) 爱岗敬业。会计人员应正确认识会计职业,树立职业荣誉感,且热爱会计工作;
(2) 诚实守信。会计人员应保密守信,不为利益所诱惑,信誉至上;
(3) 廉洁自律。会计人员应树立正确的人生观和价值观,遵纪守法;
(4) 客观公正。会计人员应端正态度,依法办事,实事求是;
(5) 坚持准则。会计人员应熟悉国家法律、法规和国家统一的会计制度;
(6) 不断学习。会计人员应具有不断提高会计专业技能的意识和愿望。

1.1　商品流通概述

1.1.1　商品流通的含义

商品流通概述.mp4

商品流通是指商品通过买卖的方式，从生产领域转移到消费领域的过程。商品流通具有两个基本特征：一是商品实物的转移；二是通过货币结算。只有商品实物的转移而无货币收付，或只有货币收付而无商品实物的转移都不属于商品流通。商品流通过程通常要通过批发和零售两个环节。商品在批发环节的流通活动，称为批发商品流通；商品在零售环节的流通活动，称为零售商品流通。

从商品流通的整个过程来看，主要包括购进、销售、储存三个方面。其中，商品购进是商品流通的起点，这个过程就是用货币去购买商品，将商品从卖方(或者厂家)购入商品流通企业。商品销售是商品流通的终点，这个过程就是卖掉商品获得货币的过程。大多数商品在购进与销售之间还有一个停留状态，即储存。商品储存，一是为商品出售做准备，保证货源的充足；二是由于购进的商品暂未出售，形成了库存商品。

1.1.2　商品流通企业的类型

一般来说，商品流通按商品所有权是否转移，可划分为经销和代销。经销(定约销售)是由经销商按照与生产厂商签订的经销协议所规定的范围经销商品，包括多头经销、独家经销、总经销等。代销是代理商受另一企业或个人委托代理销售指定的商品，双方只是受托代理与委托销售的关系，没有发生商品所有权转移。

商品流通企业的组织形式，按其在商品流通中所处的地位和作用不同，主要分为批发企业、零售企业、外贸进出口企业、混合贸易经营企业，如图1.1所示。

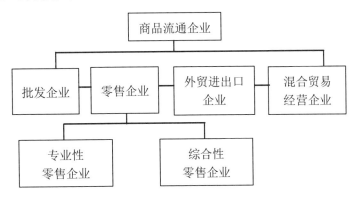

图 1.1　商品流通企业的类型

1. 批发企业

批发企业是指从生产企业或其他类型的企业购进商品，供应给零售企业或其他批发企业转售，或供应给其他企业进行进一步加工的商品流通企业。它处于商品流通的起点或中间环节，是组织大宗商品销售的经济组织，更是组织城乡之间、地区之间商品流通的桥梁。

2. 零售企业

零售企业是指从批发企业或生产企业购进商品，销售给个人消费，或销售给企事业单位等进行生产和非生产消费的商品流通企业。它处于商品流通的终点，直接面向广大消费者，是直接为人民生活服务的基层商品流通企业。零售企业按其经营商品种类的多少，可分为专业性零售企业和综合性零售企业。专业性零售企业是指专门经营某一类或某几类商品的零售企业，如钟表、眼镜、交通器材、家用电器、照相器材、金银首饰等经营商店。综合性零售企业是指经营商品类别繁多的零售企业，如百货、食品、服装鞋帽、五金、日用杂货等综合商店。零售企业可以分为百货商场、超级市场、专卖店和便利店。

(1) 百货商场是指在一个建筑物内，集中了若干专业的商品部门并向顾客提供多品种商品及服务的综合性零售形态。其基本特征为：商品结构多以服装、家庭用品、食品等为主，种类齐全；商品多数明码标价；商场注重整体的管理。

(2) 超级市场是指采取自选销售方式，以销售生活用品为主，满足顾客一次性购买多种商品及服务需求的综合性零售形态，典型的有沃尔玛、家乐福等。其基本特征为：商品结构以食品、生活日用品、服装、文具、家用电器等使用频率较高的商品为主；采取自选销售方式，商品明码标价；统一在固定地点结算。

(3) 专卖店是指专门经营某类商品或某种品牌的系列商品，满足消费者对某类商品多样性需求的零售形态。其基本特征为：商品结构专业性较强，各种规格、品种及品牌汇集；销售量小、质优、高毛利；销售人员有丰富的专业知识，能为消费者提供周到的服务；采取定价销售和开架面售的方式；有着严格的售后服务体系。

(4) 便利店最早起源于美国，继而衍生出两个分支，即传统型便利店和加油站型便利店。前者在日本等亚洲地区发展成熟；后者则在欧美地区较为盛行。这是一种用于满足顾客应急性、便利性需求的零售形态。

零售业还有一些新兴形态，如连锁商业、连锁超市、特许经营、商业街、购物中心、邮购商店、网上店铺等。

3. 外贸进出口企业

外贸进出口企业通常是指在国家规定的范围内注册的有对外贸易经营资格的从事进出口代理业务的贸易公司。外贸进出口企业的业务往来对象主要在国外，即通过市场调研，把国外商品进口到国内来销售，或者将国内商品销售到国外，从中赚取差价。外贸进出口企业是在国际贸易交流活动不断发展的背景下产生和发展起来的，随着国际贸易活动的不断发展，它的作用也越来越重要。

4. 混合贸易经营企业

在实际工作中，除上述批发企业、零售企业和外贸进出口企业以外，还存在着一些混合贸易经营的企业，如批零兼营、内外贸兼营等经营企业。

1.1.3 商品流通过程中的商品交接方式

在商品流通过程中，商品的交接方式一般有送货制、提货制和发货制三种。

1. 送货制

送货制是指销货单位将商品送到购货单位指定的仓库或其他地点，由购货单位验收入库的一种方式。

2. 提货制

提货制又称取货制，是指购货单位指派专人到销货单位指定的仓库或其他地点提取并验收商品的一种方式。

3. 发货制

发货制是指销货单位根据购销合同规定的发货日期、品种、规格和数量等条件，将商品委托给运输单位，由铁路或公路、水路、航空运送到购货单位所在地或其他指定地点，如车站、码头、机场等，由购货单位领取并验收入库的一种方式。

此外，基层贸易单位收购农副产品、回收废旧物资时还普遍采用门市收购制。

商品流通企业可以根据购销双方的实际需要签订购销合同，确定具体的商品交接方式。

思政案例 1-1 严厉打击财务会计造假 规范市场经济秩序.docx

1.2 商品流通的会计核算

1.2.1 商品流通企业会计的含义

商品流通的会计核算方法.mp4

商品流通企业的主要经济活动是将商品从生产领域转移到消费领域，以促进社会生产力的发展并满足社会需要，从而实现商品的价值并获得利润。

如何反映这些经济活动的经济实质呢？这就需要专门的会计处理模式来完成这一任务，于是商品流通会计便应运而生。会计是以货币为主要计量单位，反映和监督一个单位经济活动的一种经济管理工作。它是为适应一定时期的商业发展需要而产生的，并与经济的发展密切相关。

简单地说，商品流通企业会计是以商品流通企业为会计主体、以商品流通的交易或事项为会计对象的一种行业会计。它属于应用价值管理形式，具有反映和监督两大职能，能够预测经济前景和参与经济决策，旨在提高商品流通企业经济效益和日常运营效率的经济管理活动。

由此看来，商品流通企业会计，是以货币为主要计量单位，运用一套专门的程序和方法，对商品流通企业的经济活动进行全面、连续、系统、综合的会计处理，以提供必要的会计信息的系统。

1.2.2 商品购销的入账时间

商品购进和销售入账时间的确定，应以商品购销行为的实现，即以商品的所有权转移作为依据。商业企业通过货款结算取得商品所有权或支配权的时间就是商品购进的入账时间；反之，失去商品所有权或支配权的时间，就是商品销售的入账时间。在实际工作中，由于货款结算和商品交接方式的不同，商品所有权和支配权的转移情况比较复杂，因此，商品购进和销售的具体入账时间，应根据不同的商品交接方式和货款结算方式做相应的会计处理。

1. 商品购进的入账时间

商品购进的入账时间一般以支付货款的时间作为依据。在货款先付、商品后到的情况下，以支付货款的时间作为商品购进的入账时间；在商品先到、货款后付的情况下，以收到商品后付款时间作为商品购进的入账时间。根据商品交接方式和货款结算方式的不同，商业企业的商品购进入账时间可以分为以下三种情况。

(1) 从本地购进商品，采用现金、支票、本票或商业汇票等结算方式的，在支付货款并取得供货单位的发货证明时，即可作商品购进入账；假如商品先到并验收入库，而货款尚未支付，月末暂作商品购进入账，次月初再用红字冲回。

(2) 从外地购进商品，采用托收承付或委托收款结算方式的，在结算凭证先到的情况下，将承付货款时间作为商品购进入账时间；在商品先到，并符合购销合同规定的情况下，验收入库时间暂不作为商品购进入账时间，待承付货款时，再将承付货款时间作为商品购进入账时间。如月末尚未付款，则月末暂作商品购进入账，下月初再用红字冲回。

(3) 在商品购进业务中，采取预付货款方式的，不能以预付货款的时间作为商品购进的入账时间，因为预付货款不能形成买卖双方的商品交易行为。

2. 商品销售的入账时间

商品销售的入账时间，一般以发出商品后收到货款或取得收取货款权利的时间作为依据。商品已经发出，收到货款或虽未收到货款，但已办妥结算手续或取得购货方的收货证明时间，即可作为商品销售的入账时间。根据商品交接方式和货款结算方式的不同，商业企业的商品销售入账时间可以分为以下几种情况。

(1) 采用现金、支票、本票、汇票等结算方式的，将收到现金、支票、本票、汇票的时间，作为商品销售入账时间。

(2) 采用异地托收承付结算方式的，将办妥委托银行收款手续的时间，作为商品销售入账时间。

(3) 采用送货制销售方式的，将发出商品并取得购货单位的收货凭证或收到货款的时间，作为商品销售入账时间。

(4) 采用递延方式分期收款销售方式的，在发出商品后，将应收合同或协议约定的时间作为商品销售入账时间。

(5) 采用预收货款销售方式的，将实际发出商品的时间，作为商品销售入账时间。

1.2.3　商品购销的入账价格

1. 商品购进的入账价格

商业企业购进的商品，不论是用于国内销售还是用于供应出口，均以取得商品时所支付的价税款扣除按规定计算的进项增值税额后的数额，作为商品购进入账价格。具体可以分为以下几种情况。

(1) 从生产单位购进的商品，以生产单位的出厂价(销售价)作为商品购进的入账价格。

(2) 收购免税农副产品，以购入农副产品的买价扣除按规定计算的进项增值税额后的数额作为商品购进的入账价格。

(3) 委托外贸部门代理进口的商品，以实际支付外贸部门的全部价税款扣除按规定计算的进项增值税额后的数额作为商品购进的入账价格。

(4) 进口的商品，以进口商品国外进价(到岸价)加上关税、消费税后的数额作为商品购进入账价格。如果按离岸价计算，则按离岸价加上岸前运费、保险费计算。

(5) 委托加工的商品，以加工过程中实际成本作为加工成品入账价格，包括原材料、加工费和加工税金。

(6) 从国内其他企业或系统内各企业购入的商品，以实际支付的批发价或调拨价作为商品购进的入账价格。

2. 商品销售的入账价格

商业企业商品销售的入账价格，应是出售商品的价格，按不同的销售对象可以分为以下几种情况。

(1) 批发价是指商业批发企业直接供应给单位或个人的批量商品价格，批发企业以批发价作为商品销售入账价格。

(2) 零售价是指零售企业直接供应给消费者零星商品的价格，零售企业以零售价扣除增值税后的数额作为商品销售入账价格。

(3) 协商价是指商业企业采用浮动价、批量作价，以实际开票价作为商品销售入账价格。

(4) 批零兼营企业应视供应对象数量多少分别采用批发价或零售价作为商品销售入账价格。

1.2.4　商品流通的会计核算方法

按照商品具有使用价值和价值两种属性的理论，商品核算应该既要反映商品的使用价值，又要反映商品的价值。反映商品的使用价值，要对商品分类进行实物数量核算，反映各种商品进、销、存的数量增减变化情况；反映商品的价值，要以货币为计量单位，反映商品进、销、存的金额增减变化情况。商品的数量核算和金额核算是相互联系的，在会计核算中，两者必须紧密结合。在实际工作中，商品价值有进价金额和售价金额两种标准。因此，商品流通的会计核算方法一般包括以下几种。

1. 数量进价金额核算制

数量进价金额核算制是以实物数量和进价金额两种计量单位，反映商品进、销、存情况的一种核算方法。其主要内容如下。

(1) "库存商品"的总分类账和明细分类账统一按进价记账。总分类账反映库存商品进价总金额；明细分类账反映各种商品的实物数量和进价金额。

(2) "库存商品"明细账按商品的编号、品名、规格、等级分户，按商品收、付、存分栏记载数量和金额，数量要求采取永续盘存制。

(3) 根据企业经营管理的需要，在"库存商品"总分类账和明细分类账之间，可设置"库存商品"类目账，按商品大类分户，记载商品进、销、存大类金额。

(4) 在业务部门和仓库设置商品账，分户方法与"库存商品"明细账相同，记载商品收、付、存的数量，其明细账只记数量，不记金额。

(5) 根据商品的不同特点，采用不同方法定期计算和结转已销商品的进价成本。

数量进价金额核算制的优点是能全面反映各种商品进、销、存的数量和金额，便于从数量和金额两个方面进行控制。但每笔进、销货业务都要填制凭证，按商品品种逐笔登记明细分类账，会计明细核算工作量较大，手续较为烦琐，因此主要适用于规模和批量较大而交易次数不多的大中型商业批发企业。

2. 数量售价金额核算制

数量售价金额核算制是以实物数量和售价金额两种计量单位，反映商品进、销、存情况的一种核算方法。其主要内容基本与数量进价金额核算制相同，都是按商品品种设置明细账，实行数量和金额双重控制。其不同之处有以下两点。

(1) "库存商品"总分类账、类目账和明细账均按售价记账。

(2) 设置"商品进销差价"账户，记载售价金额和进价金额之间的差额，定期分摊已销商品进销差价，进而计算已销商品的进价成本和结存商品的进价成本。

采用售价记账时，每逢商品售价变动，就要盘点库存商品，调整商品金额和差价，核算工作量较大。因此它适用于经营规模小、业务量少的批发企业及零售企业中贵重商品的核算。

3. 进价金额核算制

进价金额核算制是以进价金额控制库存商品进、销、存的一种核算方法。其主要内容如下。

(1) "库存商品"总分类账和明细分类账一律以进价入账，只记金额，不记数量。

(2) "库存商品"明细账按商品大类或柜组设置，对需要掌握数量的商品，可设置备查簿。

(3) 平时的销货账务处理，只核算销售收入，不核算销售成本。月末采取"以存计销"的方法，通过实地盘点库存商品，倒挤商品销售成本。其计算公式为：

本期商品销售成本=期初库存商品进价总额+本期进货进价总额-期末库存商品进价总额

采用进价金额核算制，可以简化核算手续，节约人力、物力，但手续不够严密，平时不能掌握库存情况，且无法有效控制商品损耗或差错事故，因此它主要适用于鲜活商品的核算。

4. 售价金额核算制

售价金额核算制是在实物负责制的基础上，以售价记账，控制库存商品进、销、存情况的一种核算方法，它适用于传统零售企业会计核算。其主要内容如下。

(1) 建立实物负责制。根据岗位责任制的要求，按商品经营的品种和地点，将相关工作人员划分为若干柜组，确定实物负责人，对其经营的商品承担全部责任。

(2) 售价记账，金额控制。库存商品的进、销、存一律按商品销售价格入账，只记金额，不记数量，"库存商品"总分类账反映售价总金额，明细分类账按实物负责人分设，反映各实物负责人所经营的商品的售价金额，在总账控制下，随时反映各实物负责人的经济责任。

(3) 设置"商品进销差价"账户。由于"库存商品"账户按售价反映，而商品购进支付的货款又是按进价计算的，因此要设置"商品进销差价"账户来反映商品进价与售价之间的差价，以便正确计算销售商品的进价成本。

(4) 加强商品售价管理。商品按售价核算后，如遇售价变动，就会直接影响库存商品售价总额。因此，必须加强商品售价管理，明码标价。

(5) 健全商品盘点制度。"库存商品"明细分类账按售价记账，没有数量控制，只有通过盘点才能确定实际数量和金额。因此，必须加强商品盘点工作，才能检查库存商品账实是否相符及其实物负责人的工作质量和经济责任。

采用售价金额核算方法，可以简化核算手续，减少工作量。其不足之处是只记金额，不记数量，导致"库存商品"账户不能提供数量指标以控制商品进、销、存情况，一旦发生差错，难以查明原因。它主要适用于除鲜活商品、贵重商品以外的零售商品流转业务核算。

5. 数量、进价金额、售价金额核算制

除以上几种类型商品流通的会计核算方法外，使用计算机系统管理商品存货的现代商业批发企业和现代连锁超市普遍采用数量、进价金额、售价金额核算制。它具有节省成本、提高效率、管理和控制严密等优点。

商品流通的会计核算方法比较如表 1.1 所示。

表 1.1　商品流通的会计核算方法比较

方　法	概念解释	优缺点	适用情况
数量进价金额核算制	以实物数量和进价金额为计量单位，反映商品进、销、存情况的核算方法	全面反映商品收、付、存的数量和金额，便于管理和控制。记账工作量大，手续烦琐	规模和批量较大而交易次数不多的大中型批发企业的核算
数量售价金额核算制	以实物数量和售价金额为计量单位，反映商品进、销、存情况的核算方法	便于商品日常管理和控制，但核算工作量较大	经营规模小、业务量少的批发企业及零售企业中贵重商品的核算
进价金额核算制	以进价金额控制商品的进、销、存的核算方法	手续简便，工作量小，但管理手续不严密，平日无法掌握库存情况，不利于对损耗和差错进行控制	鲜活商品的核算

续表

方　法	概念解释	优缺点	适用情况
售价金额核算制	在建立实物负责制的基础上以售价金额记账，控制商品进、销、存的核算方法	简化核算手续，减少工作量，但平日无法控制进、销、存的数量，盘点发现差错时不易查明原因	除鲜活商品、贵重商品以外的零售商品流转业务的核算
数量、进价金额、售价金额核算制	运用商品进、销、存管理软件对商品数量、进价金额、售价金额等多个指标进行管理和控制	节省成本，提高效率，管理和控制严密	现代商业批发企业和现代连锁超市

1.3　商品流通企业会计的内容

思政案例 1-2 "偷骗税必严打"以公正监管促公平竞争.docx

1.3.1　商品流通企业会计的对象

商品流通企业为保证正常经营活动，必须拥有与其经营规模相匹配的资金。会计对象是指会计核算和监督的内容，即社会再生产过程中的资金及其运动，而资金则是指企业拥有的各种财产物资的货币表现。

商品流通企业要开展经济活动获得利润，必须拥有一定数量且结构合理的商品及财产物资。这些商品及财产物资的货币表现叫作企业的经营资金，简称资金。这些资金随着商品购进过程、销售过程的不断进行，也在不断地循环和周转，其运动过程如图 1.2 所示。

商品流通企业会计的内容.mp4

图 1.2　资金的运动过程

在商品流通企业的经营活动中，其资金主要以"货币→商品→货币"的形式不断运动，其中"货币→商品"即付出货币取得商品，是货币资金转化为商品资金的过程，称为商品购进过程；"商品→货币"即付出商品取得货币，是商品资金转化为货币资金的过程，称为商品销售过程。二者构成商品流通企业的全部经营过程。这种"货币→商品→货币"的一次资金形态变化叫作资金循环，而资金的不断循环又称为资金周转。

1.3.2　会计要素

会计要素又称会计对象要素，是指按照交易或事项的经济特征所做的基本分类，也是指对会计对象按经济性质所做的基本分类。它是会计核算和监督的具体对象和内容，也是构成会计对象具体内容的主要因素，可分为反映企业财务状况的会计要素和反映企业经营成果的会计要素。会计要素是会计核算对象的具体化，是用于反映会计主体财务状况和经营成果的基本单位。我国《企业会计准则——基本准则》将会计要素界定为六个，即资产、

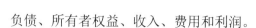

负债、所有者权益、收入、费用和利润。

1. 反映财务状况的会计要素

财务状况是指企业一定时期的资产及权益情况，是资金运动相对静止状态时的表现。商品流通企业的财务状况可通过资产、负债和所有者权益三个会计要素得到反映。

(1) 资产。资产是指由企业过去的交易或者事项形成的，由企业拥有或者控制的，预期会给企业带来经济利益的资源。资产可以分为流动资产和非流动资产。其中，流动资产是指可以在 1 年或者超过 1 年的一个营业周期内变现或者耗用的资产，主要包括库存现金、银行存款、应收账款及预付账款、存货等。非流动资产是指在 1 年或者超过 1 年的一个营业周期以上才能变现或者耗用的资产，主要包括长期股权投资、固定资产、无形资产等。

(2) 负债。负债是指由企业过去的交易或者事项形成的，预期会导致经济利益流出企业的现时义务。负债可以分为流动负债和非流动负债。其中，流动负债是指将在 1 年(含 1 年)或者超过 1 年的一个营业周期内偿还的债务，包括短期借款、应付账款及预收账款等。非流动负债是指偿还期在 1 年或者超过 1 年的一个营业周期以上的债务，包括长期借款、应付债券、长期应付款等。

(3) 所有者权益。所有者权益是指企业资产扣除负债后，由所有者享有的剩余权益。所有者权益的来源包括所有者投入的资本、直接计入所有者权益的利得和损失、留存收益等，通常由股本(或实收资本)、资本公积(含股本溢价或资本溢价、其他资本公积)、盈余公积和未分配利润构成。

2. 反映经营成果的会计要素

经营成果是企业在一定时期内从事生产经营活动所取得的最终成果，是资金运动产生显著变动的主要体现。商品流通企业的经营成果可通过收入、费用和利润三个会计要素得到反映。

(1) 收入。收入是指企业在日常活动中形成的，会导致所有者权益增加的，与所有者投入资本无关的经济利益的总流入。按照企业从事日常活动的性质，可以将收入分为销售商品收入、提供劳务收入、让渡资产使用权收入等；按照企业从事日常活动在企业中的重要性，可将收入分为主营业务收入、其他业务收入等。

(2) 费用。费用是指企业在日常活动中发生的，会导致所有者权益减少的，与向所有者分配利润无关的经济利益的总流出。费用是企业为获得收入而付出的相应"代价"。按照费用与收入的关系可将费用分为营业成本和期间费用，如管理费用、销售费用和财务费用。

(3) 利润。利润是指企业在一定会计期间的经营成果，包括收入减去费用后的余额，或直接计入当期利润的利得和损失。如果企业实现了赢利，表明企业的所有者权益将增加，业绩得到了提升；反之，如果企业发生了亏损(利润为负数)，表明企业的所有者权益将减少，业绩下滑。从数值上看，利润就是收入(包括利得)减去费用(包括损失)之后的净额。其中，收入减去费用后的净额反映的是企业日常活动的经营业绩，直接计入当期利润的利得和损失，反映的是企业非日常活动的业绩。

3. 会计等式

会计等式，也称会计平衡公式或会计方程式，它是利用数学公式对各会计要素的内在经济关系所做的概括表达，即反映各会计要素数量关系的等式。它揭示各会计要素之间的联系，是复式记账、试算平衡和编制会计报表的理论依据。反映资产负债表要素之间的数量关系的等式是：

$$资产=负债+所有者权益$$

反映利润表要素之间的数量关系的等式是：

$$收入-费用=利润$$

4. 商品流通企业的会计科目

会计科目是对会计要素按其经济内容和用途所做的具体分类项目。通过设置会计科目，可以将会计要素的增减变化分门别类地予以登记，为企业内部的经济管理和外部有关方面提供一系列具体的分类数量指标。

(1) 商品流通企业的会计科目如表 1.2 所示。

表 1.2　商品流通企业的会计科目

序号	编　号	会计科目名称	序号	编　号	会计科目名称
一、资产类			23	1512	长期股权投资减值准备
1	1001	库存现金	24	1521	投资性房地产
2	1002	银行存款	25	1531	长期应收款
3	1012	其他货币资金	26	1532	未实现融资收益
4	1101	交易性金融资产	27	1601	固定资产
5	1121	应收票据	28	1602	累计折旧
6	1122	应收账款	29	1603	固定资产减值准备
7	1123	预付账款	30	1604	在建工程
8	1131	应收股利	31	1605	工程物资
9	1132	应收利息	32	1606	固定资产清理
10	1221	其他应收款	33	1701	无形资产
11	1231	坏账准备	34	1702	累计摊销
12	1402	在途物资	35	1703	无形资产减值准备
13	1405	库存商品	36	1711	商誉
14	1406	发出商品	37	1801	长期待摊费用
15	1407	商品进销差价	38	1811	递延所得税资产
16	1408	委托加工物资	39	1901	待处理财产损溢
17	1411	周转材料	二、负债类		
18	1471	存货跌价准备	40	2001	短期借款
19	1501	持有至到期投资	41	2101	交易性金融负债
20	1502	持有至到期投资减值准备	42	2201	应付票据
21	1503	可供出售金融资产	43	2202	应付账款
22	1511	长期股权投资	44	2203	预收账款

序号	编 号	会计科目名称	序号	编 号	会计科目名称
45	2211	应付职工薪酬	64	4201	库存股
46	2221	应交税费	四、成本类		
47	2231	应付利息	65	5201	劳务成本
48	2232	应付股利	66	5301	研发支出
49	2241	其他应付款	五、损益类		
50	2314	受托代销商品款	67	6001	主营业务收入
51	2401	递延收益	68	6051	其他业务收入
52	2501	长期借款	69	6101	公允价值变动损益
53	2502	应付债券	70	6111	投资收益
54	2701	长期应付款	71	6301	营业外收入
55	2702	未确认融资费用	72	6401	主营业务成本
56	2711	专项应付款	73	6402	其他业务成本
57	2801	预计负债	74	6403	税金及附加
58	2901	递延所得税负债	75	6601	销售费用
三、所有者权益类			76	6602	管理费用
59	4001	实收资本	77	6603	财务费用
60	4002	资本公积	78	6701	资产减值损失
61	4101	盈余公积	79	6711	营业外支出
62	4103	本年利润	80	6801	所得税费用
63	4104	利润分配	81	6901	以前年度损益调整

(2) 会计科目的运用。为了保证会计核算工作的正常进行，并满足会计资料使用者的需求，商品流通企业在会计科目的使用上必须注意以下几点。

第一，商品流通企业应按照《企业会计准则——基本准则》的规定设置和使用会计科目，以保证会计指标的统一性和可比性。在不影响会计核算要求和会计报表指标汇总，以及对外提供统一的财务会计报告的前提下，可以根据实际情况自行增设、减少或合并某些会计科目。明细科目，除会计制度已有规定之外，在不违反统一会计核算要求的前提下，商品流通企业可以根据需要自行设置。

第二，商品流通企业应按照《企业会计准则——基本准则》规定的会计科目编号，编制会计分录，登记账簿，查阅账目，实行会计电算化。商品流通企业不应当随意打乱编号或重新编号。对于单位根据需要增设的会计科目，其科目编号可相应地排列在所留的会计科目编号之间的空号中。

第三，对于会计科目名称，商品流通企业可以根据本企业的具体情况，在不违反会计科目使用原则的基础上，设置适合本企业的会计科目名称。

第四，商品流通企业在填制会计凭证、登记账簿时，应当填列会计科目的名称，或者同时填列会计科目的名称和编号，不应当只填科目编号，而不填科目名称。

小　　结

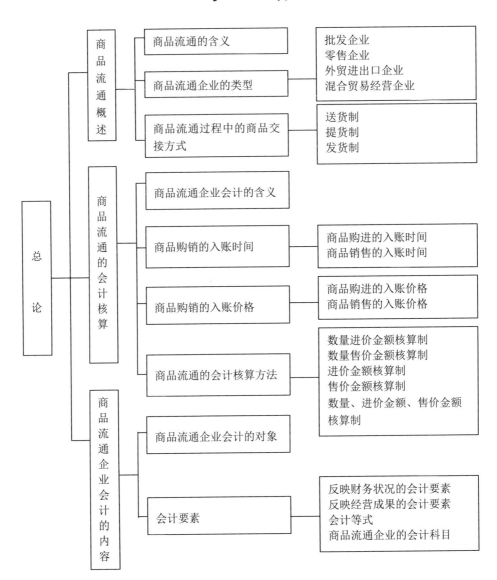

同　步　测　试

一、单项选择题

1. 商品流通是指商品通过买卖方式，从生产领域转移到(　　　)的过程。

    A. 购进领域　　　　B. 销售领域　　　　C. 储存领域　　　　D. 消费领域

2. (　　　)处于商品流通的起点或中间环节，是组织大宗商品销售的经济组织，更是组织城乡之间、地区之间商品流通的桥梁。

A. 零售企业　　　　　　　　　　B. 外贸进出口企业

    C. 混合贸易经营企业　　　　　　D. 批发企业

3. (　　)是指销货单位将商品送到购货单位指定的仓库或其他地点,由购货单位验收入库的一种方式。

    A. 送货制　　　　B. 提货制　　　　C. 发货制　　　　D. 取货制

4. 商业企业购进的商品,不论是用于国内销售还是用于供应出口,均以取得商品时所支付的价税款扣除按规定计算的(　　)后的数额,作为商品购进入账价格。

    A. 销项税　　　　B. 消费税　　　　C. 进项增值税　　　D. 企业所得税

5. (　　)适用于规模和批量较大而交易次数不多的大中型商业批发企业。

    A. 数量进价金额核算制　　　　　　B. 数量售价金额核算制

    C. 进价金额核算制　　　　　　　　D. 售价金额核算制

6. (　　)适用于经营规模小、业务量少的批发企业及零售企业中贵重商品的核算。

    A. 数量进价金额核算制　　　　　　B. 数量售价金额核算制

    C. 进价金额核算制　　　　　　　　D. 售价金额核算制

7. (　　)可以简化核算手续,节约人力、物力,但手续不够严密,平时不能掌握库存情况,且无法有效控制商品损耗或差错事故,因此适用于鲜活商品的核算。

    A. 数量进价金额核算制　　　　　　B. 数量售价金额核算制

    C. 进价金额核算制　　　　　　　　D. 售价金额核算制

8. 在商品流通企业的经营活动中,其资金主要以(　　)的形式不断运动。

    A. 货币→商品　　　　　　　　　　B. 商品→货币

    C. 商品→货币→商品　　　　　　　D. 货币→商品→货币

9. 所有者权益通常由股本(或实收资本)、资本公积(含股本溢价或资本溢价、其他资本公积)、盈余公积和(　　)构成。

    A. 未分配利润　　　　　　　　　　B. 主营业务收入

    C. 应收账款　　　　　　　　　　　D. 应付账款

10. 采用(　　)时,以发出商品并取得购货单位的收货凭证或收到货款时间,作为商品销售入账时间。

    A. 异地托收承付　　　　　　　　　B. 递延方式

    C. 预收货款销售方式　　　　　　　D. 送货制销售方式

二、多项选择题

1. 在商品流通过程中,通常要通过(　　)两个环节。

    A. 批发　　　　B. 零售　　　　C. 购进　　　　D. 储存

2. 一般来说,商品流通按商品所有权是否转移划分为(　　)。

    A. 代销　　　　B. 经销　　　　C. 促销　　　　D. 直销

3. 商品流通企业的组织形式,按其在商品流通中所处的地位和作用不同,可以分为(　　)三种类型。

    A. 批发企业　　　　　　　　　　　B. 零售企业

    C. 外贸进出口企业　　　　　　　　D. 生产企业

4. 在商品购销业务活动中，商品的交接方式一般有( )三种。

    A. 送货制　　　　B. 提货制　　　　C. 发货制　　　　D. 购货制

5. 商品流通的会计核算方法一般有( )。

    A. 数量进价金额核算制　　　　　　B. 数量售价金额核算制

    C. 进价金额核算制　　　　　　　　D. 售价金额核算制

6. 使用计算机系统管理商品存货的商品流通企业普遍采用( )核算制。

    A. 数量进价金额　　　　　　　　　B. 数量售价金额

    C. 进价金额　　　　　　　　　　　D. 售价金额

7. 商品流通企业的财务状况可通过( )三个会计要素得到反映。

    A. 资产　　　　　B. 负债　　　　C. 所有者权益　　　D. 收入

8. 商品流通企业的经营成果可通过( )三个会计要素得到反映。

    A. 资产　　　　　　B. 收入　　　　C. 费用　　　　　D. 利润

9. 下列哪些会计科目属于资产类？( )

    A. 委托加工物资　　　　　　　　　B. 商品进销差价

    C. 受托代销商品款　　　　　　　　D. 主营业务收入

10. 下列会计科目中，属于所有者权益类的是( )。

    A. 实收资本　　　　　　　　　　　B. 库存现金

    C. 主营业务收入　　　　　　　　　D. 本年利润

思考与练习

1. 什么是商品流通？商品流通企业的类型有哪些？

2. 商品流通过程中的商品交接方式有哪几种？

3. 商品流通的会计核算方法有哪些？

4. 商品购销的入账时间和入账价格如何确定？

5. 比较数量进价金额核算制、数量售价金额核算制、进价金额核算制、售价金额核算制的优缺点。

6. 什么是会计要素？六大会计要素的定义和内容是什么？

7. 反映财务状况的会计要素有哪些？反映经营成果的会计要素有哪些？

8. 分别写出反映资产负债表要素之间数量关系的等式和反映利润表要素之间数量关系的等式。

9. 商品流通企业在会计科目的使用上需要注意哪些事项？

项目 2

批发业务的核算

【知识目标】

- 了解批发商品流转主要业务流程。
- 熟悉批发商品流转各环节的会计核算特点及内容。

【技能目标】

- 掌握批发企业商品购进、销售、储存的会计核算。
- 掌握库存商品期末计量方法。
- 掌握商品销售成本计算和结转方法。

【素质目标】

- 遵守批发业务相关的会计准则，确保会计工作的规范性和合规性。
- 识别和评估批发业务中的财务风险，并采取有效措施进行防范和控制。
- 培养学生的对外沟通协调能力，确保账务处理的顺利进行。

【思政目标】

- 增强学生的创业意识：诚信经营、互利共赢。
- 帮助学生树立人生价值取向：以德立身、量入为出。

【情境导入】

小商品闯出大市场做成大产业

2023年9月，习近平总书记在浙江考察期间，来到义乌国际商贸城。习近平总书记强调，义乌小商品闯出了大市场、做成了大产业，走到这一步很了不起，每个人都是参与者、建设者、贡献者。商贸城要再创新辉煌，为拓展国内国际市场、畅通国内国际双循环作出更大贡献。

从走街串巷的"鸡毛换糖"到买卖全球的"世界超市"，从一座县级小城到"一带一路"重要节点城市，因市而兴的浙江省义乌市正以自己独有的活力与实力，演绎着"世界小商品之都"的时代魅力。

作为义乌老牌针织袜业生产企业，梦娜袜业也是义乌首家浙江省"未来工厂"企业。在梦娜袜业的"未来工厂"生产车间，可以看到几十台AGV(自动导引车)智能机器人载着货品穿梭在各个工位之间，它们或是按照指令为每个工位配送生产原料，或是乘坐电梯上下楼搬运产品，车间内科技感满满。

走进义乌国际商贸城，家家店铺挂上鲜艳的中国结，门楣贴上新的春联，处处洋溢着新春的喜庆氛围。10000、11000、12000……一个个店铺直播间里持续飙升的人气值、一波波后台不断上涨的成交额，展现出这个有着40多年发展史的"全球最大的小商品批发市场"的时代新活力。

随着义乌"电商换市"发展战略的推进，义乌电商经营主体增速迅猛，在助力区域经济高质量发展的同时，也在一定程度上对国内市场起到辐射带动的作用。2023年，义乌电商主体突破60万户，网络零售额位居浙江全省第一。依托线上线下联动，义乌还带动了20余个产业集群转型发展。

根据材料，分析与讨论：

从"鸡毛换糖"到"世界超市"，义乌在发展过程中是如何不断适应国内外市场变化并调整发展战略的？

【案例分析】

义乌小商品精准把握消费需求动态，推动产品与服务迭代。其敏锐感知国内外市场波动，主动对接服务，以创意、技术与工艺提升附加值，持续推新。在数字科技创新方面，义乌引领现代化产业体系建设，抓住数字化机遇，率先行动，通过构建数字贸易平台与拓展在线场景，推动商贸交易数字化创新，激发活力。同时，义乌赋能市场主体，借助数字科技助力商户和小微企业，使其在经营理念、产品品质与商业模式上实现深度变革，推动产业体系迈向现代化，成功转型升级，让义乌在小商品领域及数字创新进程中始终保持领先地位，展现出强大的市场适应性与前瞻性发展能力。

(资料来源：《光明日报》2024-02-09(节选)https://news.gmw.cn/2024-02/09/content_37141685.htm)

2.1　批发企业经济业务特点

批发企业是指从生产企业或其他商业企业购进商品，供应给零售企业或其他批发企业进行转售，或供应给生产企业进行进一步加工的商品流通企业。通俗地理解就是，批发企业进行的是大宗商品买卖，这是批发企业与零售企业的最大区别。

批发企业的
核算制度.mp4

批发企业在城乡之间、地区之间、生产企业(或其他批发企业)与零售企业及个体户之间组织批发商品流转，大批地向工农业生产部门或国际贸易企业采购商品，又成批地供应出去，在整个流通领域中担负着主要的中转任务。因此，批发企业的商品流通是整个流通的起点和中间环节。批发商品流通过程包括商品购进、销售和储存三个环节。

批发企业经济业务特点如下。

(1) 批发企业需要储备一定数量的商品，随时掌握各种商品进、销、存的数量和结存金额。

(2) 批发企业经营大宗的商品购销活动，交易次数较少。

(3) 批发企业每次交易的金额较大。

(4) 每次交易都必须填制各种原始凭证，以反映和控制商品的交易活动。

正是这些特点决定了批发企业采用数量进价金额核算制进行会计核算，以加强对商品的管理。会计核算价格的主线："三进一销"。"三进"是指购入商品时用购进的实际价格核算，验收入库时用购进的实际价格核算，结转主营业务成本时用购进的实际价格分类核算；"一销"是指销售商品时用销售价核算。

2.2　批发商品购进的核算

批发商品购进的主要业务过程是由企业内部的业务、储运和财会等部门共同完成的。因此，企业除了要合理组织商品购进的业务外，还要求各职能部门密切配合、相互合作，以加快商品的流通速度。批发商品购进按照地区不同，可分为本地(同城)购进和异地购进两种。

批发商品购进
的核算.mp4

由于批发商品购进的渠道、方式、交接货手续不同，其业务程序和核算方法也有所不同。

2.2.1　批发商品购进的业务程序

1. 本地购进

本地购进是由商业企业向当地的生产企业或批发企业进货。一般采用"送货制"和"提货制"的交接方式接收商品。货款一般采用支票、本票、商业汇票或委托收款结算方式。进货时，由业务部门根据供货单位的"专用发票"核对所列商品的品名、规格、数量、单价、金额是否与合同规定相符。经核对无误后，如专用发票联次不足，可填制一式多联"收货单"。存根联由业务部门留存；收货联由仓库凭以验收商品和登记商品保管账；结算联由财会部门凭以结算货款；记账联经仓库收货加盖"收货"章后转财会部门凭以记账。

2. 异地购进

异地购进是由商业企业向外地生产企业或批发企业进货，一般采用"发货制"交接方式接收商品，货款大多采用托收承付、委托收款、商业汇票、银行汇票、汇兑等结算方式。采用托收承付结算方式的一般业务程序是：商业企业财会部门接到开户银行转来的供货单位托收凭证、专用发票和代垫运费单据时，先送业务部门与合同核对，经核对无误后退还财会部门凭以办理承付货款手续，同时由业务部门填制"收货单"，留存一联外，其余交储运部门提货。商品到达后，仓库根据"收货单"及供货单位的发货单(随货同行联)办理商品验收入库手续后，留一联据以登记商品保管账，其余连同专用发票一起送财会部门编制记账凭证入账。

"收货单"的一般格式如表2.1所示。

表2.1　收货单

销货单位：				开单日期：　年　月　日				存放仓库：
货　号	规格、品名	单　位	数　量	单　价	金　额	税率%	进项税额
合计							
价税合计(大写)　　佰　拾　万　仟　佰　拾　元　角　分　　¥								
包装类别		件数			每件内装		合　同　字　号	
备注：　发票号码					验收日期			

我国相关税法规定，销售商品要缴纳增值税。增值税是价外税，不包括在商品货款之中。增值税的纳税人同负税人是分离的，纳税人是销售商品或者提供加工、修理修配劳务的单位和个人，负税人是消费者。因此，企业在购进商品时，除了要支付货款外，还要为消费者垫支增值税。垫支的这部分增值税，在企业转售商品后，在按期缴纳增值税时，予以抵扣。因此，企业在购进商品时，必须取得增值税专用发票的发票联和抵扣联两联单据。发票联作为入账的依据，抵扣联则作为日后抵扣增值税的依据。

2.2.2　库存商品账簿的设置与登记

1. 库存商品总账

"库存商品"科目属资产类科目，应核算批发企业全部自有的库存商品，包括存放在仓库及门市部和寄存在外库的商品、委托其他单位代管代销的商品、陈列展览的商品等。其借方登记批发企业库存商品的增加,贷方登记库存商品的减少,余额为库存商品的实存数额。该科目应按商品种类、名称、规格和存放地点分户设置明细账。

2. 库存商品明细账

1) 库存商品明细账的分户

库存商品明细账的分户,要本着能够满足业务经营需要,及时、准确地计算商品销售成本,简化核算工作等目的进行。库存商品明细账的分户方法一般包括以下三种。

(1) 按商品的品名、编号、规格和等级分户。若采用这种分户方法,则只要是同一品名、编号、规格和等级的商品,不论其进价、批次是否相同,都在同一分户账页上连续登记。

(2) 按商品的品名、编号、规格和等级,结合同一进货单价分户。若采用这种分户方法,则将品名、编号、规格和等级,以及进货单价相同的商品在同一账页上连续登记。

(3) 按商品的品名、编号、规格和等级,结合进货批次分户。若采用这种分户方法,则将品名、编号、规格和等级相同的商品,按每一进货批次开设明细账。这种方法适用于整批购进、整批销售,分批购进、分批销售,以及分批保管的商品。

2) 库存商品明细账的设置

在批发商业企业中,业务、仓库和会计部门都掌握库存商品的明细资料。在实际工作中,库存商品明细账的设置一般有以下三种方法。

(1) 三账分设。三账分设是指业务、仓库、会计部门各设一套库存商品明细账,即业务部门设调拨账,仓库设保管账,会计部门设库存商品明细账。

(2) 两账合一。两账合一是指业务部门和会计部门合设一套库存商品明细账,既记录数量又记录金额,提供业务和会计部门所需要的库存商品明细资料。仓库设保管账,只记录数量。

(3) 三账合一。三账合一是指业务、仓库和会计部门合设一套库存商品明细账,记录数量、金额的同时还提供业务、仓库和会计部门所需的库存商品明细资料。

3) 库存商品明细账的格式及登记方法

库存商品明细账一般采用"数量金额"式账页,其格式如表 2.2 所示。

表 2.2　库存商品明细账

商品类别:　　　编号:　　　品名:　　　规格:　　　金额:

20××年		凭证字号	摘要	收　入				发　出				结　存		
月	日			数　量		单价	金额	数　量		单价	金额	数量	单价	金额
				购进	其他			销售	其他					

在表 2.2 中，收入数量中的"其他"，是指商品加工完成收回和商品溢余的数量；发出数量中的"其他"，是指商品加工发出、商品损耗和短缺的数量。

在采用数量进价金额核算制的批发企业中，库存商品明细账中收入商品的数量、单价和金额，应该根据仓库、业务部门的发货票等凭证，按收入商品的批次分行登记。发出商品的数量，应根据业务部门的发货单登记；对于发出商品的单价(发出商品的单位成本)，由于批发商品的进价往往不同，需要采用适当的方法进行计算、登记；发出商品的金额，应该根据发出商品的单价乘以发出商品的数量计算、登记。结存商品的数量和金额，在采用永续盘存制的情况下，应该根据期初结存、本期收入、本期发出的数量和金额计算、登记；在采用实地盘存制的情况下，则应该根据实际盘存的结果计算、登记。

2.2.3 批发商品购进业务的核算

1. 科目设置

商品购进业务主要包括确定商品的采购成本、结算货款、商品入库等基本业务。在商品购进过程中，应设置下列会计科目(账户)。

(1) "在途物资"账户，属资产类账户，用来核算货款已付尚未验收入库的在途商品采购成本。企业从国内采购或国外进口的各种商品，凡是通过本企业结算货款而商品尚未到达的，都在本账户进行核算。它的借方登记购入商品付款数；贷方登记转入"库存商品"账户的商品采购成本，期末借方余额表示企业在途商品的实际采购成本。该账户应按供货单位、商品类别等设置明细账(采用平行式明细账页)。经营进出口商品的企业，可根据需要分别按进口商品采购和出口商品采购进行明细核算。

(2) "库存商品"账户，属资产类账户，用来核算全部自有的各种库存商品的实际成本，包括存放在仓库、门市部和寄存在外库的商品，委托其他单位代管、代销的商品，陈列展览的商品等。它的借方登记由"在途物资"账户转来购入商品和商品到达验收入库的采购成本及盘盈之数；贷方登记商品销售实际成本及盘亏之数，期末余额表示库存商品的实际成本。该账户可按商品类别、品名、规格、等级、存放地点等设置明细账。

2. 商品采购成本的确定

(1) 国内购进用于国内销售和出口的商品，以进货时所支付的价税款扣除按规定计算的进项增值税款后的数额作为采购成本。

商品购进环节采购费用的会计核算中，采购费用分为三种情况进行处理。第一种，直接计入商品采购成本，该方法与工业企业原材料采购时采购费用的处理方法相同。第二种，先在"库存商品——进货费用"项下进行归集，期末再按照商品的存销比例进行分摊，摊销已销部分的进货费用，转入"主营业务成本"中。第三种，将进货费用直接作为费用计入当期损益，商品流通企业将其归入"销售费用"中进行核算。本书采用第三种方法，将购进商品所发生的进货费用作为当期损益列入期间费用。

(2) 企业进口的商品，其采购成本包括进口商品的国外进价、应分摊的外汇价差、关税和佣金。如以离岸价格成交的，其离岸后应由企业担负的运费、保险费等，也应计入采购成本。

(3) 企业委托其他单位代理进口的商品，其采购成本为实际支付给代理单位的全部价税款扣除按规定计算的进项税额后的数额。

(4) 企业购进的免税农业产品,其采购成本为支付的收购价款扣除按规定计算的进项税款后的数额。

(5) 小规模纳税企业购进的商品,无论是否取得增值税专用发票,其支付的增值税额均不计入进项税额,不得从销项税额中抵扣,而应计入商品的采购成本。

3. 同城购进的核算

同城购进主要是指批发企业从当地的生产企业或其他商品流通企业购进商品。商品的交接方式一般采用"送货制"或"提货制"。货款的结算方式通常采用转账支票和商业汇票,也可以采用银行本票、信用卡。

涉及同城购进的,由于企业与供货单位在同一城市,商品验收与货款结算一般在同一天办理。

【例 2-1】 新华百货批发公司从本市美艺服装加工厂购进一批运动服,增值税专用发票上注明的价款总额为 300 000 元(不含增值税),增值税税率为 13%,款项以转账支票支付,当日验收入库。作会计分录如下:

借:库存商品　　　　　　　　　　　　　　300 000
　　应交税费——应交增值税(进项税额)　　39 000
　　　　贷:银行存款　　　　　　　　　　　　　339 000

在例 2-1 中,如果采用商业汇票结算,则应作如下会计分录:

借:库存商品　　　　　　　　　　　　　　300 000
　　应交税费——应交增值税(进项税额)　　39 000
　　　　贷:应付票据　　　　　　　　　　　　　339 000

如果是小规模纳税企业,所支付的不可抵扣的增值税进项税额计入所购商品的成本。作会计分录如下:

借:库存商品　　　　　　　　　　　　　　339 000
　　　　贷:银行存款　　　　　　　　　　　　　339 000

4. 异地购进的核算

涉及异地购进的,由于企业与供货单位不在同一城市,商品由供货单位委托运输部门发运,而托收凭证由银行通过邮寄传递,因此商品与托收结算凭证到达企业的时间可能会出现三种情况:一是托收凭证先到,商品后到;二是商品先到,托收凭证后到;三是托收凭证和商品同时到达。这三种情况的会计核算方法有所不同。同时,按"发货制"要求,购进商品的运费由供货单位垫付,并随同货款一并向购货企业托收。

1) 托收凭证先到,商品后到

这是指托收承付结算凭证已到而商品尚在运输途中的情况。财会部门应根据银行转来的托收凭证和"增值税专用发票",经业务部门与合同核对无误后承付货款。

【例 2-2】 新华百货批发公司从外地某服装厂购进一批西服,共 100 件,增值税专用发票上注明的价款总额为 80 000 元,增值税税额为 10 400 元;供货单位代垫运费 1 000 元,增值税税额为 90 元;货款结算采用"异地托收承付"结算方式。

(1) 接到银行转来的外地服装厂的托收凭证、"发货单"结算联和代垫运费清单，经审核无误，支付货款，作会计分录如下：

借：在途物资——外地某服装厂   80 000

      应交税费——应交增值税(进项税额)   10 490

      销售费用——进货运费   1 000

    贷：银行存款   91 490

(2) 商品运到，经仓库点验入库，根据仓库送来的"收货单"和供货单位的"增值税专用发票"，审核无误后，作会计分录如下：

借：库存商品——西服   80 000

    贷：在途物资——外地某服装厂   80 000

2) 商品先到，托收凭证后到

这是指商品已到而托收凭证未到，尚不能承付货款的情况。在会计核算上，按制度规定，这种情况暂不作账务处理，月末按暂估进价，作会计分录如下：

借：库存商品——西服   80 000

    贷：应付账款——暂估应付账款   80 000

(1) 下月初对月末尚未付款的商品用红字冲回。

借：库存商品——西服   80 000

    贷：应付账款——暂估应付账款   80 000

(2) 接到银行转来的托收凭证、"增值税专用发票"和代垫运费清单，经审核无误后，承付货款，作会计分录如下：

借：在途物资——外地某服装厂   80 000

      应交税费——应交增值税(进项税额)   10 490

      销售费用——进货运费   1 000

    贷：银行存款   91 490

同时，根据仓库"收货单"和供货单位的"增值税专用发票"，审核无误后，作会计分录如下：

借：库存商品——西服   80 000

    贷：在途物资——外地某服装厂   80 000

3) 托收凭证与商品同日到达

托收凭证与商品同日到达，是指承付货款和商品点验入库手续可以在同一天内办完，不存在商品在途和不能承付货款的情况，可以按本地商品购进核算方法作库存商品处理。财会部门在接到银行转来的托收凭证、"增值税专用发票"、代垫运费清单和仓库送来的"收货单"，经审核无误后承付货款，作会计分录如下：

借：库存商品——西服   80 000

      应交税费——应交增值税(进项税额)   10 490

      销售费用——进货运费   1 000

    贷：银行存款   91 490

5. 购进商品溢余和短缺的核算

商品购进后，企业应严格验收数量和质量。在验收时如发现实收数量多于或少于应收

数量，即为购进商品溢余和短缺。

购进商品发生溢余和短缺的原因很多，有的是由于商品本身性能和自然条件的变化而造成的商品升溢或损耗；有的是由于供货单位的工作差错而造成的多发或少发；也有的是运输单位的失职而造成的丢失、破坏等事故。

购进商品发生溢余和短缺时，应由验收部门会同运输单位做出详细记录和鉴定证明，并填制"商品购进溢缺报告单"(见表 2.3)报有关部门作为清查和处理的依据。

表 2.3 商品购进溢缺报告单

年 月 日

货 号	规格及品名	单 位	应收数量	实收数量	溢余或短缺				
					数 量	单 价	金 额	运杂费	进项税额
原因									
处理意见	领导批示：			财务部门意见：				经办人意见：	

编号： 收货单位： 供货单位： 发货单位编号：

复核： 收货人： 制单人：

购进商品发生溢余和短缺，在未查明原因之前，先按商品实收数入库，并根据"商品购进溢缺报告单"将溢余或短缺商品视作"待处理财产损溢"账户处理。对于"待处理财产损溢"，一般不考虑增加增值税进项税额；但若购进商品发生毁损与短缺，属于正常情况的，增值税进项税额可以抵扣，属于非正常情况的，不得抵扣。

"待处理财产损溢"账户属资产类账户，用来核算企业在清查财产过程中查明的各项财产的盘盈、盘亏和毁损的价值。其下设"待处理固定资产损溢"和"待处理流动资产损溢"两个明细账户。"待处理财产损溢"账户的借方登记商品材料等短缺发生数和溢余转销数；贷方登记商品材料等溢余发生数和短缺转销数；借方余额表示尚未处理的商品材料等短缺数额；贷方余额表示尚未处理的商品材料等溢余数额。企业的财产余缺，应查明原因，并在期末结账前处理完毕，处理后无余额。该账户可按盘盈、盘亏、毁损的财产种类和项目进行明细核算。

1) 购进商品发生溢余的核算

【例 2-3】 新华百货批发公司从外地某糖厂购进白砂糖 9 000 千克，每千克 5 元，计价 45 000 元，增值税税额为 5 850 元；另供货方垫付运费 1 000 元，增值税税额为 90 元。采用托收承付结算方式结算货款。

(1) 接到银行转来的托收凭证及附来的专用发票(发票联)、运费凭证，经审核无误后，予以承付，作会计分录如下：

借：在途物资——外地某糖厂　　　　　　　　　45 000
　　应交税费——应交增值税(进项税额)　　　　 5 940
　　销售费用——进货运费　　　　　　　　　　 1 000

贷：银行存款　　　　　　　　　　　　　　　　　　　51 940

(2) 商品运到，经点验实收数量为 9 150 千克，溢余 150 千克，计价 750 元，原因待查。作会计分录如下：

借：库存商品——白砂糖　　　　　　　　　　　　　45 750

贷：在途物资——外地某糖厂　　　　　　　　　45 000

待处理财产损溢——待处理流动资产损溢　　750

(3) 按规定，运输途中商品自然升溢，应作为本单位收益处理，冲减销售费用。如属供货单位多发，应与对方联系，同意作为本企业购进的，根据供货方补来的专用发票补付货款及进项税额；如果对方不同意本企业购进，则转为代管商品。

经查明原因，上项白砂糖溢余，其中 20 千克属自然升溢，130 千克属供货单位多发，经与对方联系，同意补作购进，货款已汇出。按白砂糖溢余原因，作会计分录如下：

借：待处理财产损溢——待处理流动资产损溢　　750

应交税费——应交增值税(进项税额)　　　　84.50

贷：销售费用——商品自然升溢　　　　　　　100

银行存款　　　　　　　　　　　　　　　734.50

(4) 如果新华百货批发公司不同意购进，双方经协商，百货批发公司将商品退还供货单位，则应作会计分录如下：

借：待处理财产损溢——待处理流动资产损溢　　750

贷：库存商品——白砂糖　　　　　　　　　　　650

销售费用——自然升溢　　　　　　　　　　100

2) 购进商品发生短缺的核算

【例 2-4】 仍以例 2-3 为例，如果商品验收入库时，实收白砂糖数量为 8 840 千克，短缺 160 千克，原因待查。

(1) 接到银行转来的托收凭证及附来的专用发票(发票联)、运费凭证，经审核无误后，予以承付，作会计分录如下：

借：在途物资——外地某糖厂　　　　　　　　　　　45 000

应交税费——应交增值税(进项税额)　　　　　5 940

销售费用——进货运费　　　　　　　　　　　1 000

贷：银行存款　　　　　　　　　　　　　　　51 940

(2) 商品运到，经点验实收数量为 8 840 千克，短缺 160 千克，计价 800 元，原因待查。作会计分录如下：

借：库存商品——白砂糖　　　　　　　　　　　　　44 200

待处理财产损溢——待处理流动资产损溢　　　800

贷：在途物资——外地某糖厂　　　　　　　　45 000

(3) 按规定，运输途中的商品自然损耗，作销售费用处理；如果是供货单位少发商品，应与对方联系，要求补发商品或退还货款；如果事故损失属于运输部门责任，应由运输单位赔偿；如果属于责任人造成的事故，应由责任人负责赔偿，转入"其他应收款"账户；如果是自然灾害或意外事故等非常原因造成的损失，将扣除保险公司和过失人赔偿后的净损失，转入"营业外支出——非常损失"账户；如果是其他无法收回的损失，报请批准后，转入"管理费用"账户。

后查明原因,上项短缺的白砂糖,其中 20 千克属运输途中自然损耗;100 千克为供货方少发,经与对方联系,同意补发商品(商品已运到);另 40 千克属运输单位责任事故,经联系,同意赔偿损失。按白砂糖短缺原因,作会计分录如下:

借:销售费用——自然损耗　　　　　　　　　　　　100
　　库存商品——白砂糖　　　　　　　　　　　　　500
　　其他应收款——某运输单位　　　　　　　　　　226
　　　贷:待处理财产损溢——待处理流动资产损溢　　　　800
　　　　　应交税费——应交增值税(进项税额转出)　　　26

(4) 若供货方少发的 100 千克白砂糖,购货方不要求补发,提出退款,供货方已开来退货的红字增值税专用发票,应退货款 500 元及增值税 65 元。作会计分录如下:

借:在途物资——外地某糖厂　　　　　　　　　　　500
　　应交税费——应交增值税(进项税额)　　　　　　65
　　　贷:应收账款——外地某糖厂　　　　　　　　　　　565

(5) 若短缺的 160 千克均为运货途中的意外损失,保险公司同意赔付损失的 60%。作会计分录如下:

借:其他应收款——某保险公司　　　　　　　　　542.40
　　营业外支出——非常损失　　　　　　　　　　361.60
　　　贷:待处理财产损溢——待处理流动资产损溢　　　　800
　　　　　应交税费——应交增值税(进项税额转出)　　　104

6. 进货退补价的核算

企业购进商品,有时因供货单位的计价错误或按暂作价计算等原因,商品的进价与实际进价发生差异,需要退价或补价时,应由供货单位填制专用发票及附件"销货更正单",据以办理退价、补价手续。

1) 进货退价

进货退价是指应计的进价低于已结算的进价,应由供货单位退还给进货单位的差价款。在会计核算上,当收到退价通知时,应区别以下两种情况。

(1) 商品尚未售出或虽已售出但尚未结转商品销售成本。根据供货单位的红字专用发票及"销货更正单",作会计分录如下:

借:银行存款　　　　　　　　　　　　　　　　　×××
　　应交税费——应交增值税(进项税额)　　　　　×××
　　　贷:库存商品——某商品(采购成本)　　　　　　　×××

(2) 商品已售出,并已结转商品销售成本,根据供货单位的红字专用发票及"销货更正单",作会计分录如下:

借:银行存款　　　　　　　　　　　　　　　　　×××
　　应交税费——应交增值税(进项税额)　　　　　×××
　　　贷:主营业务成本　　　　　　　　　　　　　　　×××

【例 2-5】 新华百货批发公司向上海针织厂购进全棉男运动服 2 000 件,每件 45 元,钱货两清。今收到上海针织厂开来红字更正发票,列明每件应为 40 元,应退货款 10 000

元,增值税税额为 1 300 元,退货和退税款尚未收到。

(1) 若该批商品尚未售出或虽已售出但尚未结转商品销售成本。作会计分录如下:

借: 应收账款——上海针织厂　　　　　　11 300

应交税费——应交增值税(进项税额)　1 300

贷: 库存商品——全棉男运动服　　　　10 000

(2) 若商品已售出,并已结转商品销售成本。作会计分录如下:

借: 应收账款——上海针织厂　　　　　　11 300

应交税费——应交增值税(进项税额)　1 300

贷: 主营业务成本　　　　　　　　　　10 000

2) 进货补价

进货补价是指应计的进价高于已结算的进价,应由进货企业补付货款差额。在会计核算上,也有两种不同的账务处理方式。

(1) 商品尚未售出或已售出但尚未结转商品销售成本,根据供货单位专用发票及"销货更正单"补付货款时,作会计分录如下:

借: 库存商品——××商品　　　　　　　×××

应交税费——应交增值税(进项税额)　×××

贷: 银行存款　　　　　　　　　　　　×××

(2) 商品已售出,并已结转商品销售成本,根据供货单位的专用发票及"销货更正单"补付货款时,作会计分录如下:

借: 主营业务成本　　　　　　　　　　　×××

应交税费——应交增值税(进项税额)　×××

贷: 银行存款　　　　　　　　　　　　×××

【例 2-6】　仍以例 2-5 为例,若收到上海针织厂开来蓝字更正发票,列明每件应为 50 元,应补付货款 10 000 元,增值税税额为 1 300 元,汇款后按下列情况处理。

(1) 商品尚未售出或已售出但尚未结转商品销售成本,作会计分录如下:

借: 库存商品——全棉男运动服　　　　　10 000

应交税费——应交增值税(进项税额)　1 300

贷: 银行存款　　　　　　　　　　　　11 300

(2) 商品已售出,并已结转商品销售成本,作会计分录如下:

借: 主营业务成本　　　　　　　　　　　10 000

应交税费——应交增值税(进项税额)　1 300

贷: 银行存款　　　　　　　　　　　　11 300

7. 进货退出的核算

进货退出是指商品购进验收入库后,因质量、品种、规格不符,再将商品退回原供货单位。

批发企业对于原箱整件包装的商品,在验收时只做抽样检查。因此,入库后在复验商品时,往往会发现发票和商品的数量、质量、品种、规格与合同规定的不符,批发企业应在及时与供货单位联系后,调换或补回商品,或者作进货退出处理。在发生进货退出业务

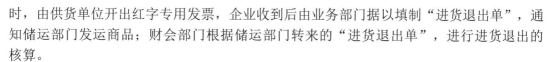

时，由供货单位开出红字专用发票，企业收到后由业务部门据以填制"进货退出单"，通知储运部门发运商品；财会部门根据储运部门转来的"进货退出单"，进行进货退出的核算。

【例 2-7】 新华百货批发公司向某电冰箱厂购进 200 升电冰箱 100 台，每台 1 200 元，货款已付讫。今复验发现其中 5 台质量不符合要求，经联系后同意退货。

(1) 收到某电冰箱厂退货的红字专用发票，开列退货款 6 000 元，退增值税税额 780 元，并收到业务部门转来的"进货退出单"，作会计分录如下：

借：应收账款——某电冰箱厂　　　　　　　　　6 780

　　应交税费——应交增值税(进项税额)　　　780

　　　贷：库存商品——200 升电冰箱　　　　　　　　　6 000

(2) 收到对方退来货款及增值税额的转账支票 6 780 元，存入银行，作会计分录如下：

借：银行存款　　　　　　　　　　　　　　　　6 780

　　　贷：应收账款——某电冰箱厂　　　　　　　　　　6 780

8. 拒付货款和拒收商品的核算

商业企业从异地购进商品，采用发货制和托收承付结算方式。在承付货款和商品验收过程中，如发现发票和商品与合同规定的品种、规格、数量、质量不符，按合同规定，有权拒付全部或部分货款、拒收全部或部分商品。拒付货款和拒收商品一般有以下两种情况，应分别进行处理。

1) 货款未付的处理

企业接到银行转来的托收凭证和发票联、结算联等单据，经与合同核对，如发现商品的品种、规格、数量、质量与合同规定不符，可向银行开出"拒绝承付理由书"，拒付全部或部分货款，在会计核算上不作处理。当拒付货款的商品到达时，作为拒收商品，代供货单位暂行保管，与库存商品分别存放，不能动用。在会计核算上，未付货款的拒收商品，作代管商品记录备查。

如果托收凭证未到，商品先到，验收时发现商品的品种、规格、数量、质量与合同规定不符，应予以拒收。待收到银行转来的托收凭证时，再填制"拒绝付款理由书"，通过银行予以拒付。在会计核算上，也不作处理。

【例 2-8】 新华百货批发公司向上海毛巾厂购进一等品毛巾 1 000 条，单价为 5.5 元，总计货款为 5 500 元，增值税税额为 715 元，价税合计为 6 215 元；另供货单位代垫运费 100 元，增值税税额为 9 元。

(1) 商品先到，发现其中有二等品毛巾 100 条，单价为 4 元，与合同规定不符，拒绝收货，暂作代管，其余 900 条均已验收入库，待收到银行转来的托收凭证后，办理部分拒付手续，作会计分录如下：

借：库存商品——一等品毛巾　　　　　　　　　4 950

　　应交税费——应交增值税(进项税额)　　　652.50

　　销售费用——进货运费　　　　　　　　　　100

　　　贷：银行存款　　　　　　　　　　　　　　　5 702.50

(2) 接供货单位函告 100 条二等品毛巾系错发，要求企业购进。企业同意寄去扣税证明单办理更正手续。今接供货单位寄来红字专用发票及二等品毛巾发票联据以转账。每条 4元，货款为 400 元，增值税税额为 52 元，价税合计为 452 元。代管 100 条二等品毛巾点验入库，并汇出货款。作会计分录如下：

  借：库存商品——二等品毛巾   400

    应交税费——应交增值税(进项税额)   52

    贷：银行存款   452

同时，注销代管商品记录。

2) 货款已承付的处理

企业接到银行转来的托收凭证和发票联、结算联等单据，经与合同核对无误，已全数承付货款，并已入账。待商品到达后，在验收时发现商品与合同规定的品种、规格、数量、质量不符，可以向供货单位提出拒收全部或部分商品，作代管商品记录备查。

【例 2-9】 新华百货批发公司向上海毛巾厂购进一等品毛巾 1 000 条，单价 5.5 元，总计货款为 5 500 元，增值税税额为 715 元，价税合计为 6 215 元；另供货单位代垫运费 100 元，增值税税额为 9 元。

(1) 接到银行转来的托收凭证及附来的专用发票的发票联、结算联、运费凭证等单据，经与合同核对无误后予以承付，作会计分录如下：

  借：在途物资——一等品毛巾   5 500

    应交税费——应交增值税(进项税额) 724

    销售费用——进货运费   100

    贷：银行存款   6 324

(2) 商品运到后，发现其中有二等品毛巾 100 条，与合同规定不符，拒绝收货，暂作代管，并相应扣减进项税额 71.5 元，经与供货单位联系，同意退回拒收商品。其余 900 条均已验收入库。根据供货单位红字专用发票，作会计分录如下：

  借：库存商品——一等品毛巾   4 950

    应交税费——应交增值税(进项税额) 71.50

    应收账款——上海毛巾厂   621.5

    贷：在途物资——一等品毛巾   5 500

(3) 收到供货单位退回的货款时，作会计分录如下：

  借：银行存款   621.50

    贷：应收账款——上海毛巾厂   621.50

2.3 批发商品销售的核算

2.3.1 批发商品销售的业务程序

批发商品销售是指商业企业通过货币结算，将本单位经营的商品销售给批发企业、零售企业和生产企业。其商品销售方式有库存商品销售、直运商品销售、分期收款销售和预收货款销售等。由于批发商品销售的对象和方式不同，核算方法也不尽相同。

批发商品销售业务主要包括发出商品和结算货款两个环节。批发商品销售业务涉及供货单位内部的业务、储运、物价、财会等部门，各部门之间相互配合，共同完成。

批发商品销售的业务程序与商品交接货和结算方式有着密切联系。下面对本地商品销售和异地商品销售的业务程序分别予以说明。

思政案例 2-1　广东：
多地推"云上花市"
税务助花商拓展销路.doc

1. 本地商品销售的业务程序

本地商品销售一般采用"提货制"或"送货制"，货款结算大多采用支票、委托收款结算方式。采用"提货制"交接方式的，由购货单位派采购员到供货单位选购商品，由供货单位的业务部门填制统一规定的"增值税专用发票"。除留下存根联备查外，其余各联交购货单位采购员办理结算货款和提货手续。供货单位财会部门收到货款后，在"发票联"加盖收款戳记，留下"记账联"，其余联次退还给购货单位采购员到指定的仓库提货。采用"送货制"交接方式的，由供货单位业务部门根据购销合同或要货单，填制"专用发票"，留下存根联备查，其余各联交储运部门向仓库提货送往购货单位，将"发票联""税款抵扣联"交购货单位据此验收商品、结算货款。一般情况是货到后收取货款，也有先办理货款结算后送货的。不论是哪一种方式，供货单位必须在收到购货单位货款或收货证明后才能作销售入账。送货费用一般由供货单位负担。

2. 异地商品销售的业务程序

异地商品销售一般采用"发货制"交接方式。其业务程序一般是由供货单位的业务部门填制"专用发票"，留下存根联备查，其余各联交储运部门向仓库提货，并办理商品发运手续。商品发运时，储运部门将发票联和税款抵扣联连同商品发运证明、垫付运杂费清单，一并送交财会部门。财会部门审核无误后留下记账联，其余凭证用于向开户银行办理托收货款手续。财会部门根据托收凭证回单联和记账联进行账务处理。

2.3.2　批发商品销售业务的核算

批发商品销售
业务的核算.mp4

1. 科目设置

(1) "主营业务收入"账户是损益类账户，用来核算企业在销售商品、提供劳务等日常活动中所产生的主营业务收入。它的贷方登记销售商品或提供劳务实现的收入发生数；借方登记销售退回或销售折让数；贷方余额表示主营业务收入累计数，期末应转入"本年利润"账户的贷方，结转后应无余额。

(2) "主营业务成本"账户是损益类账户，用来核算企业因销售商品、提供劳务等主营业务收入时应结转的实际成本。它的借方登记销售商品、提供劳务等的成本数；贷方登记销售退回的成本数；借方余额表示销售各种商品、提供劳务等主营业务成本的累计数，期末应转入"本年利润"账户的借方，结转后应无余额。

"主营业务收入"和"主营业务成本"账户可按种类进行明细核算。

2. 本地销售的核算

批发商品本地销售，数量较多，品种规格复杂，每天要填制大量专用发票，为简化手续，每天营业终了，业务部门根据当天开出的专用发票"记账联"，按品种、规格汇总销售数量和金额，填制"销货日报表"送交财会部门；收款部门根据专用发票"存根联"填制"收款日报表"，连同当天收到的支票、现金、送存银行的"进账单"一并送交财会部门。财会部门将"销货日报表"与"收款日报表"核对后进行账务处理。

【例 2-10】 新华百货批发公司本日本地批发商品销售收入 85 000 元，销项增值税税率为 13%，税额计为 11 050 元，共计 96 050 元，销货款送存银行。财会部门将业务部门报来的"销货日报表"和收款部门报来的"收款日报表"核对无误后，作会计分录如下：

借：银行存款 96 050
　　贷：主营业务收入 85 000
　　　　应交税费——应交增值税(销项税额) 11 050

批发商品销售的核算，除反映商品销售收入外，还应反映商品销售成本。批发商品销售成本的计算和结转，一般有逐日结转和定期结转两种方法。如果采用逐日结转的方法，则在反映商品销售收入以后，同时还反映商品销售成本，以计算商品销售毛利。假设例 2-10 中商品销售成本为 60 000 元，同时作会计分录如下：

借：主营业务成本 60 000
　　贷：库存商品——某商品 60 000

3. 异地销售的核算

批发商品异地销售，一般采用发货制和托收承付、委托收款结算方式，办妥结算手续后，先以"应收账款"账户进行处理，待接到银行通知收款后，才冲销应收款项。为购货单位代垫的运费，也应通过"应收账款"账户进行处理，一并向对方收取。如果垫付的费用，当天即可办妥委托银行托收手续，也可以不通过"应收账款"账户，直接以"银行存款"核算。

【例 2-11】 新华百货批发公司售予外地某零售企业电饭煲 1 000 个，单价为 300 元，增值税税率为 13%，代垫运费 400 元(含增值税)，增值税税率为 9%，以银行存款支付。

(1) 业务部门填制"专用发票"，通知运输部门向仓库提货并办理发运手续，另以转账支票垫付运费 400 元。作会计分录如下：

借：应收账款——垫付运费 400
　　贷：银行存款 400

(2) 商品发运后，根据承运单位的"发运证明"和"专用发票"及代垫运费清单等凭证，填制托收凭证，向开户银行办理托收手续，根据"托收凭证"回单联。作会计分录如下：

借：应收账款——某零售企业 339 400
　　贷：主营业务收入 300 000
　　　　应收账款——垫付运费 400
　　　　应交税费——应交增值税(销项税额) 39 000

4. 直运商品销售的核算

直运商品销售是指批发企业购进商品后，不经过本企业仓库储备，直接从供货单位发运给购货单位的一种销售方式。

直运商品销售涉及批发企业、供货单位和购货单位三方，并且三方不在同一地点。因此，批发企业一般派采购员驻在供货单位，当供货单位根据购销合同发运商品时，由派驻采购员填制专用发票一式数联，其中发货联随货同行，作为购货单位的收货凭证，其余各联寄回批发企业。供货单位在商品发运后，即可向批发企业收取账款，批发企业支付货款后，反映为商品购进。批发企业凭采购员寄回的专用发票(发票联)向购货单位收取货款，反映为商品销售。由于批发企业采购员寄来的向购货单位托收的凭证与供货单位通过银行转来的托收凭证在时间上不一致，因此，在会计核算上会产生三种情况：一是先承付进货款，后办理托收销售款；二是先托收销售款，后承付进货款；三是承付进货款和托收销售款同一天进行。

批发企业为了尽快收回结算资金，在征得银行同意后，可以让采购员在供货单位所在地委托银行向购货单位办理托收，由购货单位开户银行将货款直接划拨给批发企业。采购员在办妥托收后，将托收凭证回单联寄回批发企业作商品销售处理。在这种情况下，批发企业的购销业务一般也会同步进行。

采用直运商品销售，商品没有经过批发企业仓库储存的环节，这样就可以不通过"库存商品"账户，直接在"在途物资"账户中进行核算。由于直运商品购进和销售的专用发票上已经列明商品的购进金额和销售金额，所以商品销售成本可以按照实际进价成本分销售批次随时进行结转。

如果合同规定运费由购销双方各负担一部分，那么批发企业在支付供货单位垫付的运费时，对应由购货单位负担的部分，仍通过"应收账款"账户核算，对应由批发企业负担的部分，则列入"销售费用"账户。批发企业采用直运商品销售，可以将商品及时供应给工农业生产部门和城乡消费市场，防止迂回运输，加速商品流通，降低商品消耗，节约进货费用，增加企业利润，加快流动资产的周转速度。

【例 2-12】新华百货批发公司向上海服装厂订购男夹克衫 500 件，直运给厦门某服装商场，供应价为每件 200 元，销售价为每件 260 元，购进、销售的增值税税率均为 13%；由新华百货批发公司驻上海的采购员自办商品发运和货款结算手续，新华百货批发公司代垫由上海到厦门的运费 500 元，增值税税额 45 元。购销合同规定，运费由新华百货批发公司负担 300 元及相应的增值税税额 27 元，厦门某服装商场负担 200 元及相应的增值税税额 18 元。

本例中新华百货批发公司应向上海服装厂承付货款 100 000 元，增值税进项税额 13 000 元，代垫运费 500 元及增值税税额 45 元，合计 113 545 元；应向厦门某服装商场托收销货款 130 000 元，增值税销项税额 16 900 元，运费 200 元及增值税税额 18 元，合计 147 118 元。

1) 先承付进货款，后托收销货款

(1) 根据银行转来的供货单位的托收凭证、专用发票及代垫运费等单据，承付货款及运费，作会计分录如下：

借：在途物资——上海服装厂　　　　　　　　　100 000
　　应交税费——应交增值税(进项税额)　　　　13 027

<table>
<tr><td>销售费用——进货费用</td><td>300</td><td></td></tr>
<tr><td>应收账款——厦门某服装商场</td><td>218</td><td></td></tr>
<tr><td>贷：银行存款</td><td></td><td>113 545</td></tr>
</table>

(2) 收到驻供货单位采购员向购货单位托收货款和运费的托收凭证回单联时，办理托收销货款入账手续。作会计分录如下：

借：应收账款——厦门某服装商场　　　147 118

　　贷：主营业务收入　　　　　　　　　　　130 000

　　　　应交税费——应交增值税(销项税额)　16 900

　　　　应收账款——厦门某服装商场　　　　　218

同时，结转商品销售成本。

借：主营业务成本　　　　　　　　　100 000

　　贷：在途物资——上海服装厂　　　　　100 000

(3) 收到银行转来的向购货单位托收货款及运费的收款通知单时，作会计分录如下：

借：银行存款　　　　　　　　　　　147 118

　　贷：应收账款——厦门某服装商场　　　147 118

2) 先托收销货款，后承付进货款

(1) 收到供货单位采购员向购货单位托收货款及运费的托收凭证回单联时，办理托收销货款入账手续。作会计分录如下：

借：应收账款——厦门某服装商场　　　147 118

　　贷：主营业务收入　　　　　　　　　　　130 000

　　　　应交税费——应交增值税(销项税额)　16 900

　　　　应付账款——上海服装厂　　　　　　　218

同时，结转商品销售成本。

借：主营业务成本　　　　　　　　　100 000

　　贷：在途物资——上海服装厂　　　　　100 000

(2) 根据银行转来的供货单位的托收货款凭证、专用发票、发货单及代垫运费清单等单据，承付货款及运费。作会计分录如下：

借：在途物资——上海服装厂　　　　　100 000

　　应交税费——应交增值税(进项税额)　13 027

　　销售费用——进货费用　　　　　　　　300

　　应付账款——上海服装厂　　　　　　　218

　　贷：银行存款　　　　　　　　　　　113 545

(3) 收到银行转来的向购货单位托收货款及运费的收款通知单时，作会计分录如下：

借：银行存款　　　　　　　　　　　147 118

　　贷：应收账款——厦门某服装商场　　　147 118

3) 托收销货款与承付进货款在同一天内进行

(1) 根据银行转来的供货单位的托收货款凭证、专用发票、发货单及代垫运费清单等单据，承付货款及运费。作会计分录如下：

借：在途物资——上海服装厂　　　　　　　　　100 000
　　应交税费——应交增值税(进项税额)　　　　 13 027
　　销售费用——进货费用　　　　　　　　　　　　 300
　　应付账款——上海服装厂　　　　　　　　　　　 218
　　　贷：银行存款　　　　　　　　　　　　　　113 545

(2) 收到供货单位采购员向购货单位托收货款及运费的托收凭证回单联时，办理托收销货款入账手续。作会计分录如下：

借：应收账款——厦门某服装商场　　　　　　　147 118
　　　贷：主营业务收入　　　　　　　　　　　　130 000
　　　　　应交税费——应交增值税(销项税额)　　 16 900
　　　　　应付账款——上海服装厂　　　　　　　　 218

同时，结转商品销售成本。

借：主营业务成本　　　　　　　　　　　　　　100 000
　　　贷：在途物资——上海服装厂　　　　　　　100 000

(3) 收到银行转来向购货单位托收货款及运杂费的收款通知单时，作会计分录如下：

借：银行存款　　　　　　　　　　　　　　　　147 118
　　　贷：应收账款——厦门某服装商场　　　　　147 118

5. 代销商品销售的核算

代销商品是销售商品的一种方式，涉及委托方和受托方两方，处在委托方立场上的商品称为委托代销商品，处在受托方立场上的商品称为受托代销商品。

代销商品销售有视同买断和收取代销手续费两种方式。

1) 视同买断方式的核算

批发企业采取视同买断方式代销商品时，作为委托方的批发企业要与受托方签订"商品委托代销合同"。合同上应注明委托代销商品的协议价、销售价、结算方式、货款清偿时间、商品保管的要求，以及双方承担的责任等。

委托代销商品的业务程序一般是：由业务部门根据"商品委托代销购销合同"，填制"委托代销商品发货单"；然后由储运部门将商品发运给受托方。由于商品所有权上的风险和报酬并未转移给受托方，所以委托方在交付商品时不确认收入。到结算时，由受托方将已售代销商品的清单交付委托方，委托方据以按代销商品的协议价填制专用发票交付受托方时，作为商品销售入账。

【例 2-13】新华百货批发公司根据商品委托代销合同，将 300 个电饭煲委托欣欣家电代销，其购进单价为 240 元，协议销售单价为 300 元，增值税税率为 13%，合同规定每个月末受托方向委托方开具代销清单，据以结算货款。

(1) 10 月 1 日，发运商品时，作会计分录如下：

借：委托代销商品——欣欣家电　　　　　　　　 72 000
　　　贷：库存商品——电饭煲　　　　　　　　　 72 000

(2) 10 月 30 日，欣欣家电送来代销商品清单，填制专用发票，列明销售电饭煲 100 个，销售单价为 300 元，货款金额为 30 000 元，增值税税额为 3 900 元。作会计分录如下：

借：应收账款——欣欣家电   33 900

    贷：主营业务收入——电饭煲   30 000

        应交税费——应交增值税(销项税额)   3 900

同时结转已售委托代销商品的销售成本 24 000 元。作会计分录如下：

借：主营业务成本——电饭煲   24 000

    贷：委托代销商品——欣欣家电   24 000

(3) 11 月 2 日，收到欣欣家电支付 100 个电饭煲的货款及增值税额的转账支票一张，金额为 33 900 元，存入银行。作会计分录如下：

借：银行存款   33 900

    贷：应收账款——欣欣家电   33 900

"委托代销商品"是资产类账户，用以核算企业委托其他单位代销的商品。企业将商品交付受托单位代销时，记入借方；企业收到受托单位已售代销商品清单确认销售收入转销其成本时，记入贷方；期末余额在借方，表示企业尚有委托代销商品的数额。该账户应按受托单位进行明细分类核算。

作为受托方的批发企业在收到代销商品并已验收入库时，虽然企业尚未取得商品的所有权，但是企业对代销商品有支配权，可以开展商品销售业务。受托方为了加强对代销商品的管理和核算，在收到商品时，应按代销商品的协议价借记"受托代销商品"账户，贷记"受托代销商品款"账户。

"商品委托代销合同"中委托方虽然注明了商品的销售价，但受托方可自行确定销售价。代销商品在销售后，应填制专用发票，据以借记"银行存款"或"应收账款"账户；贷记"主营业务收入"账户和"应交税费"账户。并按协议价款借记"主营业务成本"账户，贷记"受托代销商品"账户。同时借记"受托代销商品款"和"应交税费"账户；贷记"应付账款"账户。至结算时，将代销商品清单交付委托方，在收到委托方发票后，据以支付货款和增值税额。届时借记"应付账款"账户，贷记"银行存款"账户。

【例 2-14】 承例 2-13，欣欣家电根据商品委托代销合同，接受新华百货批发公司 300 个电饭煲的代销业务，合同规定该电饭煲的协议销售单价为 300 元，增值税税率为 13%，每个月末向委托方开具代销清单，结算货款。

(1) 10 月 1 日，欣欣家电收到电饭煲 300 个，作会计分录如下：

借：受托代销商品——新华百货批发公司   90 000

    贷：受托代销商品款——新华百货批发公司   90 000

(2) 至 10 月 30 日止，共销售电饭煲 100 个，实际自定销售单价为 340 元，总计货款为 34 000 元，增值税税额为 4 420 元，款项已存入银行，并按协议价开出代销清单寄交新华百货批发公司。

反映商品销售收入和销项税额。作会计分录如下(至 10 月 30 日止累计)：

借：银行存款   38 420

    贷：主营业务收入——电饭煲   34 000

        应交税费——应交增值税(销项税额)   4 420

同时，结转商品销售成本。

借：主营业务成本——电饭煲   30 000

贷：受托代销商品——新华百货批发公司　　　　　　30 000

并结转受托代销商品款。作会计分录如下：

借：受托代销商品款——新华百货批发公司　　　30 000

　　贷：应付账款——新华百货批发公司　　　　　　30 000

(3) 10 月 31 日，欣欣家电收到新华百货批发公司开来的增值税专用发票，开列电饭煲 100 个，协议单价为 300 元，总计货款为 30 000 元，增值税税额为 3 900 元，当即签发转账支票支付全部账款。作会计分录如下：

借：应付账款——新华百货批发公司　　　　　　30 000

　　应交税费——应交增值税(进项税额)　　　　　3 900

　　贷：银行存款　　　　　　　　　　　　　　　　　33 900

"受托代销商品"是资产类账户，用来核算企业接受其他单位委托代销的商品。企业收到代销商品时，记入借方；企业销售代销商品后，结转其销售成本时，记入贷方；期末余额在借方，表示企业尚未销售的代销商品数额。该账户应按委托单位进行明细分类核算。

"受托代销商品款"是负债类账户，用来核算企业接受代销商品的货款。企业在收到代销商品时，记入贷方；销售代销商品时，记入借方；期末余额在贷方，表示尚未销售的受托代销商品的货款。该账户应按委托单位进行明细分类核算。

2) 收取代销手续费方式的核算

批发企业采取收取代销手续费方式代销商品时，作为委托方的批发企业，其业务程序与代销商品销售的核算方法，与视同买断方式基本相同。所不同的是，由于受托方是商品购销双方的中介人，委托方要根据合同的规定，按销售额的一定比例，支付受托方代销手续费，届时借记"销售费用"账户。

【例 2-15】 新华百货批发公司根据商品委托代销合同，将电饭煲 300 个委托欣欣家电代销，其购进单价为 240 元，合同规定销售单价为 300 元，增值税税率为 13%，合同规定每个月末受托方向委托方开具代销清单，据以结算货款，代销手续费为销货款的 10%。

(1) 10 月 1 日，新华百货批发公司发运商品时，作会计分录如下：

借：委托代销商品——欣欣家电　　　　　　　72 000

　　贷：库存商品——电饭煲　　　　　　　　　　　72 000

(2) 10 月 30 日，欣欣家电送来代销商品清单，填制专用发票，列明销售电饭煲 100 个，销售单价为 300 元，货款金额为 30 000 元，增值税税额为 3 900 元。作会计分录如下：

借：应收账款——欣欣家电　　　　　　　　　33 900

　　贷：主营业务收入——电饭煲　　　　　　　　　30 000

　　　　应交税费——应交增值税(销项税额)　　　　3 900

同时结转已售委托代销商品的销售成本 24 000 元。作会计分录如下：

借：主营业务成本——电饭煲　　　　　　　　24 000

　　贷：委托代销商品——欣欣家电　　　　　　　　24 000

(3) 结算代销手续费。作会计分录如下：

借：销售费用——手续费　　　　　　　　　　3 000

　　贷：应收账款——欣欣家电　　　　　　　　　　3 000

(4) 11 月 1 日，欣欣家电扣除了代销手续费 3 000 元后，付来了已售代销的 100 个电饭煲的货款及增值税额 30 900 元，款项存入银行。作会计分录如下：

    借：银行存款   30 900
        贷：应收账款——欣欣家电   30 900

作为受托方的批发企业，在采取收取代销手续费方式时，应按照委托方规定的价格销售代销商品，不得随意变动。

批发企业在收到代销商品时，按合同规定的代销商品的销售价格，借记"受托代销商品"账户；贷记"受托代销商品款"账户。

在代销商品销售时，应根据规定向购货方填制专用发票，按价税合计收取的款项借记"银行存款"账户；按实现的销售收入，贷记"应收账款"账户；按收取的增值税额，贷记"应交税费"账户。同时注销代销商品，借记"受托代销商品款"账户，贷记"受托代销商品"账户。

企业根据合同规定在向委托方结算代销手续费时，作为其他业务收入处理。

【例 2-16】 如例 2-15，欣欣家电根据商品委托代销合同，接受新华百货批发公司 300个电饭煲的代销业务，合同规定该电饭煲的销售单价为 300 元，增值税税率为 13%，每个月末向委托方开具代销清单，结算货款，代销手续费为销货款的 10%。

(1) 10 月 1 日，欣欣家电收到电饭煲 300 个，作会计分录如下：

    借：受托代销商品——新华百货批发公司   90 000
        贷：受托代销商品款——新华百货批发公司   90 000

(2) 至 10 月 30 日止，共销售电饭煲 100 个，销售单价为 300 元，总计货款为 30 000元，增值税税额为 3 900 元，款项已存入银行。

反映销货款和销项税额。作会计分录如下(至 10 月 30 日止累计)：

    借：银行存款   33 900
        贷：应付账款——新华百货批发公司   30 000
            应交税费——应交增值税(销项税额)   3 900

同时注销代销商品。作会计分录如下：

    借：受托代销商品款——新华百货批发公司   30 000
        贷：受托代销商品——新华百货批发公司   30 000

(3) 10 月 30 日，开出代销商品清单及代销手续费发票，开列代销手续费 3 000 元。作会计分录如下：

    借：应付账款——新华百货批发公司   3 000
        贷：其他业务收入   3 000

(4) 10 月 31 日，欣欣家电收到新华百货批发公司开来的增值税专用发票，开列电饭煲100 个，协议单价为 300 元，总计货款为 30 000 元，增值税税额为 3 900 元，今扣除代销手续费 3 000 元后，签发转账支票 30 900 元，向新华百货批发公司支付已售代销商品货款及增值税额。作会计分录如下：

    借：应付账款——新华百货批发公司   27 000
        应交税费——应交增值税(进项税额)   3 900
        贷：银行存款   30 900

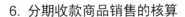

6. 分期收款商品销售的核算

批发企业也可以采取先发商品、分期收款的销售方式。按照收入确认的原则，在商品发出后，不体现销售，先通过"发出商品"账户进行核算，待货款收回以后再作销售入账。如有为购货单位垫付的运费，仍以"应收账款"处理，在收回第一次货款时一并收回。

采用这种销售方式时应事先由业务部门订立"分期收款商品购销合同"，合同内应注明发货日期、分期收款的期限和金额。

分期收款商品销售的业务程序一般是：由业务部门根据"分期收款商品购销合同"，填制"分期收款商品发货单"，然后由储运部门发运商品。财会部门根据"分期收款商品发货单"，借记"发出商品"账户，贷记"库存商品"账户。

商品发出以后，批发企业在合同规定的结算日期填制专用发票收取账款，待收到分期收款销售商品货款及增值税额时，借记"银行存款"账户，贷记"主营业务收入"账户和"应交税费"账户，并结转其销售成本，借记"主营业务成本"账户，贷记"发出商品"账户。

【例 2-17】 新华百货批发公司根据分期收款商品购销合同，将 100 台热水器发往荣旺商厦，该热水器的购进单价为 2 100 元，销售单价为 2 400 元，增值税税率为 13%，合同约定货款分 3 个月并于月末付清。

(1) 发出商品时，财会部门根据盖有"分期收款销售"戳记的发货单，按各种商品账面进货单价计算商品进价总额，转入"发出商品"账户处理。作会计分录如下：

借：发出商品——荣旺商厦　　　　　　　　210 000
　　贷：库存商品——热水器　　　　　　　　210 000

(2) 商品发运后，垫付运费 900 元，以现金支付。作会计分录如下：

借：应收账款——荣旺商厦　　　　　　　　900
　　贷：库存现金　　　　　　　　　　　　900

(3) 按合同规定，第一个月末应收回三分之一的货款，共计 80 000 元，增值税额 10 400 元，并收回垫付运费 900 元。作会计分录如下：

借：应收账款——荣旺商厦　　　　　　　　91 300
　　贷：主营业务收入　　　　　　　　　　80 000
　　　　应交税费——应交增值税(销项税额)　　10 400
　　　　应收账款——荣旺商厦　　　　　　　900

同时，按本月应收回货款占全部货款的比例结转商品销售成本。作会计分录如下：

借：主营业务成本　　　　　　　　　　　70 000
　　贷：发出商品——荣旺商厦　　　　　　　70 000

7. 现金折扣与销售折让的核算

1) 现金折扣的核算

批发企业为了尽快收回货款，以加速资金周转，可以采用现金折扣的方式。现金折扣是指企业赊销商品时，为了使购货单位在一定期限(信用期限)内尽快付款而给予的折扣优惠。

这种折扣的条件通常写成 2/10、1/20、n/30，即表示在 10 天内付清款项给予 2%的折扣优惠，超过 10 天，但在 20 天内付清给予 1%的折扣优惠，超过 20 天，但在 30 天内付清没有折扣优惠。因此，现金折扣实质上是企业为了尽快回笼资金而发生的与企业理财相关的费用。在会计核算中，涉及现金折扣的销售商品，其销售收入按未扣除现金折扣数的金额记账，现金折扣在实际发生时计入当期损益(财务费用)。采用现金折扣方式时，购销双方应事先订立合同，作为落实现金折扣的依据。

【例 2-18】 新华百货批发公司对赊销商品给予现金折扣优惠，其条件为：2/10、1/20、n/30。

(1) 10 月 5 日，向新荣商店赊销一等品毛巾 900 条，单价为 7 元，总计货款为 6 300 元，增值税税额为 819 元，价税合计为 7 119 元。作会计分录如下：

借：应收账款——新荣商店　　　　　　　　　　　　7 119
　　贷：主营业务收入　　　　　　　　　　　　　　　　6 300
　　　　应交税费——应交增值税(销项税额)　　　　　　 819

(2) 10 月 13 日，新荣商店付来赊销商品的货款及增值税额的转账支票一张，金额为 6 993 元(7 119-6 300×2%)，存入银行。作会计分录如下：

借：银行存款　　　　　　　　　　　　　　　　　　6 993
　　财务费用　　　　　　　　　　　　　　　　　　　 126
　　贷：应收账款——新荣商店　　　　　　　　　　　　7 119

核算时需要注意的是，增值税额并不享有现金折扣。

2) 销售折让的核算

批发企业在销售商品时发错商品的品种、规格，或商品在质量上存在问题时会给予购货单位销售折让，其会计核算为在销售收入实际发生时直接抵减折让数。

【例 2-19】 新华百货批发公司向新荣商店销售二等品毛巾 100 条，原销售单价为 5 元，因有瑕疵，决定给予 8%的折让，开出专用发票，并收到对方汇来的账款。作会计分录如下：

借：银行存款　　　　　　　　　　　　　　　　　　519.80
　　贷：主营业务收入　　　　　　　　　　　　　　　　 460
　　　　应交税费——应交增值税(销项税额)　　　　　　59.80

8. 销货退回的核算

销货退回是指在批发企业销售商品后，购货单位发现商品的品种、规格、质量等与购销合同不符而提出退货。其具体业务流程是：经批发企业业务部门同意后，由其填制红字专用发票送各有关部门办理退货手续，财会部门根据储运部门转来的专用发票(记账联)结算货款，并冲减商品销售收入。在会计核算上，本月发生的销货退回，不论是属于本年度的还是以前销售的，均应冲减本月的商品销售收入和销项税额。如已结转商品销售成本，还要同时冲销商品销售成本。

【例 2-20】 上月新华百货批发公司向某零售商店销售二等品毛巾 100 条，原购进单价为 4 元，销售单价为 5 元，因存在质量问题，现同意全部退货。

(1) 开出红字专用发票，退还购货方全部货款及税款。作会计分录如下：

借：主营业务收入　　　　　　　　　　　　500

　　贷：应交税费——应交增值税(销项税额)　　$\boxed{65}$

　　　　银行存款　　　　　　　　　　　　565

(2) 商品运回企业，并已验收入库，应作会计分录如下：

借：库存商品——二等品毛巾　　　　　　　400

　　贷：主营业务成本　　　　　　　　　　400

9. 销货退、补价的核算

批发企业在商品销售后，发现商品的规格和等级错发、货款计算错误等，需要向购货单位退还或补收货款。

实际销售价格低于已经结算货款的价格是销货退价，销货单位应将多收的差额退还给购货单位。实际销售价格高于已经结算货款的价格是销货补价，销货单位应向购货单位补收少算的差额。销售商品发生退补价时，先由业务部门填制红字专用发票(退价)或蓝字专用发票(补价)予以更正，同时填制"销货更正单"作为附件(见表 2.4)，财会部门据以办理收款或付款手续。财会部门审核无误后，据以结算退补价款并冲减或增加商品销售收入。

表 2.4　销货更正单

年　　月　　日

购货单位：　　　　　原发货单编号：　　　　日期：　　　　单位：元

项　目	规格、品名	单　位	数　量	单　价	金　额	税　率	税　额
原来							
更正							
应收(应付)					应收		
人民币(大写)					应付		
更正原因：							

因为退、补价是销售金额的调整，不涉及商品数量，故只需增加或减少"主营业务收入"账户和销项税的数额，而无需调整"库存商品"和"主营业务成本"账户的数额。

【例 2-21】　本月新华百货批发公司向荣旺商厦销售 100 件男夹克，其销售单价为 265元，增值税税率为 13%。今发现单价开错，该男夹克销售单价应为 256 元，并开出红字专用发票，应退对方 900 元，增值税税额 117 元，签发转账支票付讫。作会计分录如下：

借：主营业务收入——男夹克　　　　　　　900

　　贷：应交税费——应交增值税(销项税额)　$\boxed{117}$

　　　　银行存款　　　　　　　　　　　1 017

以上是销货退价的核算，若发生销货补价，则作相反的会计分录。

10. 购货单位拒付货款和拒收商品的核算

批发企业在异地商品销售业务中一般采用发货制，并采用托收承付结算方式，在商品已发运，并向银行办妥托收手续后，即作商品销售处理。当购货单位收到托收凭证，发现内附专用发票开列的商品与合同中的不符,或者与收到的商品数量、品种、规格、质量不符时,就会发生购货单位拒付货款和拒收商品的情况。当财会部门接到银行转来的购货单位的"拒绝付款理由书"时,暂不作账务处理,应立即通知业务部门,及时查明原因,并尽快联系购货单位进行协商,然后根据不同的情况作出处理。

对于商品少发的情况有两种处理方式:如果补发商品,在商品发运后,收到购货单位货款、增值税额及垫付运费时,借记"银行存款"账户,贷记"应收账款"账户;如果不再补发商品,则由业务部门填制红字专用发票,作销货退回处理。

对于商品货款开错的,也应由业务部门填制红字专用发票,财会部门据以作销货退价处理。

对于因商品质量不符合要求,或因商品品种、规格发错而退回的,应由储运部门验收入库,财会部门根据转来的红字专用发票作销货退回处理,退回商品的运费列入"销售费用"账户。

对于商品短缺的情况,先要冲减"主营业务收入"账户、"应交税费"账户和"应收账款"账户,再根据具体情况进行账务处理。如属于本企业储运部门的责任,应由其填制"财产损失报告单",先将商品的短缺金额转入"待处理财产损溢"账户,待领导批准后,再转入"营业外支出"账户。

如果购货单位支付了部分款项,而又拒付部分款项,应将收到的款项借记"银行存款"账户,对于尚未收到的款项,则仍保留在"应收账款"账户内,在与对方协商解决后,再予以转销。

【例 2-22】 10 月 2 日,新华百货批发公司向荣旺商厦销售 100 个电饭煲,销售单价为 300 元,货款总额为 30 000 元,增值税税额为 3 900 元,代垫运费 900 元,已用现金支付。

(1) 10 月 2 日,新华百货批发公司向银行办妥托收销货款、增值税额和代垫运费的手续。作会计分录如下:

借:应收账款——荣旺商厦	34 800	
贷:主营业务收入		30 000
应交税费——应交增值税(销项税额)		3 900
库存现金		900

(2) 10 月 8 日,银行转来收账通知,荣旺商厦支付货款、增值税额及运费 31 320 元(90×300+90×300×13%+90×9),同时收到"拒绝付款理由书",拒付其中 10 个电饭煲的货款、增值税额及该部分商品的运费,总计 3 480 元(10×300+10×300×13%+10×9)。作会计分录如下:

借:银行存款	31 320	
贷:应收账款——荣旺商厦		31 320

(3) 10 月 12 日,查明该 10 个电饭煲质量问题属实,商品已退回,业务部门转来红字专用发票,财会部门审核无误后,作会计分录如下:

借:主营业务收入	3 000	
销售费用	90	
贷:应收账款——荣旺商厦		3 480
应交税费——应交增值税(销项税额)		390

2.4　批发商品储存的核算

批发商品储存的核算.mp4

为了加强对商品储存的核算与管理,批发企业财会部门必须与有关各部门密切配合,做到库存结构合理、商品保管完好、收发制度严密、定期盘点商品,以达到账实相符,并正确计算和结转商品销售成本,保证企业利润核算的准确性。

2.4.1　商品盘点短缺和溢余的核算

思政案例 2-2　虚构合同、空转资金.docx

商品盘点是对库存商品的数量和质量进行清点和检查。批发商品在储存过程中,由于自然条件的影响、人为的过失和其他原因,往往会发生数量上的溢缺,造成商品的实存数量与账存数量不符。为了保证账货相符,及时发现业务经营和商品管理中的问题,以及总结经验与改进工作,必须加强商品盘点工作。

批发商品盘点,可以分为定期盘点和不定期的临时盘点。在进行盘点前,要做好准备工作,包括确定参加盘点人员、核对账目、整理商品、检查度量衡器等。盘点结束后,应填制“商品盘点表”,以反映清查盘点的结果。如有盘盈、盘亏情况,还要填制“商品盘点短缺溢余报告单”,按规定审批程序报请处理。在盘点中,如发现商品残损变质或其他问题,应查明残损数量、变质程度、发生原因及责任归属,单独列表说明。

库存商品盘点溢缺的账务处理与商品购进发生溢缺的账务处理基本相同,在未查明原因前,应先通过“待处理财产损溢”账户调整“库存商品”账户的账面记录,查明原因后,再区分不同情况,从“待处理财产损溢”账户转入有关账户。

【例 2-23】 10 月 2 日,新华百货批发公司根据盘点的结果,填制“商品盘点短缺溢余报告单”,如表 2.5 所示。

表 2.5　商品盘点短缺溢余报告单

2023 年 10 月 30 日　　　　　　　　　　　　　　　　金额:元

品　名	计量单位	单　价	账存数量	实存数量	短　缺		溢　余		原　因
					数　量	金　额	数　量	金　额	
白砂糖	千克	5.00	2 050	2 048	2	10.00			待查
水果糖	千克	9.00	210	230			20	180.00	
合计	—	—	—	—		10.00	—	180.00	

(1) 财会部门审核无误后,据以调整库存商品结存额。

① 根据短缺金额,作会计分录如下:

借:待处理财产损溢——待处理流动资产损溢　　　　　　10

　　贷:库存商品——白砂糖　　　　　　　　　　　　　　10

② 根据溢余金额,作会计分录如下:

借:库存商品——水果糖　　　　　　　　　　　　　　180

　　贷:待处理财产损溢——待处理流动资产损溢　　　　180

(2) 查明原因后。

① 现查明白砂糖短缺 2 千克是自然损耗，经领导批准，予以核销转账。作会计分录如下：

借：销售费用——商品损耗　　　　　　　　　　　　　　　　　10
　　贷：待处理财产损溢——待处理流动资产损溢　　　　　　　　　10

② 现查明水果糖溢余 20 千克，是销货时少发商品，当即补发给对方。作会计分录如下：

借：待处理财产损溢——待处理流动资产损溢　　　　　　　　　180
　　贷：库存商品——水果糖　　　　　　　　　　　　　　　　　180

2.4.2　库存商品的期末计量

由于市场供求变化、商品保管不善及其他原因，企业购进的商品往往会发生陈旧过时、遭受毁损，或销售价格低于成本等情况，使商品可变现净值低于成本。可变现净值是指企业在正常生产经营中，以估计售价减去成本及销售所必需的估计费用后的价值。根据会计核算的谨慎性原则，当期末存货可变现净值低于成本时，按存货可变现净值计价。

按规定，对这部分低于成本的金额，期末可以计提存货跌价准备。存货跌价准备应按单项商品计提，对数量繁多、单价较低的商品也可按类别计提。

计提存货跌价准备是通过"存货跌价准备"账户进行的，该账户是资产类账户，是"库存商品"和"原材料"等存货账户的抵减账户，用来核算企业提取的存货跌价准备。它的贷方登记期末发生的存货可变现净值低于成本的数额；借方登记已计提跌价准备的存货价值恢复增加数额；贷方余额表示已提取的存货跌价准备的数额。

不同商品的计提存货跌价准备的核算方法有所不同，具体如下。

(1) 完全失去商品价值的存货，期末应将存货账面价值全部转入当期损益，包括：已霉烂变质的存货、已过期且无转让价值的存货、其他足以证明无使用价值和转让价值的存货。对于这些完全丧失使用价值和转让价值的存货，应在期末进行账务处理。借记"资产减值损失"账户，贷记"存货跌价准备"账户。

(2) 尚有使用价值和转让价值的库存商品(部分减值的存货)，期末应将其可变现净值低于成本的差额转入当期损益，具体包括以下几项。

① 市价持续下跌，并且在可预见的未来无回升的希望。

② 企业因商品更新换代，库存商品已不能满足消费需要，市场价格低于账面成本。

③ 企业所提供的商品或劳务过时，或消费者偏好改变使市场供应发生变化，导致市场价格逐渐下跌。

④ 其他足以证明该商品实质上已发生减值的情况。

对于这部分失去部分使用价值和转让价值的存货，在期末计算出存货可变现净值低于成本的差额，借记"资产减值损失"账户，贷记"存货跌价准备"账户。如果已计提跌价准备的存货的价值又得到恢复，应按恢复增加的数额，借记"存货跌价准备"账户，贷记"资产减值损失"账户。

【例 2-24】 新华百货批发公司对商品在期末采用存货成本与可变现净值孰低法计价。

(1) 2023 年 10 月 31 日，储运部门送来商品可变现净值报告单，列明男西服 10 件，成

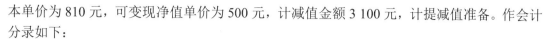

本单价为 810 元，可变现净值单价为 500 元，计减值金额 3 100 元，计提减值准备。作会计分录如下：

借：资产减值损失——存货减值损失　　　　　　　3 100

　　贷：存货跌价准备　　　　　　　　　　　　　　　3 100

(2) 2023 年 11 月 10 日，减值的 10 件男西服全部售完，每件售价 500 元，总计货款为 5 000 元，增值税税额为 650 元，款项已存入银行。

① 反映商品销售收入。作会计分录如下：

借：银行存款　　　　　　　　　　　　　　　　5 650

　　贷：主营业务收入　　　　　　　　　　　　　　　5 000

　　　　应交税费——应交增值税(销项税额)　　　　　650

② 结转商品销售成本。作会计分录如下：

借：主营业务成本　　　　　　　　　　　　　　8 100

　　贷：库存商品——男西服　　　　　　　　　　　　8 100

(3) 2023 年 11 月 30 日，结转本月份已销男西服计提的存货跌价准备。作会计分录如下：

借：存货跌价准备　　　　　　　　　　　　　　3 100

　　贷：主营业务成本　　　　　　　　　　　　　　　3 100

"存货跌价准备"是资产类账户，是"库存商品"和"原材料"等存货账户的抵减账户，用以核算企业提取的存货跌价准备。企业期末发生存货可变现净值低于成本时，记入贷方；企业在已计提跌价准备的存货出售、领用或者价值恢复，转销其已计提的跌价准备时，记入借方；期末余额在贷方，表示企业已经提取但尚未转销的存货跌价准备的数额。

2.4.3　库存商品非正常损失的核算

批发企业的库存商品有时会遭受火灾、水灾等非正常损失，那么商品购进时所发生的增值税进项税额将不能从销项税额中抵扣，要按照规定从进项税额中予以转出。届时，按非正常损失商品的成本及其进项税额借记"待处理财产损溢"账户；按非正常损失商品的成本贷记"库存商品"账户；按非正常损失商品的进项税额贷记"应交税费——应交增值税(进项税额转出)"账户。然后与保险公司联系，按保险公司承诺理赔的金额，借记"其他应收款"账户；按作为企业损失的金额，借记"营业外支出"账户；按损失的总金额，贷记"待处理财产损溢"账户。

【例 2-25】　新华百货批发公司因火灾损失电饭煲 200 个，原购进成本单价为 240 元。

(1) 因火灾损失的电饭煲成本为 48 000 元，增值税进项税额为 6 240 元，予以转账。作会计分录如下：

借：待处理财产损溢——待处理流动资产损溢　　54 240

　　贷：库存商品——电饭煲　　　　　　　　　　　48 000

　　　　应交税费——应交增值税(进项税额转出)　　6 240

(2) 与保险公司联系后，保险公司同意赔偿 30 000 元，其余部分作为企业损失。作会计分录如下：

借：其他应收款——保险公司　　　　　　　　30 000

营业外支出——非正常损失	24 240
贷：待处理财产损溢——待处理流动资产损溢	54 240

2.4.4　商品销售成本的计算和结转

商品销售成本是指已销商品的进价成本，即购进价格。由于批发商品的进货渠道、进货批量、进货时间和付款条件的不同，同种规格的商品，前后进货的单价也有可能不同。除了能分清批次的商品可以按原进价直接确定商品销售成本外，一般情况下，出售的商品都要先采用一定的方法来确定一个适当的进货单价，以计算商品销售成本和确定库存价值，再据此核算商品销售损益，以反映经营成果。

批发企业应根据企业的特点和管理的需要，在确定商品销售成本结转的时间、计算的程序和结转的方式的基础上，再确定商品销售成本的计算方法。商品销售成本按照结转的时间划分，有逐日结转和定期结转两种。①逐日结转是指逐日计算出商品销售成本后，逐日从"库存商品"账户上转销，故又称随销随转。这种方法能随时反映库存商品的结存金额，但工作量较大。②定期结转是指在期末即月末集中计算出商品销售成本后，从"库存商品"账户上一次转销，故又称月末一次结转。这种方法的工作量较小，但不能随时反映库存商品的结存金额。

商品销售成本按照计算的程序，可分为顺算成本和逆算成本两种。①顺算成本是先计算各种商品的销售成本，再计算各种商品的结存金额。这种方法一般采用逐日结转，所以工作量较大。②逆算成本又称倒挤成本，是先计算各种商品的期末结存金额，然后据此计算商品的销售成本。这种方法一般采用定期结转，所以工作量较小。

顺算法的计算公式为：

$$本期商品销售成本=本期商品销售数量×进货单价$$

$$期末结存商品金额=期末结存数量×进货单价$$

逆算法的计算公式为：

$$期末结存商品金额=期末结存数量×进货单价$$

$$本期商品销售成本=期初结存金额+本期增加金额-$$

$$本期非销售减少金额-期末结存金额$$

商品销售成本按照结转的方式，可分为分散结转和集中结转两种。①分散结转是指按每一库存商品明细账户逐户计算出商品销售成本，逐户转销，然后加总后作为类目账结转商品销售成本的依据。采用这种方法，账簿记录清楚完整，有利于加强对各种商品经营业绩的分析考核，但工作量较大。②集中结转是指期末在每一库存商品明细账上只结出期末结存金额，再按类目加总后作为类目账的期末结存金额，然后在类目账上计算并结转商品的销售成本。这种方法可以简化计算和记账手续，但账簿记录不够完整，因此只能按商品类别来考核分析其经营业绩。

计算商品销售成本是一项重要而烦琐的工作，它直接关系到期末库存商品的价值及企业的经营成果。因此，应采用适当的方法，正确地计算商品销售成本。商品销售成本的计算方法主要有先进先出法、加权平均法、个别计价法和毛利率法等。一旦确定了商品销售成本的计算方法后，在同一会计年度内不得随意变更。

按照以上计算方法和商品的不同特点，商品销售成本的计算方法有以下几种。这里以表 2.6 所示的新华百货批发公司 2023 年 10 月份白砂糖的收发情况为例，分别介绍这几种方法。

表 2.6　白砂糖收发情况

计量单位：千克　　　　　金额：元

日　期	摘　要	购　进		发　出
		数　量	单　价	
10.1	期初	100	4.90	
10.5	购入	200	5.00	
10.15	发出			160
10.18	购入	130	5.10	
10.20	发出			240
10.25	购入	150	5.20	

1. 先进先出法

先进先出法是以先购入的存货先发出这一存货成本流转假设为前提，对先发出的存货按先入库的存货单位成本计价，后发出的存货按后入库的存货单位成本计价，进而确定本期发出存货和期末结存存货成本的一种方法，即先购入先销售。因此，每次发出的商品都假定是库存最久的存货，期末库存则是最近购入的商品。这种方法一般适用于先入库必须先发出的商品，如易变质的、保质期较短的商品。

【例 2-26】以白砂糖为例，在库存商品明细账中按先进先出法计算发出存货和期末存货的成本，如表 2.7 所示。

表 2.7　库存商品明细账(先进先出法)

商品名称：白砂糖　　　　　计量单位：千克　　　　　金额：元

日期		摘　要	收　入			发　出			结　存		
月	日		数　量	单　价	金　额	数　量	单　价	金　额	数　量	单　价	金　额
10	1	期初							100	4.90	490
10	5	购入	200	5.00	1 000				100	4.90	490
									200	5.00	1 000
10	15	发出				100	4.90	490	140	5.00	700
						60	5.00	300			
10	18	购入	130	5.10	663				140	5.00	700
									130	5.10	663
10	20	发出				140	5.00	700	30	5.10	153
						100	5.10	510			

续表

日	期	摘 要	收 入			发 出			结 存		
月	日		数 量	单 价	金 额	数量	单 价	金 额	数 量	单 价	金 额
10	25	购入	150	5.20	780				30 150	5.10 5.20	153 780
10	31	本月合计	480		2 443	400		2 000	30 150	5.10 5.20	153 780

采用先进先出法，期末存货按最近的单位成本计价，其价值接近于市场价格，并能随时结转发出存货的实际成本。但每次发出存货要根据先入库的单价计算，工作量比较大，一般适用于收发存货次数不多的情况。当物价上涨时，采用先进先出法会高估企业当期利润和库存存货价值；反之，会低估企业当期利润和库存存货价值。

2. 加权平均法

加权平均法包括月末一次加权平均法和移动加权平均法。

1) 月末一次加权平均法

月末一次加权平均法，是指以本月全部进货数量加月初存货数量作为权数，一次性地计算本月月初存货与全月收入存货的加权平均单位成本，从而确定发出存货与库存存货成本的一种计价方法。其计算公式如下：

$$加权平均单位成本 = \frac{月初结存存货成本 + 本期收入存货成本}{月初结存存货数量 + 本期收入存货数量}$$

$$月末库存存货成本 = 月末库存存货数量 \times 加权平均单位成本$$

$$本月发出存货成本 = 本月发出存货数量 \times 加权平均单位成本$$

在实际工作中，由于在计算加权平均单位成本时往往不能除尽，故需要先按加权平均单位成本计算月末库存存货成本，然后倒减出本月发出存货成本，将计算尾差挤入发出存货成本。即：

$$本月发出存货成本 = 月初结存存货成本 + 本期收入存货成本 - 月末库存存货成本$$

【例2-27】 仍以例2-26白砂糖为例，计算方法如表2.8所示。

表2.8 库存商品明细账(月末一次加权平均法)

商品名称：白砂糖　　　　　　　　　　计量单位：千克　　　　　　金额：元

日	期	摘 要	收 入			发 出			结 存		
月	日		数 量	单 价	金 额	数 量	单 价	金 额	数 量	单 价	金 额
10	1	期初							100	4.90	490
10	5	购入	200	5.00	1 000				300		
10	15	发出				160			140		
10	18	购入	130	5.10	663				270		
10	20	发出				240			30		
10	25	购入	150	5.20	780				180		
10	31	本月合计	480		2 443	400		2022.2	180	5.06	910.80

采用月末一次加权平均法计算存货成本如下：

加权平均单位成本= (490+2 443)÷(100+480) ≈ 5.06(元/千克)

月末库存商品成本=180×5.06=910.80(元)

本月商品销售成本=490+2 443-910.80=2 022.2(元)

采用月末一次加权平均法，只需要在期末计算一次加权平均单价，手续简便，便于操作。但是，月末一次加权平均法平时无法从账上提供发出和结存存货的单价和金额，因而不利于对存货的管理。

2) 移动加权平均法

移动加权平均法也称移动平均法。这种方法是指每次存货入库后，都要以新入库存货的数量和原库存存货数量作为权数，计算加权平均单位成本，并作为下次发出存货的单位成本。其计算公式如下：

$$移动加权平均单位成本=\frac{结存存货成本+本批购进存货成本}{结存存货数量+本批购进存货数量}$$

【例 2-28】 仍以例 2-26 白砂糖为例，计算方法如表 2.9 所示。

表 2.9 库存商品明细账(移动加权平均法)

商品名称：白砂糖　　　　　　　　　　　计量单位：千克　　　　　　　　金额：元

日 期		摘 要	收 入			发 出			结 存		
月	日		数量	单价	金额	数量	单价	金额	数量	单价	金额
10	1	期初							100	4.90	490
10	5	购入	200	5.00	1 000				300	4.97	1 490
10	15	发出				160		794.20	140	4.97	695.80
10	18	购入	130	5.10	663				270	5.03	1 358.80
10	20	发出				240		1207.90	30	5.03	150.90
10	25	购入	150	5.20	780				180	5.17	930.90
10	31	本月合计	1 000		2 443	400		2002.10	180	5.17	930.90

注：以上计算保留两位小数，将结存存货成本尾数差倒挤计入发出存货成本。

10 月 5 日，进货后商品加权平均单位成本=(490+1 000)÷(100+200)≈ 4.97(元/千克)

10 月 15 日，库存商品成本=140×4.97=695.80(元)

10 月 15 日，商品销售成本=1490-695.80=794.20(元)

10 月 18 日，进货后商品加权平均单位成本= (695.80+663)÷(140+130)≈ 5.03(元/千克)

10 月 18 日以后的进出存货成本的计算省略，计算方法同上。

采用移动加权平均法，每次收到存货都要重新计算其加权平均单位成本，有利于及时掌握发出存货和库存存货成本，及时为存货管理提供所需信息，但是计算工作比较繁重。

3. 个别计价法

个别计价法，又称分批实际法。采用这一方法，是假定存货的成本流转与实物流转完全一致，按照各种存货，逐一辨认各批发出存货和期末存货所属的购进批别或生产批别，分别按其购入或生产时所确定的单位成本计算各批发出存货和期末存货成本的方法。

个别计价法的特点是成本流转与实物流转完全一致，便于逐笔结转商品销售成本，是所有计价方法中最准确的一种，但这种方法的前提是需要对发出存货和结存存货的批次进行具体认定，因此实务操作的工作量繁重。它适用于直运商品和进货批次少、销售能分清批次的商品。

4. 毛利率法

批发企业发出商品的实际成本，可以采用先进先出法、加权平均法或个别计价法计算确定，还可用毛利率法等计算发出商品和期末库存商品的成本。

毛利率法是根据本期商品销售净额乘以上期实际(或本月计划)毛利率，推算出本期销售毛利，进而推算商品销售成本的一种方法。其计算公式如下：

$$毛利率=销售毛利÷销售净额×100\%$$

$$销售净额=商品销售收入-销售折让和销售退回$$

$$销售毛利=销售净额×毛利率$$

$$本期销售商品成本=销售净额-销售毛利$$

或者：

$$本期销售商品成本=销售净额×(1-毛利率)$$

$$期末存货成本=期初存货成本+本期收入存货成本-本期销售成本$$

【例2-29】 新华百货批发公司2023年9月初食品类商品库存50 000元，本月购进80 000元，本月销售收入111 000元，发生的销售退回和销售折让为1 000元，上月该类商品的毛利率为20%，计算本月已销售商品和库存商品的成本。

计算如下：

$$本月商品销售净额=111\,000-1\,000=110\,000(元)$$

$$商品销售毛利=110\,000×20\%=22\,000(元)$$

$$本月商品销售成本=110\,000-22\,000=88\,000(元)$$

或者：

$$本期销售商品成本=销售净额×(1-毛利率)=110\,000×(1-20\%)=88\,000(元)$$

$$期末库存商品成本=50\,000+80\,000-88\,000=42\,000(元)$$

采用毛利率法计算本期销售成本和期末存货成本的，一般适用于商业批发企业。采用这种方法，商品销售成本按商品大类销售额计算，手续简便，但计算的结果往往不够精确。通常只在一个季度的前两个月采用，季末应选用其他几种方法中的一种进行调整。一般适合经营品种较多、月度计算商品销售成本有困难的企业。

商品销售成本无论采用何种方法计算和结转，都应编制如下会计分录：

借：主营业务成本

　　贷：库存商品——××商品

小　　结

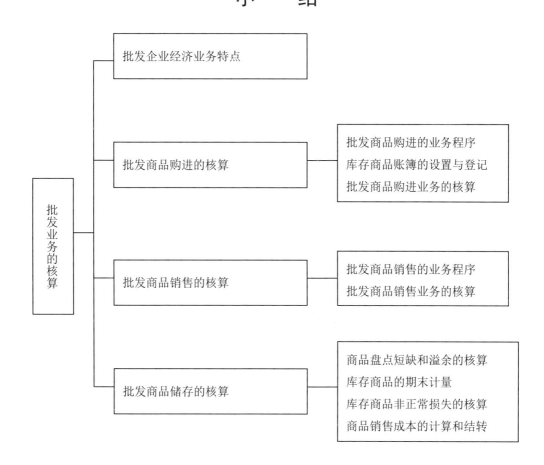

同　步　测　试

一、填空题

1. 批发商品流通过程包括商品的_____、_____和_____三个环节。

2. 批发企业会计核算价格的主线"三进"是指购入商品时用购进的_____核算，商品验收入库时用购进的_____核算，结转主营业务成本时用购进的_____核算。

3. 批发企业会计核算价格的主线"一销"是指商品销售时用_____核算。

4. 对于同城购进商品，其交接方式一般采用_____或_____；对于异地购进商品，其交接方式一般采用_____。

5. 批发商品流通企业库存商品明细账的设置方法一般有_____、两账合一、_____。

6. 批发企业商品销售成本的结转方法一般有_____和_____。

二、单项选择题

1. 大中型批发流通企业通常采用的商品核算方法是( )。
   A. 进价金额核算制   B. 售价金额核算制
   C. 数量进价金额核算制   D. 售价控制进价核算制

2. 企业在购进商品时如遇月末商品先到、货款结算凭证尚未到达，则( )。
   A. 按实际价入账   B. 按暂估价入账
   C. 不入账   D. 退回

3. 某企业经营商品少，进货次数少，进货单价前后相差大，则该企业应采用的成本计算方法是( )。
   A. 加权平均法   B. 先进先出法
   C. 毛利率法   D. 个别计价法

4. 期末结存商品金额比较接近市场价格的计算方法是( )。
   A. 个别计价法   B. 月末一次加权平均法
   C. 移动加权平均法   D. 先进先出法

5. 计算直运商品、委托代销商品的销售成本，应采用( )。
   A. 个别计价法   B. 月末一次加权平均法
   C. 移动加权平均法   D. 先进先出法

6. 应在库存商品明细账发出方"其他数量"栏内登记的业务是( )。
   A. 商品短缺   B. 进货退出   C. 销货退回   D. 销售商品

7. 用毛利率法计算的第三个月商品销售成本，实质上是( )。
   A. 第三个月的商品销售成本
   B. 对前两个月商品销售成本的调整
   C. 第三个月的商品销售成本及对前两个月商品销售成本的调整
   D. 对第三个月商品销售成本的调整

8. 期末结存商品金额偏低，则( )。
   A. 商品销售成本就会偏高，毛利额就偏低
   B. 商品销售成本就会偏高，毛利额也偏高
   C. 商品销售成本就会偏低，毛利额就偏高
   D. 商品销售成本就会偏低，毛利额也偏低

9. 购进商品短缺，如果查明属于运输单位的失职，应记入( )账户。
   A. 销售费用   B. 其他应收款
   C. 营业外支出   D. 其他应付款

10. 购入商品在验收入库时如发现实收数量多于应收数量，且查明原因是自然溢余的，则贷方科目记( )。
    A. 物资采购   B. 库存商品
    C. 待处理财产损溢   D. 销售费用

三、多项选择题

1. 发运商品时，由于运输环节的问题，结算付款的单证与商品到达购货单位的时间

不可能完全一致, 因此可能出现的三种情况是(　　)。

  A. 单货同到　　　B. 单货都未到　　C. 单到货未到　　D. 货到单未到

2. 企业财务部门一般设置的"库存商品"账户有(　　)。

  A. "库存商品"类目账　　　　　　B. "库存商品"明细账

  C. "库存商品"总账　　　　　　　D. 商品保管账

3. 批发企业"库存商品"明细账的设置方法有(　　)。

  A. 以单代账　　　B. 三账分设　　　C. 两账合一　　　D. 三账合一

4. 在数量进价金额核算制下, 库存商品明细账的登记依据是(　　)。

  A. 商品验收单　　　　　　　　　B. 记账凭证

  C. 销售方的销货更正单　　　　　D. 商品发货单

5. 商品销售成本按其结转时间的不同可分为(　　)。

  A. 随时结转　　　B. 分散结转　　　C. 定期结转　　　D. 集中结转

6. "三账分设"是指(　　)各设一套"库存商品"明细账。

  A. 财会部门　　　　　　　　　　B. 业务部门

  C. 人力资源部门　　　　　　　　D. 仓库部门

7. 购进商品发生溢余或短缺的原因有(　　)。

  A. 商品本身的性能　　　　　　　B. 自然条件变化

  C. 供货单位出错　　　　　　　　D. 运输单位过失

8. 购进商品时发生进货补价, 假设该批商品尚未出售, 则应调增(　　)的金额。

  A. 在途物资　　　B. 库存商品　　　C. 应交税费　　　D. 银行存款

9. 购进商品时发生进货补价, 假设该批商品已全部出售并已结转成本, 则应调增(　　)金额。

  A. 在途物资　　　B. 库存商品　　　C. 应交税费　　　D. 主营业务成本

10. "两账合一"是指(　　)合并设置一套库存商品明细账。

  A. 人力资源部门　　　　　　　　B. 业务部门

  C. 会计部门　　　　　　　　　　D. 仓库部门

项 目 实 训

【实训一】

(一)目的: 练习批发商品购进业务的核算。

(二)资料: 百汇批发公司 2023 年 6 月发生下列经济业务。

(1) 3 日, 公司从本市纺织公司购进一级毛巾 3 500 条, 每条进价为 6 元, 增值税专用发票上注明的价款总额为 21 000 元(不含增值税), 增值税税率为 13%, 百汇批发公司签发商业汇票支付价税款, 毛巾当日验收入库。

(2) 5 日, 公司从欣欣服装厂购进一批运动服 40 套, 每套进价为 138 元, 增值税专用发票上注明的价款总额为 5 520 元, 增值税税额为 717.60 元; 供货单位代垫运费 50 元, 增值税税额为 4.50 元; 货款结算采用"异地托收承付"结算方式。

① 当日接到银行转来的外地服装厂的托收凭证、"发货单"结算联和代垫运费清单，经审核无误后，支付货款。

② 7 日，运动服 40 套运到，经仓库点验入库，据仓库送来的"收货单"和供货单位的"专用发票"审核无误。

(3) 8 日，公司从厦门海产品公司购进虾皮 600 千克，每千克 18 元，总计价款为 10 800 元，增值税税额为 1 404 元；另供货方垫付运费 300 元，增值税税额为 27 元。采用托收承付结算方式结算货款。当日接到银行转来的托收凭证及附来的专用发票(发票联)、运费凭证，经审核无误后，予以承付。

(4) 10 日，从厦门海产品公司购进虾皮商品运到，经点验，实收数量为 635 千克，溢余 35 千克，计价 630 元，原因待查。

(5) 13 日，经查明原因，10 日购入的虾皮溢余，其中 5 千克由于天气潮湿，虾皮受潮，属自然升溢，30 千克属供货单位多发，经与对方联系，同意补作购进，货款已汇出。按虾皮溢余原因，作会计处理。

(6) 15 日，公司从广西某糖厂购进蔗糖 8 包，每包 50 千克，每千克 9.50 元，总计价款为 3 800 元，增值税税额为 494 元；另供货方垫付运费 190 元，增值税税额为 17.10 元。采用托收承付结算方式结算货款。当日接到银行转来的托收凭证及附来的专用发票(发票联)、运费凭证，经审核无误后，予以承付。

(7) 18 日，从广西某糖厂购入的蔗糖运到，经点验，实收数量为 7 包，其中 1 包破包污损不能食用，原因待查。

(8) 19 日，经查明，破损的 1 包蔗糖属运输单位责任事故，经联系，运输单位同意赔偿损失。按白砂糖短缺原因，作会计处理。

(9) 20 日，收到本市纺织公司开来蓝字更正发票，列明 3 日公司从本市纺织公司购进的一级毛巾 3 500 条，每条进价应为 6.50 元，应补付货款 1 750 元，增值税税额为 227.50 元，公司用转账支票补付。该批毛巾已售出，但尚未结转商品销售成本。

(10) 21 日，从欣欣服装厂购进的 7 日验收入库的一批运动服 40 套，今复验发现其中 5 套质量不符合要求，经联系后，服装厂同意退货。

① 22 日，收到欣欣服装厂开出的红字专用发票，开列退货款 690 元，退增值税税额 89.70 元，并收到业务部门转来的"进货退出单"。

② 23 日，收到欣欣服装厂退来货款及增值税额的转账支票 779.70 元，存入银行。

(11) 24 日，公司向上海家电厂购进电饭煲 130 个，进货单价为 245 元，总计货款为 31 850 元，增值税税额为 4 140.50 元，价税合计为 35 990.50 元；另供货单位代垫运费 500 元，增值税税额为 45 元。

① 当日，接到银行转来的托收凭证及附来的专用发票的发票联、结算联、运费凭证等单据，经与合同核对无误后，予以承付。

② 26 日，电饭煲运到后，发现其中有 30 个与合同型号规格不符，拒绝收货，暂作代管，并相应扣减进项税额 995.50 元，经与供货单位联系，同意退回拒收的电饭煲。其余 100 个均已验收入库。根据供货单位红字专用发票，作会计处理。

③ 26 日，收到供货单位退回的货款。

(三)要求：根据以上会计业务编制会计分录。

【实训二】

(一)目的：练习批发商品直运销售业务的核算。

(二)资料：百汇批发公司向浙江红雨花伞厂订购折伞 1 000 把，进货单价为 16 元，进项税额为 2 080 元，直运给厦门夏商商场，销售单价为 20 元，增值税销项税额为 2 600 元，百汇批发公司代垫运费 350 元，增值税税额为 31.50 元。按购销合同规定，运费由厦门夏商商场负担(本题按先承付进货款，后托收销货款进行核算)。

(三)要求：根据以上会计业务编制会计分录。

【实训三】

(一)目的：练习代销商品销售业务的核算(收取代销手续费方式的核算)。

(二)资料：10 月 1 日，百汇批发公司根据商品委托代销合同，将 500 个 MP3 委托荣欣商城代销，其购进单价为 160 元，合同规定销售单价为 210 元，增值税税率为 13%，合同规定每个月末受托方向委托方开具代销清单，据以结算货款，代销手续费为销货款的 10%。10 月 30 日，荣欣商城送来代销商品清单，填制专用发票，列明 MP3 已销售 100 个，销售单价为 210 元，货款金额为 21 000 元，增值税税额为 2 730 元。11 月 1 日，荣欣商城扣除了代销手续费后，付来了已售的 100 个 MP3 的货款及增值税税额，款项存入银行。

(三)要求：根据以上会计业务分别按委托方和受托方编制会计分录。

【实训四】

(一)目的：练习批发商品销售业务的核算。

(二)资料：百汇批发公司 2023 年 6 月发生下列经济业务。

(1) 2 日，公司向明宏商厦销售 50 条毛毯，销售单价为 300 元，货款总额为 15 000 元，增值税税额为 1 950 元，公司向开户行办妥托收手续。4 日，银行转来收账通知，明宏商厦支付 44 条毛毯的货款 13 200 元及增值税税额 1 716 元；同时收到"拒绝付款理由书"，表明其中 6 条毛毯规格与合同不符，提出拒收、拒付这 6 条毛毯的货款及税款。5 日，规格与合同不符的 6 条毛毯已退回，业务部门转来红字专用发票。

(2) 公司对赊销商品给予现金折扣优惠，条件为：2/10、1/20、n/30。5 日，星星商店赊销一等品毛巾 200 条，单价为 7 元，总计货款为 1 400 元，增值税税额为 182 元，价税合计 1 582 元；19 日，星星商店付来赊销商品的货款及增值税税额的转账支票一张，公司审核无误后，存入银行。

(3) 21 日，星星商店告知上月向本公司购进的一等品毛巾中有 23 条存在质量问题，本公司查验属实，经双方协商进行折价销售，原销售单价为 7 元，现销售单价为 4 元，开出红字专用发票，退还星星商店货款 69 元及税款 8.97 元，用库存现金支付。

(三)要求：根据以上会计业务编制会计分录。

【实训五】

(一)目的：练习毛利率法的运用。

(二)资料：百汇批发公司 2023 年 6 月初日用品类商品库存金额为 35 000 元，本月购进商品金额为 160 000 元，本月销售收入为 187 000 元，发生的销售退回和销售折让为 980 元，上月该类商品的毛利率为 24%。

(三)要求：根据以上资料计算本月已销售的日用品类商品的销售成本和库存商品的成本。

思考与练习

1. 批发企业经济业务有哪些特点？

2. 批发商品购进业务有哪几个程序？库存商品账簿应如何设置与登记？

3. 如何进行库存商品期末计量？如何对商品销售成本进行计算和结转？

项目 3

农副产品业务的核算

【知识目标】

● 了解农副产品流通业务的特点和内容。

【技能目标】

● 掌握农副产品的购进、挑选整理、销售和储存的相关账务处理。
● 掌握农副产品购进与销售成本的计算和结转。

【素质目标】

● 增强"悯农"意识，并有尊农、爱农、护农的思想素质。
● 提高与农户沟通交流的个人素质。
● 塑造下基层、察民情、解民忧、暖民心的个人情怀。

【思政目标】

● 通过农副产品流通业务特点的讲解，帮助学生增强创业意识：诚信经营、互利共赢；帮助学生树立人生价值取向：以德立身、量入为出。
● 通过农副产品挑选整理核算的讲解，培养学生耐心踏实、勤勉尽职的劳动品质。
● 通过农副产品销售核算的讲解，培养学生诚信经营、互利共赢、遵守契约的精神。
● 通过农副产品储存核算的讲解，培养学生吃苦耐劳、认真负责的工作品质。

【情境导入】

一只冰糖橙的励志故事

又到一年"橙"熟时。一枚精心包装的冰糖橙和一位洞悉商业智慧的营销天才，巧妙地描述了一个切合时代脉搏的励志故事，一位85岁老人在跌倒之后选择二次创业并最终取得成功。这种叙事反映的是农产品营销的一种创新。

生鲜电商"本来生活"成功将褚橙打造成了"励志橙"，获得了商业上的巨大成功。如今的"褚橙"，其声名已远远盖过它的本名"云冠橙"，而伴它一起走红的还有一个人(褚时健)和一段非常传奇的故事。

曾经的"烟王"褚时健75岁二度创业，承包2000亩荒山开启创业之路，85岁时他的果园年产橙子8000吨。一杭州水果业内人士曾向媒体透露，2008年以前，这个品种的冰糖橙在云南的收购价只是几毛钱一斤，在杭州地区的售价约2.5元一斤，且销量惨淡。随着王石、潘石屹等知名人士在微博上的力捧，"褚橙"的传奇故事引爆公众话题，并被誉为"励志橙"。目前，"褚橙"的市场售价约为108～138元/箱(10斤)，而且不愁销路。

(资料来源：齐齐文库 2019-04-03)

根据材料，分析与讨论：

在同质化严重的芦柑市场，"褚橙"为什么能够卖到高价且不愁销路？

【案例分析】

分析结论：好产品是源头，中国的现代农业、生态农业是个新兴产业。褚时健卖橙成功之道在于，种出高品质的好水果，然后引入创意与实力兼具的现代生鲜销售平台作为产品营销的战略合作方，好的产品遇到好的渠道销售模式，犹如好马配好鞍，成功是水到渠成的事情。这个新兴行业带动了从源头的生产种植环节，到下游的渠道分销(包括农产品、生鲜和有机食品商家)。对于每一个新兴行业的发展而言，其关键依然是上游的产品，"而褚橙就是在这个时候出现的优质上游产品。"

好品牌是有温度的，讲故事可以让购买者感受到品牌的温度。人生总有起落，精神终可传承。这里需要感谢的是褚老，如果没有褚老用生命种橙子的精神，所有的一切都是空的。用最接地气的营销技巧，是一条可行之路。唠过故事后，即使产品同质化，你说消费者会选谁的产品呢？

好产品搭配好的营销平台和营销模式，近年来，营销模式迭代更新，发展迅速，又逢食品安全问题频发，这就造就了一波生鲜、有机食品的销售热潮。嫁接营销平台和营销模式、借助微博推广、商品自身的故事性，三方面促使褚橙走红。

(资料来源：https://www.douhua.net/zhichang/lizhigushi/137073.html)

3.1 农副产品流通业务特点

农副产品流通业务的特点.mp4

农副产品是指农、林、牧、副、渔业产品的总称，包括粮、油、棉、麻、烟、果、糖、禽、蛋、畜、药材等。农副产品品种繁多，规格复杂，生产分散，农副产品的生产与工业品的生产不同，它受自然条件的制约，季节性较强，易变质。

农副产品的交售者主要是集体或个体的农、林、牧、副、渔业的生产者，商品流通企业必须严格按照规定的质量标准和收购价格，做好评级、验质、定价、点数、称重、开票和结算工作。由于生产有一定的季节性，所以农副产品收购有旺季和淡季之分。

农副产品业务的核算采用数量进价金额核算制，具体有以下几项要求。

(1) 进价记账。会计部门对库存商品总账和明细账的进、销、存金额均按进价反映。

(2) 在库存商品总账控制下，按商品的品名、规格、等级和编号分户进行明细核算。

(3) 经营品种繁多的企业，要设置库存商品类目账，以核算大类商品的进、销、存情况和控制所属各明细账。

(4) 采用适当的方法随时或定期结转商品销售成本。商品销售成本即销售商品进价，企业可根据经营商品的不同特点和业务经营的不同需要，分别按照会计核算的规定采用不同的计算和结转方法，进行随时或定期结转。

3.2　农副产品购进的核算

农副产品购
进、挑选整理
的核算.mp4

农副产品的购进通常称为农副产品的收购，是指商品流通企业向农村经济组织和个人收购农业产品的一种商品交易行为，是商品流转的主要组成部分。在收购过程中，应根据季节变化，合理设置收购网点，应季收购，必要时可多设收购网点，配备必要的设备和人员，并筹备好必需的收购资金，做好农副产品的收购工作。

3.2.1　农副产品收购业务的一般程序

商品流通企业收购农副产品业务的核算程序一般为：经过评级、验质、定价、过秤后，由收购人员填制"农副产品收购凭证"和"农副产品收购计数单"一式数联，一联由收购人员保留，作为农产品验收入库的依据，一联交付款员复核后据以支付货款，一联给交售方作为其交售农副产品的销售凭证，如表 3.1 和表 3.2 所示。每日或定期按品名汇总编制"农副产品收购汇总表"，并报送财会部门办理付款，如表 3.3 所示。

表 3.1　农副产品收购凭证

收购单位：　　　　　　　　年　月　日　　　　　　　　No.

交售人		地址						预购定金						元		
编号	品名	规格	等级	单位	数量	单价	应付金额	扣回金额	实际金额						结算形式	
									万	千	百	十	元	角 分	现金	转账
合计人民币(大写)																

(有关人员签章)

表3.2 农副产品收购计数单

年 月 日 No.

品 名	等 级	单 位	数 量	单 价	金 额	附 注

合计人民币(大写)

(有关人员签章)

表3.3 农副产品收购汇总表

年 月 日　　收购凭证 号至 号

收购单位:　　　　　　　　　　　　　　农副产品收购计数单 号至 号

品 名	等 级	单 位	数 量	单 价	金 额	奖售物资			
						品 名	单 位	标 准	数 量

主管:　　　　　　审核:　　　　　　记账:　　　　　　制表:

3.2.2 农副产品购进业务的核算

农、林、牧、副、渔业产品的生产地较为分散,为了便于收购,有些商品流通企业委托其他单位代购,这就需要支付代购企业代购费用和手续费。因此,农副产品的采购成本由买价和代购费用组成。

此外,按照相关税法的规定,企业购进农业生产者销售的免税农业产品和向小规模纳税人购买农业产品时,要以买价的9%作为抵扣率,计算增值税(进项税额)。其计算公式为:

购进农业产品进项税额=买价×9%

按收购方式的不同,农副产品的购进可分为直接购进、委托代购和预购定金收购。下面介绍具体核算方法。

1. 农副产品直接购进的核算

农副产品直接购进,是指商品流通企业设置收购站,直接向交售人收购农副产品。这是商品流通企业主要采用的收购方式。企业对其所属的报账制单位,一般根据收购计划和淡、旺季等不同情况拨付一定数额的备用金。备用金只能用于商品收购和与其有关的费用开支,不得挪作他用,其使用和补充通常采用报账付款的方法。

报账付款是指拨款单位先向收购单位拨付一定数额的农副产品收购铺底资金(备用资金),收购单位使用后,向拨款单位报送"农副产品收购汇总表",拨款单位据以补足其收购的铺底资金。采用这种核算方式,能够保证收购单位始终持有一定数额的备用金,可随时用于采购农副产品。这种方式适用于收购农副产品的品种、数量和资金比较稳定的单位。

企业拨付铺底资金时,借记"其他应收款"科目,贷记"银行存款"或"库存现金"科目;待采购结束收回备用金时作相反的会计分录。购进农副产品时,按收购农副产品的价款扣除计算的增值税(进项税额),借记"在途物资"科目,按规定的抵扣率计算的增值税

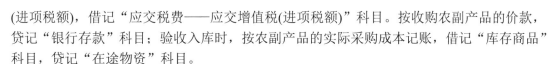

(进项税额)，借记"应交税费——应交增值税(进项税额)"科目。按收购农副产品的价款，贷记"银行存款"科目；验收入库时，按农副产品的实际采购成本记账，借记"库存商品"科目，贷记"在途物资"科目。

【例 3-1】　源丰公司收购农副产品，采用报账付款方法对其所属的报账单位甲收购站进行核算。

(1) 根据甲收购站收购业务的需要，拨付其收购农副产品铺底资金 60 万元，通过银行汇款。作会计分录如下：

借：其他应收款——甲收购站　　　　　　　　600 000
　　贷：银行存款　　　　　　　　　　　　　　600 000

(2) 甲收购站交来"农副产品收购汇总表"，共计收购农副产品 10 万元，农副产品的增值税税率为 9%，经审核无误，签发转账支票以补足其备用金。作会计分录如下：

进项税额=100 000×9%=9000(元)

借：在途物资——甲收购站　　　　　　　　　91 000
　　应交税费——应交增值税(进项税额)　　　　9 000
　　贷：银行存款　　　　　　　　　　　　　　100 000

(3) 采购完毕，农副产品验收入库。作会计分录如下：

借：库存商品——农副产品　　　　　　　　　91 000
　　贷：在途物资——甲收购站　　　　　　　　91 000

2. 农副产品委托代购的核算

委托代购是指商品流通企业在未设收购网点的地区，委托其他企业代购的一种收购农副产品的方式。采用这一方式时，代购资金一般由受托单位自行解决。

委托单位除了要承担代购农副产品的收购价格外，还要承担代购费用和代购手续费。商品的采购成本由扣除增值税税率 9%后的买价和代购费用组成，代购费用包括收购过程中发生的运杂费、保管费、包装费等费用。

委托代购时，双方应签订代购合同或协议，规定代购商品的品种、规格、价格、费用负担情况、手续费标准、商品交接方式、货款结算方式等。

委托代购的农副产品，其代购费用有"实报实销"和"定额包干"以及"作价交接"三种计算方式。

1) 实报实销

实报实销是指委托单位根据受托单位实际支出的代购费用给予报销，代购费用先由受托单位代垫，再向委托单位实报实销，并另行收取代购手续费的处理办法。委托单位将这部分代购费用计入商品的采购成本，支付的代购手续费记入"销售费用"账户。

采用实报实销这种方式的缺点是不利于控制费用支出，一般适用于代购费用难以预先确定的情况。

【例 3-2】　源丰公司委托 A 单位代购农家土鸡蛋 1 000 千克，收购价为每千克 30 元，增值税税率为 9%，受托方代垫包装费 450 元，代购手续费按收购金额的 3%计算。商品验收入库后，价款及费用以银行存款支付。根据有关凭证，作会计分录如下：

土鸡蛋的采购成本=30 000-30 000×9%+450=27 750(元)

代购手续费=30 000×3%=900(元)

借：库存商品——土鸡蛋   27 750

  应交税金——应交增值税(进项税额) 2 700

  销售费用——代购手续费   900

   贷：银行存款   31 350

2) 定额包干

定额包干是指委托单位按代购金额的一定比例支付包干费用(代购费用)，包干费用超支或节约均由受托代购单位负责，另付手续费，委托单位将这部分包干费用计入商品采购成本的处理办法。

【例3-3】 若上例合同规定代购费用采用定额包干方式，包干费用为代购金额的2%，代购手续费仍按收购金额的3%计算，则作会计分录如下：

土鸡蛋的采购成本=30 000×(1-9%)+30 000×2%=27 900(元)

代购手续费=30 000×3%=900(元)

借：库存商品——土鸡蛋   27 900

  应交税金——应交增值税(进项税额) 2 700

  销售费用——代购手续费   900

   贷：银行存款   31 500

无论代购费用采用的是实报实销方式，还是定额包干方式，发生的代购费用均应计入农副产品的采购成本，而代购过程中发生的代购手续费，则应记入当期"销售费用"科目。购进农副产品时，按购进农副产品的价款扣除计算的增值税(进项税额)再加上代购费用，借记"在途物资"科目，按规定的抵扣率计算的增值税(进项税额)，借记"应交税费——应交增值税(进项税额)"科目，按实际发生的代购手续费，借记"销售费用——代购手续费"科目，按农副产品的全部价款，贷记"银行存款"科目。验收入库后，按农副产品的实际采购成本，借记"库存商品"科目，贷记"在途物资"科目。

3) 作价交接

作价交接是指代购双方按代购合同商定的"交接价"办理结算手续的处理办法。"交接价"包括农副产品收购价、收购费用，以及代购手续费等项。委托单位以"交接价"作为商品进价。

【例3-4】 源丰公司委托A单位代购农家土鸡蛋1 000千克，合同约定交接价每千克31元，增值税税率为11%，商品验收入库，价款及费用以银行存款支付。

土鸡蛋的采购成本=31 000-31 000×9%=28 210(元)

根据有关凭证，作会计分录如下：

借：库存商品——土鸡蛋   28 210

  应交税金——应交增值税(进项税额) 2 790

   贷：银行存款   31 000

3. 农副产品预购定金收购的核算

农副产品预购定金收购是指国家为了支持一些主要农副产品的生产，以保证收购计划的完成，而对一些主要农副产品实行预购。由收购企业与农业生产者签订预购合同，明确规定预购农副产品的品种、数量、质量、价格、发放定金的时间和金额、交货和收回定金的时间等。

预购定金的款项是收购企业根据国家政策的规定，向银行办理农副产品预购定金借款取得的，企业取得和归还借款时通过"短期借款"账户核算，发放和收回预购定金时，通过"预付账款"账户核算。

【例 3-5】　源丰公司与鸿来村专业户签订预购棉花合同，在合同中规定预购一级棉花100 000 元，按收购金额发放预购定金30%。

(1) 向银行办理并取得预购定金借款 30 000 元，作会计分录如下：

借：银行存款　　　　　　　　　　　30 000
　　贷：短期借款——预购定金借款　　　　　30 000

(2) 向鸿来村专业户发放预购定金 30 000 元，作会计分录如下：

借：预付账款——鸿来村专业户　　　30 000
　　贷：银行存款　　　　　　　　　　　30 000

(3) 鸿来村专业户交售棉花收购金额共计 100 000 元，作会计分录如下：

借：在途物资——鸿来村专业户　　　91 000
　　应交税金——应交增值税(进项税额)　9 000
　　贷：预付账款——鸿来村专业户　　　100 000

(4) 签发转账支票一张，补付该专业户棉花款 70 000 元，作会计分录如下：

借：预付账款——鸿来村专业户　　　70 000
　　贷：银行存款　　　　　　　　　　　70 000

(5) 收购的棉花验收入库，作会计分录如下：

借：库存商品——一级棉花　　　　　91 000
　　贷：在途物资——鸿来村专业户　　　91 000

(6) 归还银行 30 000 元预购定金借款，作会计分录如下：

借：短期借款——预购定金借款　　　30 000
　　贷：银行存款　　　　　　　　　　　30 000

3.3　农副产品挑选整理的核算

3.3.1　农副产品挑选整理的核算内容

思政案例 3-1
落实落细支持乡村
振兴 税惠政策.doc

对农副产品的挑选整理是指对农副产品进行分等、分级、清除杂质、包装整理，以提高质量和防止变质，但不改变其外形、性质或口味的工作，这项工作便于对农副产品进行保管、运输和按级论价、分等销售。

1. 农副产品挑选整理的原则

商品经过挑选整理后，清除了杂质，但也发生了一些损耗，数量和等级也会有所变化，此外还需要支付一定的挑选整理费用。因此，在会计核算上需要遵循以下几个原则。

(1) 在"库存商品"账户下设置"挑选整理"专户，以专门核算挑选中的农副产品。

(2) 商品在挑选整理过程中发生的费用支出记入"销售费用——挑选整理费"账户，不计入挑选整理后的农副产品成本。

(3) 因挑选整理发生的损耗，直接计入挑选整理后的农副产品成本。

(4) 农副产品因挑选整理而发生等级、规格和数量变化，以及发生的商品损耗，均应调整商品的数量和单价，不变更总金额。

(5) 在挑选整理过程中发生的责任事故或自然灾害造成的损失，能确定由保险公司或过失人负责的，记入"其他应收款"账户，扣除残料价值和过失人、保险公司赔偿后的净损失记入"营业外支出"账户，不得计入商品成本。

2. 农副产品挑选整理后单价的计算

农副产品通过挑选整理后可能会出现下列三种情况。

(1) 挑选整理后发生数量变化。当农副产品挑选整理后，由于清除了水分和杂质，而发生数量变化时，应按挑选整理后的实际数量入账，并调整商品的单价，其计算公式如下：

$$挑选整理后农副产品单价 = \frac{挑选整理前商品进价总额}{挑选整理后实际数量}$$

(2) 挑选整理后由一种等级变为另一种等级。当农副产品挑选整理后，由一种等级变为另一种等级，同时数量也发生了变化时，应以原来的成本总额作为新等级的成本总额，并调整等级、数量和单价，其计算公式如下：

$$新等级农副产品单价 = \frac{挑选整理前商品进价总额}{挑选整理后等级实际数量}$$

(3) 挑选整理后由一个等级变为几个等级。当农副产品挑选整理后，由一个等级变为几个等级时，应按各种等级的数量和售价的比例分摊原成本总额，其计算公式如下：

每种新等级农副产品售价总额=每种新等级农副产品数量×每种新等级农副产品销售单价

每种新等级农副产品应分配的成本总额=挑选整理前商品进价总额×(每种新等级农副产品售价总额÷全部新等级农副产品售价总额)

每种新等级农副产品成本单价=每种新等级农副产品应分配的成本总额÷每种新等级农副产品数量

3.3.2　农副产品挑选整理的核算方法

农副产品在进行挑选整理时，应指定专人负责管理。实物保管部门在拨出商品进行挑选整理时，应填制"商品内部调拨单"一式数联，其中，自留一联，另两联送交仓库，仓库据以验收产品，留下一联登记商品保管账，另一联转交财会部门入账。

农副产品的挑选整理一般在企业内部进行，按照进行挑选整理的实物负责人和地点的不同，可分为本库挑选整理与外库挑选整理两种情况。

1. 本库挑选整理的核算

本库挑选整理是指在原存放商品的仓库或地点进行，并由原实物负责人进行管理的挑选整理。在这种方式下，挑选整理前不需要进行账务处理，只对挑选整理过程中发生的费用或损耗及挑选整理后库存商品变化情况进行账务处理。

【例 3-6】 源丰公司在本库(柑橘仓库)对 1 000 千克柑橘进行挑选整理，柑橘收购价为每千克 3 元，挑选整理后均为一等品，净重 930 千克，收到转来的"农副产品挑选整理单"，如表 3.4 所示。

表 3.4 农副产品挑选整理单

单位：柑橘仓库   2023 年 10 月 10 日   No.:0001

商品编号	品名	单位	挑选前商品				挑选后商品				备注
			等级	数量	单价	金额	等级	数量	单价	金额	
	柑橘	千克	混等	1000	3.00	3000	一等	930		3000	
合计				1000		3000		930		3000	

单位负责人：   实物负责人：

根据农副产品挑选整理单，作会计分录如下：

借：库存商品——一等柑橘   3 000

贷：库存商品——柑橘   3 000

另以现金支付挑选整理费用 90 元，作会计分录如下：

借：销售费用——挑选整理费   90

贷：库存现金   90

2. 外库挑选整理的核算

外库挑选整理是指将商品从原存放地点移到另一地点进行挑选整理，并由另一实物负责人负责管理。为了分清责任，对送到外库进行挑选整理的商品，应作移库处理。

【例 3-7】 源丰公司发生下列挑选整理业务。

(1) 所属 A 收购站将收购的统货蜜橘 10 000 千克，拨交挑选组进行挑选整理，蜜橘每千克 3.50 元。根据商品内部调拨单，作会计分录如下：

借：库存商品——挑选整理   35 000

贷：库存商品——A 收购站   35 000

(2) 蜜橘挑选整理完毕，分为一级品 5 100 千克，每千克售价为 6 元；二级品 3 600 千克，每千克售价为 4 元；三级品 1 240 千克，每千克售价为 2.50 元；清除杂质和损耗 60 千克。计算新等级蜜橘的单价如下。

① 计算每种新等级蜜橘售价总额：

一级蜜橘售价总额=5 100×6=30 600(元)

二级蜜橘售价总额=3 600×4=14 400(元)

三级蜜橘售价总额=1 240×2.50=3 100(元)

　　合　计　　　　　　　　　　48 100(元)

② 计算每种新等级蜜橘应分配的成本总额：

一级蜜橘应分配的成本总额=35 000×(30 600÷48 100)≈22 266(元)

二级蜜橘应分配的成本总额=35 000×(14 400÷48 100)≈10 478(元)

三级蜜橘应分配的成本总额=35 000-(22 266+10 478)＝2 256(元)

③ 计算每种新等级蜜橘成本单价：

一级蜜橘成本单价=22 266÷5 100≈4.37(元)

二级蜜橘成本单价=10 478÷3 600≈2.91(元)

三级蜜橘成本单价=2 256÷1 240≈1.82(元)

挑选整理后，挑选组根据计算结果编制"农副产品挑选整理单"，如表3.5所示。

表3.5　农副产品挑选整理单

单位：挑选组　　　　　　　　　　2023年10月10日　　　　　　　　　　No.:0002

商品编号	品　名	单　位	挑选前商品				挑选后商品			
			等　级	数　量	单　价	金　额	等　级	数　量	单　价	金　额
	蜜橘	千克	混等	10 000	3.50	35 000	一级	5 100	4.37	22 266
							二级	3 600	2.91	10 478
							三级	1 240	1.82	2 256
合计				10 000		35 000		9 940		35 000

备注：清除杂质及商品损耗共计60千克

单位负责人：　　　　　　　　　　　　　　　　实物负责人：

公司财会部门根据审核无误的挑选整理清单。作会计分录如下：

借：库存商品——一级蜜橘　　　　　　　　22 266

　　　　　　——二级蜜橘　　　　　　　　10 478

　　　　　　——三级蜜橘　　　　　　　　2 256

　　贷：库存商品——挑选整理　　　　　　　35 000

然后按照蜜橘的等级登记库存商品明细分类账。

3.4　农副产品销售的核算

农副产品销售的核算.mp4

　　农副产品的交接方式是由农副产品的特点决定的。由于农副产品的规格、等级复杂，鲜活商品多，有些农副产品还需要由收货单位验收后定级定价，所以农副产品销售一般采用验货付款送货方式。农副产品的销售一般要经过送货、验货和结算货款三个环节。农副产品在销售过程中易发生等级、数量变化。对于送货验收过程中发生的等级、数量变化，应按一般农副产品和活畜禽进行不同的账务处理。

3.4.1　一般农副产品的账务处理

在购货方验收过程中发生等级、质量变化时，不应调整发出商品的原价，而应将由此发生的销售收入的增加或减少体现在销售损益中。

验收数量与原发出数量不一致时，应查明原因：属于错发货的，应调整发出数量和库存商品数量；属于运输途中自然升溢、损耗或事故损失的，自然升溢部分冲减"销售费用"科目，自然损耗部分增加"销售费用"科目；事故损失能确定过失人的，应由过失人赔偿，不能确定过失人的，应经批准记入"营业外支出"科目。

3.4.2　活畜禽的账务处理

对于活畜禽在销售过程中，头数、只数不变，但发生等级升降、增重或减重的情况，先按验收的等级和价格进行商品销售，然后仍按原发的等级和价格结转商品销售成本，其等级的升降、重量的增减均体现在商品经营损益中。

若发生零星死亡，急宰的销售收入低于进价的差额，以及肉食蛋品的自然损耗，应记入"销售费用——商品损耗"账户。

若发生零星走失、疫病流行、自然灾害，以及责任事故所造成的大量死亡、走失、被盗等损失，经批准后作"营业外支出"处理或由责任人赔偿。

在调运活畜禽的过程中，有关饲料和防疫费用的开支，应列支于"销售费用"账户。

3.4.3　农副产品销售的核算方法

批发企业在采取送货制销售农副产品时，一般要派押运员将货押送到收货单位；在发运农副产品时，一般应重新过磅、点数，按照实际数填制"农副产品拨付验收单"一式数联。其中，业务部门自留一联存根备查，将记账联转交财会部门作为商品运出的入账依据，其余各联随货同行。调入单位据以验收后，应根据验收情况填列实收的等级、数量、单价和金额，加盖公章后，将验收联交押运员带回。销售单位凭押运员带回的验收联填制专用发票，据以作为农副产品销售的入账凭证。"农副产品拨付验收单"如表 3.6 所示。

表 3.6　农副产品拨付验收单　　　　　　　　　编号：3768

发运 2023 年 10 月 6 日　　　　　发货单位：源丰公司

收货单位：金香肉食品厂　　　日期

收到 2023 年 10 月 8 日　　　　　所属部门：A 收购站

| 品名 | 单位 | 原 发 数 | | | | | 验 收 数 | | | | |
		等级	数量	重量/千克	成本单价/元	成本金额/元	等级	数量	重量/千克	销售单价/元	销售金额/元

生猪	头	一等	15	2 325	16.00	37 200	一等	13	2 045	18.00	36 810
		二等	9	1 170	13.50	15 795	二等	11	1 470	15.00	22 050
合计			24	3 495		52 995		24	3 515		58 860
备注:											

批发企业采用送货制销售农副产品时，在收货单位验收前，农副产品的所有权尚未转移，仍属于送货单位。为了加强对这部分农副产品的管理以及监督货款及时结算，应在"库存商品"账户下设置"运出在途商品"专户，在发出农副产品时，应将其采购成本从库存商品有关明细分类账户转入"运出在途商品"明细分类账户，待收到押运员带回的对方验收凭证后，再填制专用发票作商品销售处理，同时结转商品销售成本，将发出的在途商品转入"主营业务成本"账户。

【例 3-8】 源丰公司所属 A 收购站采用送货制销售给金香肉食品厂一批生猪，已由押运员运出。

(1) 根据农副产品拨付验收单记账联中列明的成本金额 52 995 元(见表 3.6)，作会计分录如下：

借：库存商品——运出在途商品　　　　　　　　52 995
　　贷：库存商品——A 收购站(生猪)　　　　　　　　52 995

(2) 根据专用发票列明的销售金额 58 860 元，可知增值税税额为 5 297.40 元。作会计分录如下：

借：应收账款——金香肉食品厂　　　　　　　　64 157.40
　　贷：主营业务收入——A 收购站(生猪)　　　　　　58 860
　　　　应交税费——应交增值税(销项税额)　　　　　5 297.40

同时结转已销商品成本。作会计分录如下：

借：主营业务成本——A 收购站(生猪)　　　　　52 995
　　贷：库存商品——运出在途商品　　　　　　　　52 995

(3) 收到金香肉食品厂电汇收账通知 64 157.40 元时，作会计分录如下：

借：银行存款　　　　　　　　　　　　　　　　64 157.40
　　贷：应收账款——金香肉食品厂　　　　　　　　64 157.40

思政案例 3-2
财政部 税务总局关于继续实施农产品批发市场和农贸市场房产税、城镇土地使用税优惠政策的公告.doc

3.5　农副产品储存的核算

农副产品储存的核算.mp4

农副产品储存是指商品流通企业购进的农副产品在销售以前停留在企业的状态。它是保证商品流通正常进行的物质基础和重要条件，商品流通企业储存的商品数量大，占用的资金较多。因此，加强对商品储存的核算，对于合理组织商品流通，保证商品完整，减少损失，节约储存费用，有着重要意义。

采用数量进价金额核算制对农副产品储存进行核算，不仅要通过反映商品的数量、金额来控制商品，在必要的情况下，还要结合存放地点来反映商品的分布状况。通过账货控制，充分发挥账簿在保护商品安全完整方面的重要作用。要正确计算和结转销售成本，在账簿设置上还应考虑到便于商品销售成本的计算和结转，以保证财务成果能够及时准确地核算和财务会计报告能够合理编制。要加强企业内部协作，做到账不重设，以节约人力、物力。

3.5.1 农副产品的明细分类核算

1. 农副产品明细分类账的分户

在商品流通企业中，为了满足各个部门的不同需要，应该结合企业的经营特点和管理需要，合理设置库存商品的分户方法。在实际工作中，库存商品明细分类账的分户方法一般有以下几种。

(1) 按商品的品名、编号、规格、等级分户。采用这种分户方法，只要是同一品名、编号、规格、等级的商品，不论其进价、批次是否相同，都在同一分户账页上连续登记。其优点是使同一品名、编号、规格、等级商品的增、减、结存情况得到完整反映，缺点是计算商品销售成本的工作比较复杂。

(2) 按商品的品名、编号、规格、等级，结合同一进货单价分户。采用这种分户方法，是将品名、编号、规格、等级、进货单价相同的商品，在同一账页上连续登记。其优点是计算销售商品进价较方便，计算结果较准确；缺点是增加了明细账户、工作量大。

(3) 按商品的品名、编号、规格、等级，结合进货批次分户。采用这种分户方法，是将品名、编号、规格、等级相同的商品，按进货批次分设明细账户进行登记。这种方法适用于整批购进、整批销售或整批购进，分批销售，以及分批保管的商品。其优点是可以按原进价计算销售商品成本，计算结果准确；缺点是增加了核算工作量。

2. 农副产品类目账的设置

企业可以用库存商品总账直接控制各库存商品明细账，但有的企业经营的品种较多，则需要设置类目账。类目账是按商品大类设置的库存商品明细账，根据商品的类别分户记载大类商品收、发、存的金额。这种做法是在库存商品总账和按商品品名、编号、规格、等级等设置的库存商品明细账之间，再按商品大类设置一层库存商品的类目账，各类目账受库存商品总账控制，某一类目账又控制这类商品所属的各明细账。这样设置账簿有利于核对账目和检查错误，同时还可以分类提供商品动态资料，计算销售成果，进行商品资金分析。

库存商品类目账一般是根据进销货的凭证按商品的大类进行汇总登记，一般只记金额，不记数量。如果该大类所属的各种商品的实物计量单位相同，也可同时核算数量和金额。

3. 农副产品明细账的登记

按商品品种、规格等设置的库存商品明细账，一般采用"数量金额式"账页，凡是购进的商品，在"收入"栏登记购进数量、单价和金额；非购进增加的商品，如已结转销售进价的销货退回、加工商品收回、商品溢余等，在"收入"栏登记其他数量、单价和金额。销售商品在"发出"栏登记销售数量，是否登记单价和金额，依成本结转方法而定。如随时结转销售成本，则登记单价和金额；若月末集中结转销售成本，则平时不登记，月末将销售进价汇总记入发出方"金额"栏。非销售而减少的商品，如商品损耗和损失、拨出委托代销商品和委托加工商品等，在"发出"栏登记其他数量、单价和金额；未结转销售进价的销售退回，用红字记入"销售数量"栏。平时还应结出结存金额，如月末集中结转销售成本，则"结存"栏中的"单价"和"金额"待月末时才登记。库存商品明细账的格式和登记如表 3.7 所示。

表 3.7 库存商品明细账

商品名称：鸡蛋　　　计量单位：千克　　　规格：　　　等级：一级　　　金额：元

2023 年		凭证字号	摘要	收　入				发　出				结　存		
月	日			数　量		单价	金额	数　量		单价	金额	数量	单价	金额
				购进	其他			销售	其他					
8	1		期初									120	9.50	1140
8	3	××	购进	200		9.60	1920					320		
8	5	××	销售					260				60		
8	10	××	购进	100		9.70	970					160		
8	15	××	退回					50				210		
8	22	××	销售					100				110		
8	30	××	盘亏						8			102		

3.5.2 农副产品溢缺的核算

农副产品在储存过程中，数量和质量都容易发生变化，为了加强对库存农副产品的核算和管理，必须根据农副产品的性能、特点，建立定期和不定期的盘点制度。可以按月或按季进行清查盘点，也可以在储存量较少时进行盘点。盘点中发现的升溢和损耗，应由实物负责人填制"农副产品溢耗报告表"，查明原因，分清责任，报请领导及时处理。

一般农副产品盘点中发现数量多少和等级差异的账务处理，与批发商品的溢缺处理程序和核算方法基本相同，这里不再赘述。关于库存活畜禽在储存期间的数量、质量变化的核算，不同于一般农副产品的处理，要专门加以说明。

在活畜禽的储存过程中，需要拨付饲料进行饲养，而且在整个储存期间可能长膘增重，也可能掉膘减重。因此，在会计处理上要区分不同情况。

库存活畜禽有两种：一种是收购后待调过程中短期饲养的活畜禽，称为周转性库存活畜禽；另一种是为了育肥，需要饲养较长时间的活畜禽，称为育肥性库存活畜禽。两者性质不同，会计处理也不同。

1. 周转性库存活畜禽的核算

企业收购活畜禽，从收购到调拨销售，需要有一段短时间的周转性储存。在这段时间里发生的饲养费用，列支在"销售费用——保管费"账户。对于在这段时间里所发生的长膘增重和掉膘减重，都只调整重量和单价，不调整原购进总金额。

【例 3-9】源丰公司库存生猪 20 头，毛重 2 800 千克，原收购单价为每千克 7.90 元，共计 22 120 元。在待运过程中，共耗用饲料 500 元。

(1) 根据"饲料领用单"，作会计分录如下：

借：销售费用——保管费　　　　　　　　　　　500

　　贷：库存商品——饲料　　　　　　　　　　　　　500

(2) 月末盘点，库存生猪仍为 20 头，但实际毛重为 2 900 千克。根据盘点结果调整账面记录。作会计分录如下：

借：库存商品——生猪(2 900 千克)　　　22 120

　　贷：库存商品——生猪(2 800 千克)　　　　22 120

2. 育肥性库存活畜禽的核算

为了满足市场需要或准备节日供应，企业需要对库存活畜禽进行较长时间的饲养育肥，这段时间内发生的饲养费用应计入活畜禽的成本。如果经过一段时间的喂养，仍没有增重，反而减重，其饲养费用也计入成本，同时调整账面重量及单价。

【例 3-10】 源丰公司库存菜牛 30 头，毛重 9 600 千克，原收购单价为 11.30 元，共计 108 480 元。育肥期间领用饲料，其金额为 1 500 元，期末盘点，30 头菜牛毛重 10 700 千克，增重 1 100 千克。

(1) 根据"饲料领用单"和"盘点表"作会计分录如下：

借：库存商品——菜牛　　　　　　　　　　1 500

　　贷：库存商品——饲料　　　　　　　　　　　　1 500

(2) 如果盘点结果，是减重 200 千克，则根据"饲料领用单"和"盘点表"作会计分录如下：

借：库存商品——菜牛(9 400 千克)　　　109 980

　　贷：库存商品——菜牛(9 600 千克)　　　108 480

　　　　库存商品——饲料　　　　　　　　　　1 500

小　　结

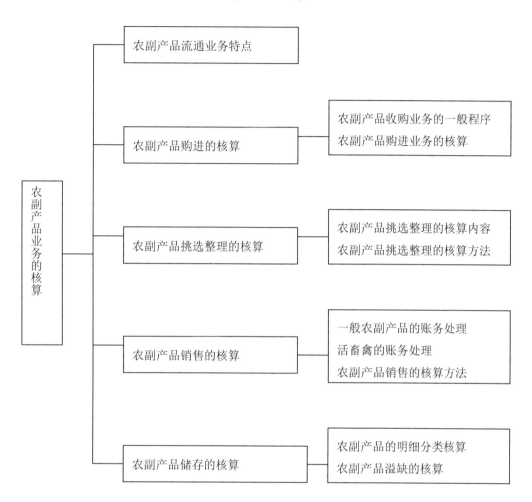

同 步 测 试

一、单项选择题

1.　企业发放农副产品预购定金是通过(　　)科目核算的。

　　A. 应收账款　　　　B. 预付账款　　　　C. 银行存款　　　　D. 预收账款

2.　某农副产品收购站向某农产品专业户收购免税农产品，收购价款为 20 万元，则该批产品的采购成本为(　　)万元。

　　A. 20　　　　　　　B. 22.6　　　　　　C. 21.8　　　　　　D. 18.2

3.　农副产品流通的核算采用(　　)核算制。

　　A. 进价金额　　　　　　　　　　　B. 售价金额

　　C. 数量进价金额　　　　　　　　　D. 数量售价金额

4. 农副产品如果发生移库挑选整理,可在"库存商品"账户下设置( )专户,以专门核算挑选中的农副产品。

A. 进货费用 B. 挑选整理

C. 挑选整理费用 D. 销售费用

5. 农副产品在挑选整理过程中发生的损耗直接记入( )。

A. 进货费用 B. 销售费用

C. 挑选整理费用 D. 挑选整理后的农副产品成本

6. 商品在挑选整理过程中发生的费用支出记入( )账户。

A. 挑选整理后的农副产品成本 B. 营业外支出

C. 销售费用 D. 管理费用

二、多项选择题

1. 商品流通企业收购农副产品时,需要由收购人员填制( ),作为农副产品验收入库和交售农副产品的依据。

A. 农副产品收购凭证 B. 农副产品收购计数单

C. 销售发票 D. 农副产品出库单

2. 农副产品的购进按收购方式的不同,可分为( )三种方式。

A. 直接购进 B. 间接购进 C. 委托代购 D. 预购定金收购

3. 委托代购的农副产品,其代购费用有( )三种方式。

A. 定额包干 B. 实报实销 C. 自行处理 D. 作价交接

4. 批发企业销售农副产品,在采用送货制销售时,一般要经过( )三个环节。

A. 送货 B. 提货 C. 验货 D. 结算货款

项 目 实 训

【实训一】

(一)目的:练习农副产品直接购进的核算。

(二)资料:农庆公司收购农副产品,采用报账付款方法对其所属的报账单位 A 收购站进行核算。

(1) 根据 A 收购站收购业务的需要,通过银行汇款拨付其收购农副产品所需备用资金 400 000 元。

(2) A 公司报来"农副产品收购汇总表",共计收购 12 万元笋干;23 万元油菜籽,农副产品可抵扣的增值税税率为 9%,经审核无误,签发转账支票以补足其备用金。

(3) 采购完毕,农副产品验收入库。

(三)要求:根据以上资料编制会计分录。

【实训二】

(一)目的:练习农副产品委托代购的核算。

(二)资料:

(1) 农庆公司委托本乡一农户代为收购当地山茶籽 500 千克,收购价为每千克 20 元,增值税税率为 9%,农户代垫运输费及包装费 60 元,代购手续费按收购金额的 3%计算。商品验收入库,价款及费用以银行存款支付(代购费用实报实销)。

(2) 若设上题委托合同规定代购费用实行定额包干,包干费用为代购金额的 2%,代购手续费仍按收购金额 3%计算(代购费用定额包干)。

(三)要求: 根据以上资料编制会计分录。

【实训三】

(一)目的: 练习农副产品预购定金收购的核算。

(二)资料: 农庆公司与源田村专业户签订预购甘蔗合同,合同规定预购优质甘蔗 500 000 元,按收购金额发放预购定金 30%。发生如下业务:

(1) 向银行办理并取得预购定金借款 150 000 元。

(2) 向源田村专业户发放预购定金 150 000 元。

(3) 源田村专业户交售甘蔗收购金额共计 500 000 元。

(4) 签发转账支票一张,补付该专业户甘蔗款 350 000 元。

(5) 收购的甘蔗验收入库。

(6) 归还银行 150 000 元预购定金借款。

(三)要求: 根据以上资料编制会计分录。

【实训四】

(一)目的: 练习农副产品挑选整理的核算。

(二)资料: 农庆公司在本库(笋干仓库)对 10 000 千克笋干进行挑选整理,笋干收购价为每千克 12 元;挑选整理完毕,其中一等品 5 600 千克,每千克售价为 18 元;二级品 4 300 千克,每千克售价为 13 元;清除杂质和损耗 100 千克,另以现金支付挑选整理费用 890 元。

(三)要求: 根据以上资料填制"农副产品挑选整理单",并编制会计分录。

【实训五】

(一)目的: 练习农副产品销售的核算方法。

(二)资料: 农庆公司所属 A 收购站采用送货制销售给四季水果批发公司一批鲜枣,6 日已由送货员运出。8 日,根据送货员带回的"农副产品拨付验收单"开出专用发票,列明销售金额为 7 500 元,增值税税额为 675 元(销售成本随时结转)。10 日款项如数收到,存入银行。"农副产品拨付验收单"如表 3.8 所示。

表 3.8　农副产品拨付验收单

编号：

发运　2023 年 6 月 6 日　　　　发货单位：农庆公司

收货单位：四季水果批发公司　　　日期

送货人：　　　　　　　　收到　2023 年 6 月 8 日　　　所属部门：A 收购站

品名	原 发 数				验 收 数				升耗
	等级	数量/千克	成本单价/元·千克$^{-1}$	成本金额/元	等级	数量/千克	销售单价/元·千克$^{-1}$	销售金额/元	
鲜枣	一等	400	12	4 800	一等	350	14	4 900	−50
鲜枣	二等	240	8	1 920	二等	260	10	2 600	20
合计		640		6 720		610		7 500	

(三)要求：根据以上资料编制会计分录。

【实训六】

(一)目的：练习库存活畜禽的核算。

(二)资料：农庆公司所属 A 收购站库存(周转性)肉鸡 120 只，盘点前账存毛重共计 150 千克，原收购单价每千克 26 元，共计 3 900 元。在周转待运过程中，共耗用饲料 400 元；月末盘点，库存肉鸡为 118 只，死亡 2 只，实际毛重共计 156 千克。

(三)要求：根据以上资料编制会计分录。

思考与练习

1. 农副产品流通业务有哪些特点？
2. 农副产品挑选整理应遵循哪些原则？农副产品挑选整理后单价如何计算确定？
3. 农副产品溢缺问题应如何处理？
4. 农副产品购进和销售成本应如何计算和结转？

项目 4

连锁超市业务的核算

【知识目标】

- 了解连锁超市业务特点。
- 熟练掌握连锁超市自营、专柜和出租专柜等经营模式的会计核算。
- 熟练掌握连锁超市各种促销活动的会计核算。
- 熟练掌握连锁超市向供应商收取费用的会计核算。
- 了解直营连锁、特许经营和自由连锁的业务核算。

【能力目标】

- 掌握连锁超市业务的会计账务处理方法。
- 掌握连锁超市库存商品和已销商品成本的计算与结转。

【素质目标】

- 培养学生分析问题、解决问题的能力。
- 培养学生养成学习与工作认真、严谨的能力。
- 培养学生团队协作和沟通的能力。

【思政目标】

- 培养学生敬业、守业的职业精神，帮助其树立正确的人生价值观。
- 培养学生在学习与工作中遵守会计职业道德。
- 培养学生的合作意识与诚信意识。
- 培养学生认真、细致、严谨的工作作风和工作态度。

【情境导入】

连锁超市行业发展趋势及市场现状分析

连锁超市行业发展趋势及市场现状如何？连锁超市是指用连锁形式经营多家超市，实行统一进货、统一配送、统一管理，把超市和连锁经营的双重优势有机地结合起来，具有较强的竞争力，是超市普遍采取的形式。最近，中国连锁经营协会发布《连锁超市经营情况报告(2022)》(以下简称"报告")。2021—2022年，虽然连锁超市企业面临复杂的环境和挑战，但截至2022年10月底，仍有近七成的连锁超市企业销售同比增长。

近年来经济不断发展，消费需求不断升级并逐渐多元化，超市业态也随之细分。在这样的背景下，精品超市于20余年前开始崭露头角并不断拓展。

尽管精品超市已经出现20余年，但就目前的规模和状况来看，依旧处于初级阶段。未来，高端消费人群仍会不断增长，精品超市若想扩大市场空间，在具体运营方面，应该采取更加多元和务实的策略，提升商品力、服务力和供应链能力。中国连锁经营协会会长裴亮认为，经济增长有周期性变化，有高潮也有低谷。这些都会对行业和企业的生存和发展产生影响，但对行业、企业产生决定性影响的还是自身。如果行业和企业无法持续保持价值创造的能力，必然会被更具价值创造能力的生产方式和生产者所替代。连锁超市企业规模效益明显，连锁超市市场份额不断扩大。规模化的提升首先就表现在连锁企业间联合、兼并、重组、活跃，企业并购步伐加快，通过并购来实现企业规模扩张和资本扩张，逐渐进入资本时代。

(资料来源：中研网 https://www.chinairn.com/hyzx/20230110/172209285.shtml(节选))

根据材料，分析与讨论：

在电商市场竞争激烈的环境下，连锁超市能够屹立不倒吗？

【案例分析】

分析结论：连锁超市能够在竞争激烈的市场中屹立不倒，主要得益于其多元化的收入来源和高效的运营策略。

首先，连锁超市通过多种方式获取收入，而不仅仅是依靠商品销售。这些收入来源包括以下方面。

(1) 供应商费用：超市会向供应商收取各种费用，如进场费、上架费、条码费、节日促销费等，这些费用占据了超市总收入的很大比例。

(2) 场地租赁：超市会将一些独立专柜(如面包房、熟食区)租出去，收取租金和管理费，这些租金收入也非常可观。

(3) 广告费：一些品牌为了在超市内打广告和占据更好的位置，会支付广告费给超市。

(4) 会员卡收入：超市通过销售会员卡提前回笼资金，这些资金可以用于支付租金和员工费用，确保超市的稳定运营。

其次，连锁超市在运营方面也有许多优势，表现在以下方面。

(1) 采购优势：大型连锁超市的采购量巨大，能够以更低的价格从厂家进货，尽管商品价格不高，但利润空间依然存在。

(2) 付款周期：超市通常采用后付款的方式，即先销售商品再结算，这样能够有效利用资金进行其他投资。

(3) 线上线下结合：超市不仅依靠线下销售，还通过线上平台吸引顾客，实现线上线下融合的新零售模式。

这些多元化的收入来源和高效的运营策略共同作用，使得连锁超市能够在竞争激烈的市场中保持盈利和生存能力。

4.1　连锁超市业务特点

连锁超市业务
的特点.mp4

4.1.1　连锁超市的含义

连锁超市是一种商业组织形式和经营制度，是一种经营模式。所谓连锁，是指在流通领域中，若干同业商店以统一的店名、统一的标志、统一的经营方式、统一的管理手段联合起来，统一进货、分散销售，共享规模经济的一种现代组织形式和经营方式。

4.1.2　连锁超市的经营特点

连锁超市的经营特点体现在以下几个方面。

1. 连锁超市是综合性的服务场所

连锁超市具有引人注目的建筑规模、讲究的内部装潢、精美的商品陈列、多功能的服务内容等，是综合性的服务场所。

2. 连锁超市价格实惠、品种齐全

连锁超市集中进货，进货成本较低。多数商品是超市先向供应商进货，后与供应商结算货款，超市可以减少自有流动资金的占用。因此，连锁超市可以做到低成本经营，提供品种齐全、价格实惠的商品，以吸引更多消费者。

3. 连锁超市促销方式灵活

连锁超市可以利用自身的品牌效应，开展多样化的促销活动。在商品采购上，可要求供应商先供货后结算，以减少资金占用和降低经营风险，减少自有资金的投入；在销售方面，连锁超市可以采用多种形式来经营商品，以达到吸引客流、扩大销售的目的，如买赠活动、满减活动、购物返券、打折促销、低价换购和会员积分等。

4.2　连锁超市自营经营业务的核算

连锁超市自营经营
业务的核算.mp4

4.2.1　连锁超市自营经营概述

1. 连锁超市自营经营的含义

自营经营是指超市向供应商买断商品的所有权，自行经营和自负盈亏的一种经营模式。

它是超市营业收入的主要来源。

2. 连锁超市自营经营的意义

超市一般将最具有核心竞争力的产品作为自营经营运作，它具有以下几个作用。

(1) 摆脱供应商制约，降低商品购进成本，更具竞争优势。

(2) 可以建立自有品牌，取得消费者的信任，提升消费者的忠诚度。

(3) 突出自我特点，优化商品种类，强化超市功能。

4.2.2 连锁超市自营经营业务的核算方法

与一般商品流通企业一样，超市自营经营的商品核算包括商品购进、销售、结存等环节的核算。

1. 商品购进的核算

购进是指超市自营经营购进商品时，直接向商品供应商买断经营商品的所有权并由自己承担商品经营风险的采购行为。其会计核算内容包括以下几个方面。

(1) 超市采用条码扫描器将购进商品的信息录入计算机管理系统后，计算机管理系统会自动产生"商品购进入库单"，提供购进商品的品名、型号、数量、单价、金额以及供应商等信息。

(2) 财务部门在"库存商品"账户下设"库存自营商品"明细账户，并按营业柜组或门店进行核算，无须再设置商品品种明细账。

(3) 通过"应付账款"账户进行核算。由于超市自营经营购进商品时，通常是与供应商先签订合同，取得商品后，销售一段时间，才向供应商结算货款。因此，需要通过往来账户进行核算。

【例 4-1】 河北龙冠连锁超市是增值税一般纳税人，采用超市计算机管理系统管理库存商品，采用"单品进价核算制"核算库存商品。该超市于 2024 年 1 月 1 日购进并验收商品，收到增值税发票，货款尚未支付，购进商品汇总资料如表 4.1 所示。

表 4.1 龙冠连锁超市商品购进汇总表

2024 年 1 月 1 日 　　　　　　　　　　　　　　　　　　　单位：元

收货部门	进价金额	进项税额	合　计	供应商名称
食品柜组	38 000	4 940	42 940	三好公司
家电柜组	105 000	13 650	118 650	恒发公司
合计	143 000	18 590	161 590	

财务部门作会计分录如下：

借：库存商品——库存自营商品(食品柜组)　　　　　38 000

库存商品——库存自营商品(家电柜组)　　　　105 000

应交税费——应交增值税(进项税额)　　　　　18 590

贷：应付账款——三好公司	42 940
——恒发公司	118 650

2. 商品销售的核算

连锁超市与一般的零售企业在商品销售方面的业务程序基本相同，商品销售以营业柜组或门店为单位进行，收入结算以收取现金或刷卡为主，销售款的缴存方式有分散缴存和集中缴存等。

1）超市自营经营商品销售的管理

超市采用集中收款的方式销售商品。顾客选购商品后在收银台集中付款。收银员用与POS 机相连的条码扫描器快速读取商品信息后，计算出应收商品的金额；在 POS 机屏幕上向顾客显示应交金额，并打印小票。顾客交纳商品款。超市一般不主动给消费者开具发票，消费者只能凭 POS 机打出的小票到服务台开具发票。收银员收款后，POS 系统会自动登记具体商品品种数量和金额的减少。收银员交班前在 POS 系统打印出当班"销货汇总清单"，汇总出本班的销货款总额等信息。

2）商品销售业务的核算

财务部门根据"销货汇总清单"确认当天的销售额，记入"主营业务收入"和"应交税费"账户，同时，结转"主营业务成本"账户。在"主营业务收入"账户下设置"自营经营收入"明细账户，并按营业柜组或者每个门店进行明细核算，以便核算自营经营业务的经营成果以及对营业组或门店负责人的工作业绩进行考核。

【例 4-2】1 月 31 日，河北龙冠连锁超市管理系统统计当天的销售额，销货款已送存银行，打印出当天的"销货汇总清单"，如表 4.2 所示。

表 4.2　龙冠连锁超市商品购进汇总表

2024 年 1 月 31 日　　　　　　　　　　　　　　　　单位：元

销货部门	含税销售额	销项税额	不含税销售额	商品销售成本
食品柜组	49 946	5 746	44 200	40 500
家电柜组	58 873	6 773	52 100	45 000
合计	108 819	12 519	96 300	85 500

财务部门应作会计分录如下：

借：银行存款	108 819
贷：主营业务收入——自营经营收入(食品柜组)	44 200
主营业务收入——自营经营收入(家电柜组)	52 100
应交税费——应交增值税(销项税额)	12 519

同时结转销售成本，作会计分录如下：

借：主营业务成本——自营经营成本(食品柜组)	40 500
主营业务成本——自营经营成本(家电柜组)	45 000
贷：库存商品——自营经营成本(食品柜组)	40 500
库存商品——自营经营成本(家电柜组)	45 000

4.3　连锁超市专柜经营业务的核算

4.3.1　连锁超市专柜经营概述

连锁超市专柜经营
业务的核算.mp4

1. 连锁超市专柜经营的含义

专柜经营是指连锁超市引进手工制作的商品或者特色商品，提供专门的场地给供应商销售其商品，并按销售额的一定比例提取回报的经营模式。

首先，连锁超市与专柜供应商签订合同，规定专柜位置面积、专柜设计装修、销售任务额、销售人员安排和双方结算方式等。供应商销售完成一定数量的任务后，超市再与供应商结算货物的价款。为了弥补连锁超市卖场的费用支出或利润损失，供应商需要向连锁超市支付一定比例的费用或给予一定的销售返点。

专柜经营的运作程序：签订合同→销售商品→结算销货款→收付返点款。

2. 连锁超市采用专柜经营的意义

连锁超市采用专柜经营具有以下几点意义。

(1) 连锁超市提供柜位给供应商，不需要占用连锁超市卖场的流动资金来采购商品，减少了资金占用。

(2) 由供应商负责提供商品，按实际销售额与供应商结算货款，因此降低了连锁超市购货后存在的滞销、过期等风险。

(3) 连锁超市一般都会要求供应商在一定时期内完成一定的销售额，并确保固定的返点比例，这就保证了连锁超市的营业额和毛利额。

(4) 专柜经营引进了特色商品，丰富了商品品种，满足了消费者需求，形成了连锁超市独具特色的消费文化。

3. 连锁超市专柜经营的核算特点

连锁超市专柜经营的核算具有以下几个特点。

(1) 连锁超市与供应商合作方式的多样化，使其与供应商在货款结算方式上也有多种方式。主要的结算方式有"平销返利"和"扣点结算"两种。由于连锁超市经济业务的复杂性，这两种结算方式会经常综合使用。

(2) 连锁超市与供应商在货款结算的时间上，一般是在商品实现销售之后进行。因此，在核算时需要按规定时间确认收入的实现，不可滞后，以免少计增值税。

(3) 连锁超市向供应商收取的各种收入，在形式上表现出多种形式，如"返还收入""扣点收入"或者"利润返还"等，而在实质上需要区分是否与商品销售量、销售额挂钩(如以一定比例的金额、数量计算)。

因此，根据连锁超市专柜经营的核算特点，其主要任务是解决商品销售收入的确认、与供应商的货款结算和应缴增值税税额等问题。

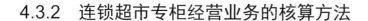

4.3.2　连锁超市专柜经营业务的核算方法

针对连锁超市专柜经营的核算特点，首先需要解决商品销售收入的确认和与供应商的货款结算的问题。

1. 商品销售收入的确认

对专柜经营商品销售收入核算时，除了应符合《企业会计准则第 14 号——收入》第二章第四条的规定外，还应遵守以下规定。

1) 确认商品销售收入的范围

根据《国家税务总局关于商业企业向货物供应方收取的部分费用征收流转税问题的通知》(国税发〔2004〕136 号)的规定，对商业企业向供应方收取的与商品销售量、销售额挂钩(如按一定比例、金额、数量计算)的各种返还收入，均应按照平销返利行为的有关规定冲减当期增值税进项税额，不征收营业税。因此，只有与商品销售量、销售额挂钩的各种收入，才属于专柜经营商品的销售收入。

2) 确认收入进行增值税纳税申报的时间

根据《中华人民共和国增值税暂行条例实施细则》(财政部、国家税务总局第 50 号令)第三十八条中"采取直接收款方式销售货物，不论货物是否发出，均为收到销售款或者取得索取销售款凭据的当天"的规定，对已经销售出去的货物，无论是否与供应商进行货款结算，都应该确认收入进行纳税申报。

2. 与供应商货款结算的核算

连锁超市专柜经营与供应商货款的结算方式，主要采用"平销返利"和"扣点结算"两种方式。这两种方式既有相同点，也有不同点，需要注意区分。

1) "平销返利"结算方式

"平销返利"是指商品供应商以连锁超市的商品销售价或高于商品销售价的价格将商品出售给连锁超市，连锁超市再以进货成本或低于进货成本的价格对外销售。为弥补连锁超市的进销差价，商品供应商对连锁超市予以返还利润。返还的利润，一般按其销售量确定，连锁超市购货越多，则返利越多。"平销返利"的核算有以下几个要点。

(1) 销售的商品一般没有进销差价，商品的进价与售价一般与供应商在协议中已约定好。

(2) 对于供应商提供的经济利益补偿，不开具增值税专用发票，并按规定的公式计算冲减增值税进项税额。应冲减进项税额的计算公式如下：

当期应冲减进项税额=当期取得的返还资金/ (1+所购货物适用增值税税率)×所购货物适用增值税税率

(3) 供应商可以提供给连锁超市不同的经济利益，如资金、实物或投资等。对于不同的经济利益，需要按具体情况进行相应的会计处理。对取得资金和实物的，应视为进货成本减少，核算时贷记"主营业务成本"；对取得投资(包括资金或实物投资)的，核算时应贷记"实收资本"，并视同销售收入计缴增值税。

"平销返利"的会计处理一般有现金返利和实物返利两种方式。下面分别举例说明。

【例4-3】河北龙冠连锁超市与广州兴达商贸公司(增值税一般纳税人)签订专柜经营合同,采用"平销返利"结算方式,以平价方式销售厂家商品。1月份发生以下经济业务。

(1) 1日,龙冠连锁超市收到广州兴达商贸公司发来的一批玩具共计120 000元,经验收合格并录入管理系统。作会计分录如下:

借:库存商品——库存专柜商品(玩具柜组)　　　　120 000

　　　应交税费——应交增值税(进项税额)　　　　15 600

　　　贷:应付账款——广州兴达商贸公司　　　　135 600

(2) 31日,龙冠连锁超市管理系统显示已销售出90%的玩具,共取得货款140 000元(不含税),广州兴达商贸公司予以确认后双方结算货款。龙冠连锁超市确认收入并结转成本。作会计分录如下:

借:库存现金(或银行存款)　　　　158 200

　　　贷:主营业务收入——专柜经营收入(玩具柜组)　　　　140 000

　　　　应交税费——应交增值税(销项税额)　　　　18 200

同时结转成本,作会计分录如下:

借:主营业务成本——专柜经营成本(玩具柜组)　　　　108 000

　　　贷:库存商品——库存专柜商品(玩具柜组)　　　　108 000

结算货款:

借:应付账款——广州兴达商贸公司　　　　135 600

　　　贷:银行存款　　　　135 600

(3) 31日,龙冠连锁超市收到广州兴达商贸公司支付的以销售额20%计算的现金返利款21 600元。

当期应冲减进项税额=当期取得的返还资金/(1+所购货物适用增值税税率)×所购货物适用增值税税率

$$=21\ 600÷(1+13\%)×13\%$$

$$=2\ 485(元)$$

作会计分录如下:

借:银行存款　　　　21 600

　　　贷:主营业务成本——专柜经营成本(玩具柜组)　　　　19 115

　　　　应交税费——应交增值税(进项税额转出)　　　　2 485

(4) 31日,假设只发生本例中的经济事项,计算并转出本月应交未交增值税(不考虑计算城市维护建设税和教育费附加)。作会计分录如下:

借:应交税费——应交增值税(转出未交增值税)　　　　5 085

　　　贷:应交税费——未交增值税　　　　5 085

现金返利的会计处理结果,一方面由于减少了"主营业务成本"19 115元,从而相应增加了连锁超市利润,并影响到应纳企业所得税税额的增加;另一方面由于增值税的进项税额转出2 485元,从而影响到当期应交增值税税额,当期应交增值税5 085元。

【例4-4】仍然沿用上例资料,31日,如果广州兴达商贸公司不是支付现金返利款,而是奖励玩具21 600元(含税款),河北龙冠连锁超市收到实物并取得增值税专用发票,其他资料不变。

计算奖励实物的价税款：

奖励实物的价款=21 600÷(1+13%)=19 115(元)

奖励实物的进项税额=19 115×13%=2 485(元)

作会计分录如下：

借：库存商品——库存专柜商品(玩具柜)　　　　19 115

　　应交税费——应交增值税(进项税额)　　　　2 485

　　贷：主营业务成本——专柜经营成本(玩具柜)　　19 115

　　　　应交税费——应交增值税(进项税额转出)　　2 485

实物返利的会计处理结果，一方面增加了库存商品 19 115 元；另一方面将库存商品按公允价值冲减"主营业务成本"19 115 元，从而相应地增加了连锁超市利润并影响到应交企业所得税额的增加。此外，取得了增值税专用发票而增加了进项税额 2 485 元，又冲减增值税进项税额 2 485 元，没有影响到当期的应交增值税额，只有在返利商品出售时才会影响到应交增值税额。

2）"扣点结算"结算方式

"扣点结算"是指连锁超市根据供应商提供的商品在连锁超市中按实际销售的数量和金额来确定商品的购进行为，并定期由供应商按实际销售额扣除一定的点数(差价)后的金额开具销售发票给连锁超市进行结算，而连锁超市有权要求供应商对无法销售或滞销的商品进行撤柜。也就是说，供应商对其提供的商品是否可以销售出去负全责。所谓"扣点"，是指商品在连锁超市的售价与供应商开票价之间的差额，即连锁超市所取得的销售毛利。这种方式类似"以销定进"形式，是目前连锁超市普遍采用的一种方式。"扣点结算"的核算有以下几个要点。

(1) 销售的商品一定有进销差价，购进商品数量和进价的确定，取决于期末与供应商结算货款时核定的实际销售数量与金额。商品入库时一般没有取得增值税专用发票，在商品销售后与供应商结算货款时才会取得发票。

(2) 与供应商结算货款，一般采用扣除销货款点数后的余款支付给供应商的方式，不再收取返利款。但由于与供应商结算货款是在货物销售之后，因此容易出现延迟确认收入和拖欠税款现象。

(3) 连锁超市有权让供应商对无法销售或滞销的商品撤柜。对于撤柜的商品，根据基本准则关于资产确认的规定来看，这些商品不符合资产确认的条件，连锁超市在作出决定后应当不对这些商品进行确认。如果连锁超市让供应商继续保留销售这些商品，由于连锁超市采用的是"扣点结算"方式来确定商品购进成本，因此，月末在进行库存商品计价时应调整冲减"扣点"金额后确认。

【例 4-5】河北龙冠连锁超市与福建华荣食品公司(增值税一般纳税人)签订专柜经营合同，合同规定河北龙冠连锁超市提供专柜给福建华荣食品公司销售其产品，每月末根据销售情况确定连锁超市的商品购进的品名、数量和价款，购进价格按当月实际销售额扣除 10%的点数后确定。1 月份发生以下经济业务。

1 日，河北龙冠连锁超市收到福建华荣食品公司发来的糕点系列 45 000 元，经验收后办理入库。31 日，管理系统显示连锁超市共销售糕点系列 32 000 元(不含税)，经双方确认后办理了货款结算，河北龙冠连锁超市也取得了福建华荣食品公司开具的 28 800 元的增值税专用发票。作会计分录如下：

(1) 购进商品。

借：库存商品——库存专柜商品(食品柜组)   28 800

    应交税费——应交增值税(进项税额)   3 744

      贷：应付账款——福建华荣食品公司   32 544

(2) 结算货款。

借：应付账款——福建华荣食品公司   32 544

      贷：银行存款   32 544

(3) 确认收入。

借：银行存款   36 160

      贷：主营业务收入——专柜经营收入(食品柜组)   32 000

            应交税费——应交增值税(销项税额组)   4 160

(4) 结转成本。

借：主营业务成本——专柜经营成本(食品柜组)   28 800

      贷：库存商品——专柜经营成本(食品柜组)   28 800

3. "平销返利"与"扣点结算"的对比

"平销返利"与"扣点结算"两种结算方式既有相同点，也有不同点，如表 4.3 所示。

表 4.3   "平销返利"与"扣点结算"的比较

对比项目	相 同 点		不 同 点		
	经济利益与销售情况挂钩	货款结算时间	销售毛利	经济利益取得方式	调整增值税进项税额
平销返利	都向供货方收取的，都与商品的销售量、销售额挂钩(如按金额或数量的一定比例计算返利或扣点)	与供货方结算货款的时间，都是在货物销售之后进行	在商品销售结转成本时不能直接体现销售毛利，即对外的销售价格等于或低于采购价格	通过供应商在销售收入之外再另行补偿一定的资金、实物或投资来实现	必须按规定对供应商补偿的资金、实物或投资单独进行会计处理，并调整增值税进项税额
扣点结算			在商品销售结转成本时一定有销售毛利，即对外的销售价格一定大于采购价格	通过与供应商结算购进货款时直接在销售款项中扣除	不存在调整增值税进项税额的问题

4.4　连锁超市促销业务的核算

连锁超市促销
业务的核算.mp4

4.4.1　连锁超市促销活动的类型

连锁超市为扩大销售和刺激消费者的购买欲望，往往会通过一些促销手段来增加销售利润，以改善经营状况，主要的促销方式有：打折销售、满减活动、回馈现金、买赠活动、返券活动、有奖销售、低价换购、会员积分。

4.4.2　连锁超市促销活动的核算方法

1. 打折销售

打折销售即商业折扣，是指连锁超市在节假日等特定时期推出特价商品的促销活动，这是一种常见的促销方式。在进行会计核算时应当按商品的实际销售价确认商品销售收入。

【例 4-6】　河北龙冠连锁超市在元旦期间对箱包系列按标价的七折销售。元旦期间销售商品(不含税)原价共为 250 000 元。

计算商品销售收入及应交增值税：

商品销售收入=250 000×70%=175 000(元)

应交增值税=175 000×13%=22 750(元)

作会计分录如下：

借：银行存款　　　　　　　　　　　　　　197 750

　　贷：主营业务收入——自营经营收入(箱包组)　175 000

　　　　应交税费——应交增值税(销项税额)　　　22 750

2. 满减活动

满减活动是连锁超市采用的另一种促销活动。当消费者购买商品消费金额达到规定额度时，连锁超市给予其一定折扣的促销活动，如"满 100 减 30""满 300 减 100"等。这种促销方式也属于商业折扣，其会计处理和"打折销售"相同。

3. 回馈现金

回馈现金是指连锁超市在商品促销活动中，采用直接馈赠现金给消费者的行为。根据国家税务总局《关于折扣额抵减增值税应税销售额问题通知》(国税函〔2010〕56 号)等文件规定，纳税人销售货物给购货方的销售折扣，如果销售额和折扣额在同一张销售发票上注明的，可按折扣后的销售额计税；如果将折扣额另开发票，则不得从销售额中减除折扣额。

"回馈现金"以促销为目的，其支出一般不会在销售发票上注明，不能直接冲减商品销售收入，而应计入费用处理。

【例 4-7】　元旦期间，在河北龙冠连锁超市服装柜组消费金额满 500 元的消费者，可凭小票在服务台领取 30 元现金。经计算机统计，元旦当天共产生 150 张满 500 元的小票，同时服务台也取得了 150 张小票和消费者签收的资料。

计算回馈现金金额=30×150=4 500(元)

作会计分录如下:

借:销售费用　　　　　　　　　　　　　4 500

　　贷:库存现金(或银行存款)　　　　　　4 500

需要特别注意的是,由于纳税人支付给购货方的"回馈现金"难以确认其真实性,因此一般不得在企业所得税前扣除。该例中连锁超市在进行企业所得税纳税申报时,应调整增加应纳税所得额 4 500 元。

4. 买赠活动

买赠活动是指连锁超市对购买某种促销商品的消费者,赠送某种实物的促销方式。赠送的实物可分为三种情况。第一种情况,赠品就是该商品,如消费者购买三瓶可乐赠送一瓶可乐。第二种情况,赠品不是该商品,而是连锁超市专门外购用作赠品的,如消费者购买洗发水赠送洗手液。第三种情况,赠品是由厂家提供的,如消费者购买电饭煲,赠送厂家提供的专用器皿等。根据不同的赠送情况,买赠活动的会计处理也不同。

1) 赠品就是该商品的会计处理

赠品就是该商品,说明赠品属于连锁超市的库存商品。由于本身属于商品,以出售获取收益为目的。《国家税务总局关于确认企业所得税收入若干问题的通知》(国税函〔2008〕875 号)第三条规定:"企业以买一赠一方式组合销售本企业商品的,不属于捐赠,应将总的销售金额按各项商品的公允价值的比例来分摊确认各项的销售收入。"

【例 4-8】 河北龙冠连锁超市采用"买一送一"方式组合销售,将零售价为 79 元的洗发水(进价为 42 元/桶)和零售价为 15 元的牙膏(进价为 8 元/桶)捆绑在一起销售,组合销售价为 84.75 元。春节当天共销售组合商品 1 000 组。

计算和分摊商品销售收入,计算应交增值税:

商品销售收入=84.75÷(1+13%)×1 000=75 000(元)

应交增值税=75 000×13%=9 750(元)

洗发水应分摊的收入=79÷(79+15)×75 000=63 031.91(元)

牙膏应分摊的收入=15÷(79+15)×75 000=11 968.09(元)

作会计分录如下:

(1) 确认销售收入。

借:银行存款　　　　　　　　　　　　　　　　　　84 750

　　贷:主营业务收入——自营业务收入(食品柜组)　　63 031.91

　　　　主营业务收入——自营业务收入(食品柜组)　　11 968.09

　　　　应交税费——应交增值税(销项税额)　　　　　 9 750

(2) 同时结转成本。

借:主营业务成本——自营业务成本(食品柜组)　　　42 000

　　主营业务成本——自营业务成本(食品柜组)　　　 8 000

　　贷:库存商品——库存自营商品(食品柜组)　　　　42 000

　　　　库存商品——库存自营商品(食品柜组)　　　　 8 000

2) 赠品不是该商品的会计处理

赠品不属于库存商品，是连锁超市外购或定制用于送给消费者的赠品，其目的是在销售商品的过程中开展业务宣传和促销活动，属于企业的期间费用，应作"销售费用"处理。而根据《中华人民共和国增值税暂行条例》及实施细则规定：将自产、委托加工或者购进的货物无偿赠送给其他单位或者个人视同销售货物的行为，应征收增值税。因此，在具体核算时，对赠品以成本价加增值税销项税额，借记"销售费用"，同时贷记"库存商品""应交税费——应交增值税(销项税额)"。

【例 4-9】　仍用上述资料，连锁超市采用买赠活动的促销方式。凡购买两瓶洗发水，赠送成本价为 12 元的纸巾一包。春节当天共销售洗发水 1 000 桶。

计算商品销售收入及应交增值税：

商品销售收入=79÷(1+13%)×1 000≈ 69 912(元)

应交增值税=69 912×13%=9 088.56(元)

计算赠品的成本及应交增值税：

赠品成本=12×1 000÷2=6 000(元)

应交增值税=6 000×13%=780(元)

作会计分录如下：

(1) 确认收入。

借：银行存款　　　　　　　　　　　　　　　　　　　　79 000
　　贷：主营业务收入——自营经营收入(食品柜组)　　　69 912
　　　　应交税费——应交增值税(销项税额)　　　　　　9 088

(2) 结转成本。

借：主营业务成本——自营经营成本(食品柜组)　　　　　42 000
　　贷：库存商品——库存自营商品(食品柜组)　　　　　42 000

(3) 赠送纸巾。

借：销售费用——赠品纸巾　　　　　　　　　　　　　　6 780
　　贷：库存商品——赠品纸巾　　　　　　　　　　　　6 000
　　　　应交税费——应交增值税(销项税额)　　　　　　 780

3) 赠品由厂家提供的会计处理

连锁超市收到由厂家提供的相关赠品，由于不符合存货确认条件，所以不需要进行会计处理。但连锁超市应将赠品的相关信息登入备查簿，并随商品入库或销售办理进出库手续。

5. 返券活动

返券活动是指连锁超市在消费者购买了一定数量或金额的商品时赠送购物券的促销方式，如"满 300 返 100""买 100 送 100"等活动。这种促销方式可以刺激消费者连续购物的欲望，也可以增加商品销售收入，但会增加税收负担。

根据会计的稳健原则，凡是可以预见的损失和费用都应予以记录和确认，连锁超市可以直接将销货时派发的购物券确认为费用，借记"销售费用"，同时贷记"预计负债"。当消费者使用购物券时，借记"预计负债"，贷记"主营业务收入""应交税费——应交增值税(销项税额)",同时结转成本。若消费者逾期弃用购物券,则作相反会计分录。

【例4-10】 河北龙冠连锁超市定于在元旦期间进行购物"满100送100元购物券"活动,购物券只能在促销期间使用。1日,销售商品550 000元,经系统计算,当天送出购物券380 000元,当天实际使用购物券241 000元。

$$商品销售收入=(取得现金的销售收入+收回购物券的销售收入)÷(1+13\%)$$
$$=(550\ 000+150\ 000)÷(1+13\%)$$
$$=700\ 000(元)$$

应交增值税=700 000×13%=91 000(元)

作会计分录如下:

借:销售费用　　　　　　　　　　　　　　380 000
　　贷:预计负债　　　　　　　　　　　　　　　　380 000
借:银行存款　　　　　　　　　　　　　　550 000
　　预计负债　　　　　　　　　　　　　　241 000
　　贷:主营业务收入　　　　　　　　　　　　　　700 000
　　　　应交税费——应交增值税(销项税额)　　　91 000

假设促销期结束,剩余购物券作废时,作相反的会计分录。

6. 有奖销售

有奖销售是指连锁超市对消费者购物后可以凭购物小票进行抽奖的促销方式。奖励一般是实物类赠品,如肥皂、纸巾和杯子等。赠品随商品销售而派送,在会计处理上基本与"买赠活动"方式相同。

7. 低价换购

低价换购是指连锁超市规定消费者在购买一定数额或金额的商品后,可以用较低廉的价格换购某种商品的一种促销方式。如购满200元的化妆品后,加30元可以换购一瓶价值50元的洗发水。

对于这种促销方式的会计处理,首先对消费者正常购买商品的业务,要按正常的会计处理,即按正常售价确认收入,同时结转成本;对低价换购商品的业务,要按换购价格确认该商品的收入,同时按照历史成本结转相应成本。

【例4-11】 河北龙冠连锁超市定在元旦当天凡在化妆品柜组消费满300元的顾客,就可凭购物小票加46.8元换购售价为78.8元的洗面奶一瓶(成本价为45元)。经系统统计,当天化妆品柜组销货和换购洗面奶情况如表4.4所示。

表4.4　化妆品柜组销货和换购情况

销货部门	品　名	数量/瓶	含税销售额/元	销项税额/元	不含税销售额/元	销售成本/元
化妆品柜组	护肤系列	120	56 500	6 500	50 000	35 000
	洗面奶	80	10 848	1 248	9 600	3 600
合计	—	—	67 348	7 748	59 600	38 600

作会计分录如下:

(1) 确认化妆品柜组收入。

借：银行存款   56 500

  贷：主营业务收入——自营经营收入(化妆品柜组) 50 000

    应交税费——应交增值税(销项税额) 6 500

(2) 结转成本。

借：主营业务成本——自营经营成本(化妆品柜组) 35 000

  贷：库存商品——库存自营商品(化妆品柜组) 35 000

(3) 确认赠品的销售收入。

借：银行存款   10 848

  贷：主营业务收入——自营经营收入(化妆品柜组) 9 600

    应交税费——应交增值税(销项税额) 1 248

(4) 同时按照历史成本结转成本：

借：主营业务成本——自营经营成本(化妆品柜组) 3 600

  贷：库存商品——库存自营商品(化妆品柜组) 3 600

此外，连锁超市普遍采用会员积分的方式，并结合上述七种促销活动，以达到吸引和挽留顾客，增加销售额的目的。

思政案例 4-1
国家税务总局先后
公布了多起涉税违法
违规典型案例.doc

4.5 连锁超市专柜出租业务的核算

4.5.1 连锁超市专柜出租概述

连锁超市专柜出租
业务的核算.mp4

连锁超市专柜出租是连锁超市经营运作的模式之一。这项业务不涉及商品购销活动，不属于连锁超市的主营业务范围，但它同自营经营、专柜经营模式一样，对连锁超市经营业绩起到了重要作用。

1. 连锁超市专柜出租的含义

专柜出租是指连锁超市为了丰富其商品的种类，增加收入，将卖场内外的部分场地或柜台出租给其他商户，并向其收取租赁费用的一种经营行为。

首先，连锁超市与承租方签订场地或柜台租赁合同，约定出租的场地或柜台位置面积、设计装修、租赁期限、租金费用、场地管理和结算方式等。合同生效后，连锁超市提供经营场地或柜台位置，并定期收取租金，提供场地管理等服务。

专柜出租的运作程序：签订合同→提供场地或柜台→提供管理与服务→结算租金或管理费。

2. 连锁超市专柜出租的经营特点

连锁超市只提供场地或柜位，一般不与承租方发生商品买卖关系。连锁超市一般只会定期向承租方收取固定租金，不承担承租方任何经营风险。

承租方必须取得营业执照，以独立法人的身份开展经营活动。承租方经营的品种一般独具特色，与连锁超市卖场有互补性，且不具有竞争性。

3. 连锁超市专柜出租的核算特点

连锁超市专柜出租的核算具有以下几个特点。

(1) 连锁超市将部分场地或柜台出租而取得的租金收入,与承租方的商品销售量、销售额没有直接关系。

(2) 连锁超市一般情况下向承租方收取租金的日期基本固定,每期收取的金额也相对稳定;但如果一次性收取若干期的租金,则应按权责发生制原则按收益期分摊确认收入。

(3) 连锁超市在出租场地或专柜的同时,一般都会提供一些服务,如提供场地物业管理和代收代缴水电费等,也会涉及收入的确认和有关的税金问题。

(4) 连锁超市专柜出租的收入实际属于出租不动产行为,其需要缴纳各项税费。除需要缴纳营业税及其附加税费外,对属于自有物业的,还需要缴纳房产税等。

4.5.2　连锁超市专柜出租业务的核算方法

连锁超市专柜出租与专柜经营是两种完全不同的经营模式。专柜出租核算的主要任务是租金等收入的确认及计算各种税费问题。

1. 专柜出租的核算要点

1) 收入账户的设置

连锁超市根据专柜出租的核算特点,以及对资产经济利益核算的需要,专柜出租收入应在"其他业务收入"账户下设置"专柜出租收入"二级明细账户,并按专柜具体名称进行明细核算。

2) 税费账户的设置

经营业务应承担的消费税、城市维护建设税和教育费附加等,应在"税金及附加"账户中进行核算。特别需要注意:专柜租赁如是在营改增前签订的,可按 5%简易征收,如是营改增后签订的,则按 11%征收。向承租方提供水、电等,并按实际使用量与承租方结算的行为,应视为转售货物,按规定征收增值税,应在"应交税费——应交增值税(销项税额)"账户中核算。

2. 专柜出租的具体核算

【例 4-12】河北龙冠连锁超市为了吸引客流和增加收入,将 500 平方米的经营场地出租给丫丫甜品店,5 日收到丫丫甜品店交来的租金 44 400 元。

计提各项税费:

应交城市维护建设税=4 400×7%=308(元)

应交教育费附加=4 400×3%=132(元)

应交地方教育费附加=4400×2%=88(元)

作会计分录如下:

借:银行存款　　　　　　　　　　　　　　　　　44 400
　　贷:其他业务收入——专柜出租收入(丫丫甜品店)　　40 000
　　　　应交税费——应交增值税(销项税额)　　　　　4 400

借：税金及附加　　　　　　　　　　　　　　　　　528
　　贷：应交税费——应交城市维护建设税　　　　　308
　　　　　　　　——应交教育费附加　　　　　　　132
　　　　　　　　——应交地方教育费附加　　　　　88

30 日，连锁超市根据水电表向丫丫甜品店另外收取水电费，当月共收取 904 元。作会计分录如下：

借：库存现金(或银行存款)　　　　　　　　　　　904
　　贷：其他业务收入——水电费　　　　　　　　　800
　　　　应交税费——应交增值税(销项税额)　　　　104

4.6　连锁超市向供应商收取费用业务的核算

4.6.1　连锁超市向供应商收取费用概述

连锁超市向供应商收取
费用业务的核算.mp4

1. 连锁超市向供应商收取费用的含义

连锁超市向供应商收取费用是指连锁超市提供一定劳务后所获取的收入，包括管理费、进场费、广告促销费、展示费和上架费等。由于该费用与商品销售量、销售额没有直接联系，因此，在会计处理上不能直接冲减期间费用或营业成本。

2. 连锁超市向供应商收取费用的原因及意义

由于连锁超市竞争激烈，为了吸引消费者，连锁超市在采取专柜经营和专柜出租模式下，作为统一管理的连锁超市需要采用各种促销和宣传手段对连锁超市的柜面进行装潢和布置，从而会投入大量资金。连锁超市为弥补费用开支，需要向供应商收取一定的费用，如进场费、上架费、广告促销费、管理费等。

连锁超市向供应商收取的各项费用中，最主要的是进场费，该费用已成为许多供应商与连锁超市合作的基本条件。连锁超市更具品牌销售的优势，也掌握着广泛的销售网络平台，这些便利条件都会成为吸引供应商进入连锁超市的筹码。

3. 连锁超市向供应商收取费用的税收政策

从税收的角度看，连锁超市向供应商收取费用，如广告促销费等，不属于平销返利，不冲减当期增值税进项税额，应纳入现代服务业，并按 6%计税。

4.6.2　连锁超市向供应商收取费用业务的核算方法

连锁超市向供应商提供劳务而收取的费用性收入，以及向供应商提供劳务而获得的收入，是其主营业务之外的其他经济活动获得的收入。关于账户的设置，根据向供应商收取费用的性质和特点，应设"其他业务收入"账户，并在其下设置"进场费""展示费"等二级科目进行核算。

【例 4-13】 河北龙冠连锁超市 1 月收到沈阳兴兴贸易公司交来的进场费 56 500 元。
作会计分录如下：

借：银行存款 56 500
　　贷：其他业务收入——进场费 50 000
　　　　应交税费——应交增值税(销项税额) 6 500

计提各项税费：

应交城市维护建设税=6 500×7%=455(元)

应交教育费附加=6 500×3%=195(元)

应交地方教育费附加=6 500×2%=130(元)

作会计分录如下：

借：税金及附加 780
　　贷：应交税费——应交城市维护建设税 455
　　　　　　　　——应交教育费附加 195
　　　　　　　　——应交地方教育费附加 130

4.7 直营连锁、特许连锁和自由连锁业务的核算

4.7.1 直营连锁、特许连锁和自由连锁概述

直营连锁、特许经营和
自由连锁业务的核算.mp4

1. 连锁经营的形式

连锁经营包括以下三种形式。

(1) 直营连锁店的门店均由总部全资或控股开设，在总部的直接领导下统一经营。

(2) 特许连锁店的门店同总部签订合同，取得使用总部的商标、商号、经营技术及销售总部开发商品的特许权，经营权集中在总部。

(3) 自由连锁店的门店均为独立法人，各自的资产所有权关系不变，在总部的指导下共同经营。

直营连锁、特许连锁和自由连锁这三种形式，可以在一个连锁企业中相互交叉存在。

2. 直营连锁、特许连锁和自由连锁的含义

(1) 直营连锁又称一般连锁或正规连锁，是指各连锁店同属一个投资主体，经营同类商品，或提供同样服务，实行进货、价格、配送、管理、形象等方面的统一，总部对分店拥有全部的所有权和经营权，统一核算，统负盈亏。如沃尔玛连锁超市、"西尔斯"零售公司、日本的优衣库公司等都是直营连锁。

(2) 特许连锁又称加盟连锁或合同连锁，是指总部同加盟店签订合同，授权加盟店在规定区域内使用自己的商标、服务标记、商号、经营技术和销售总店开发的产品，在同样形象下进行销售及劳务服务。总部对加盟店拥有经营权和管理权，加盟店拥有对分店的所有权和收益权。加盟店具备法人资格，实行独立核算。风靡世界的"肯德基""麦当劳"都是特许连锁的典型代表。

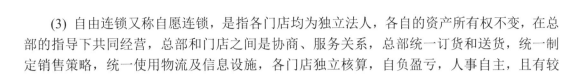

(3) 自由连锁又称自愿连锁，是指各门店均为独立法人，各自的资产所有权不变，在总部的指导下共同经营，总部和门店之间是协商、服务关系，总部统一订货和送货，统一制定销售策略，统一使用物流及信息设施，各门店独立核算，自负盈亏，人事自主，且有较大的经营自主权。

4.7.2　直营连锁业务的核算方法

1. 直营连锁经营的管理方式

由于连锁经营商品流通企业的经营方式不同，其会计核算的方法也不相同。目前可以分为统一核算和独立核算两种方式。同一地区或城市的连锁企业实行"总部—分店"管理模式。跨地区的连锁企业，可在非总部所在地区或城市设置地区总部，实行"总部—地区总部—分店"管理模式，地区总部在总部监督下严格按总部有关规定开展经营管理活动，并进行独立核算，从而形成总部和地区总部两级管理体制。

2. 直营连锁的会计核算

总部或地区总部应设置会计机构，对各分店的经营过程实行会计核算，以考核其经营成果，确定员工的劳动报酬，根据经营需要为各分店建立备用金，用作日常费用开支。分店实行报账制，不设会计人员，只设核算员，根据管理需要设置必要的辅助账目，负责上交经营收入、核算本部门的经营费用、发放人员工资、保管本部门使用的备用金等。

1) "总部—分店"管理模式核算

实行"总部—分店"管理模式的核算要点如表 4.5 所示。

表 4.5　"总部—分店"管理模式的核算要点

项 目	处理方法
库存商品核算方法(一般情况下)	总部(配送中心)库存商品实行"数量进价金额核算法"，分店库存商品实行"售价金额核算法"，鲜活商品实行"进价金额核算法"
库存商品核算方法(计算机联网管理情况下)	总部和分店可同时采用"单品进价核算制"
总部向分店配送商品时	总部不作销售，分店不作购进，只作内部移库处理
分店出售商品时	分店将销售收入全部上交总部，总部作销售收入的账务处理
分店的日常费用开支	采用"定额备用金制"，由分店的核算员用定额备用金支付，定期向总部报账，但分店不能坐支销货款

【例 4-14】　佳好购物中心是连锁零售企业，由总部、配送中心以及南充店、广安店、乐山店三个分店组成。佳好购物中心于 2024 年 1 月发生下列经济业务。

8 日，配送中心集中采购饼干 500 箱，每箱进价 200 元，增值税税率为 13%，价款用银行存款支付。总部财务部门根据采购部传来的增值税专用发票和送货单，经审核无误后，作会计分录如下：

借：在途物资　　　　　　　　　　　　　 100 000
　　应交税费——应交增值税(进项税额)　 13 000
　　　贷：银行存款　　　　　　　　　　　　　 113 000

同时商品已验收入库。

借：库存商品——配送中心　　　　　　　 100 000
　　　贷：在途物资　　　　　　　　　　　　　 100 000

【例 4-15】 10 日，配送中心向各分店配送商品，其中，南充店 350 000 元、广安店 180 000 元、乐山店 150 000 元。

借：库存商品——南充店　　　　　　　　 350 000
　　　　　　　——广安店　　　　　　　　 180 000
　　　　　　　——乐山店　　　　　　　　 150 000
　　　贷：库存商品——配送中心　　　　　　　 680 000

【例 4-16】 10 日，各分店销售商品，货款已存入银行，相关资料如表 4.6 所示。

表 4.6　各分店收入

分店名称	含税销售收入/元	销售成本/元
南充店	36 270	30 000
广安店	49 725	38 700
乐山店	63 180	52 500
合计	149 175	121 200

(1) 总部财务部门确认销售收入。作会计分录如下：

借：银行存款　　　　　　　　　　　　　 147 465
　　　贷：主营业务收入——南充店　　　　　　　 32 000
　　　　　　　　　　　——广安店　　　　　　　 43 500
　　　　　　　　　　　——乐山店　　　　　　　 55 000
　　　　应交税费——应交增值税(销项税额)　　　 16 965

(2) 同时结转销售成本。作会计分录如下：

借：主营业务成本——南充店　　　　　　 30 000
　　　　　　　　　——广安店　　　　　　 38 700
　　　　　　　　　——乐山店　　　　　　 52 500
　　　贷：库存商品——南充店　　　　　　　　　 30 000
　　　　　　　　　——广安店　　　　　　　　　 38 700
　　　　　　　　　——乐山店　　　　　　　　　 52 500

2) "总部—分店"模式费用的核算

各分店经营和改造所需资金，由总部或地区总部统一筹措，统一安排。总部和地区总部对分店可建立备用金制度，分店不得坐支销货款。分店发生的费用须由核算员按规定用定额备用金支付，并保管好相关原始凭证，定期向总部财务部门报账。总部财务部门在审核原始凭证后，即向分店支付款项，以补足分店的备用金。

【例 4-17】 华西总部给岩城分店核定定额备用金 50 000 元。作会计分录如下：

借：其他应收款——岩城分店　　　　　50 000

　　贷：银行存款　　　　　　　　　　　　　50 000

【例 4-18】 20 日，岩城分店核算员持有关单据，列明购买办公用品 1 000 元，修理费 2 000 元。作会计分录如下：

借：管理费用——办公费　　　　　　　1 000

　　　　　　——修理费　　　　　　　2 000

　　贷：银行存款　　　　　　　　　　　　　3 000

4.7.3　自由连锁和特许连锁业务的核算方法

自由连锁可将原来各自分散经营的小企业联合起来，在短期内形成统一的连锁经营品牌。

1. 自由连锁业务的核算

总部向门店配送商品时作销售处理，总部与各门店建立连锁关系时，应签订协议，规定门店定期向总部缴纳一定的服务费，如表 4.7 所示。

表 4.7　自由连锁的管理与核算要点

项　　目	处理方法
商品采购方式	由总部统一采购商品
总部向门店配送商品时	总部作商品销售，门店作商品购进
门店向总部支付服务费时	总部作"其他业务收入"，门店作"管理费用"

【例 4-19】 九峰百货采用自由连锁方式经营，由总部和若干门店组成，其中九峰第一百货是其门店之一。3 月，九峰第一百货销售额为 270 万元，月末，按规定应向九峰总部支付服务费，为销售额的 1%，即 2.7 万元。

(1) 九峰第一百货支付服务费时，作会计分录如下：

借：管理费用　　　　　　　　　　　27 000

　　贷：银行存款　　　　　　　　　　　　27 000

(2) 总部收到服务费时，作会计分录如下：

借：银行存款　　　　　　　　　　　28 620

　　贷：其他业务收入　　　　　　　　　　27 000

　　　　应交税费——应交增值税(销项税额)　　1 620

2. 特许连锁业务的核算

根据特许连锁企业经营的特点，总店与加盟店各自单独核算。

1) 加盟费的核算

加盟费是总部与加盟店签订加盟协议后，加盟店支付给总部的保证金。加盟费的处理方式有以下两种。

(1) 总部收取加盟店的加盟费后，不作退回处理，加盟费作为加盟方为取得授权而付出的费用。总部收到的加盟费作"其他业务收入"处理，加盟店支付的加盟费作开办费记入"长期待摊费用"账户，门店开始经营后，转入"管理费用"。

(2) 在约定的加盟年限到期后，总部退还所收取的加盟费，加盟费作为一种押金。总部收到加盟费记"其他应付款"，加盟店支付加盟费时记"其他应收款"。

2) 特许权使用费的核算

加盟店支付给总部的特许权使用费，加盟店作"管理费用"，总部作"其他业务收入"。

【例 4-20】 博雅燕江加盟博雅总公司，按加盟协议规定，燕江店向总公司支付加盟费(不作退回处理)50 000 元，另每月支付特许权使用费 4 000 元。作会计分录如下：

(1) 总公司收到加盟费时。

借：银行存款   50 000

  贷：其他业务收入   50 000

(2) 燕江店支付加盟费。

借：管理费用   50 000

  贷：银行存款   50 000

燕江店开业后第一个月，向总部支付特许权使用费。

(3) 总公司收到。

借：银行存款   4 000

  贷：其他业务收入   4 000

(4) 燕江店支付特许权使用费。

借：管理费用   4 000

  贷：银行存款   4 000

思政案例 4-2 寻找"失踪"的加盟费.docx

小　　结

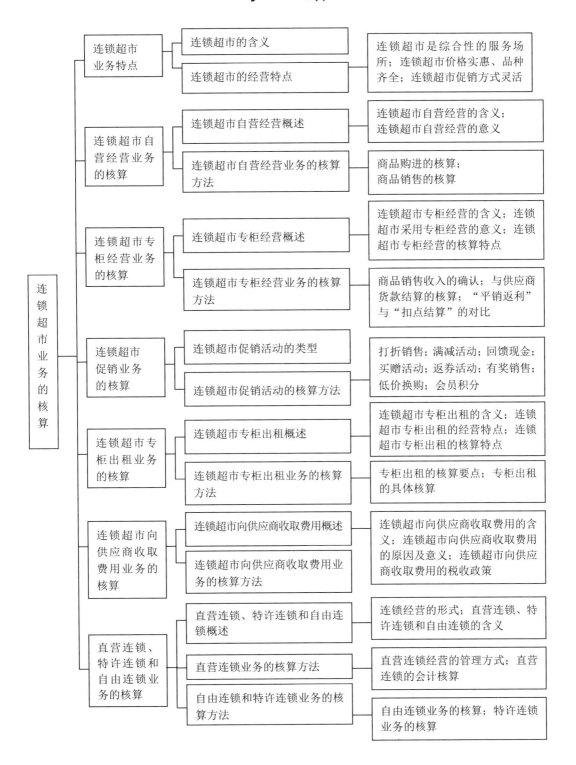

连锁超市业务的核算

- 连锁超市业务特点
  - 连锁超市的含义
  - 连锁超市的经营特点
  - 连锁超市是综合性的服务场所；连锁超市价格实惠、品种齐全；连锁超市促销方式灵活

- 连锁超市自营经营业务的核算
  - 连锁超市自营经营概述
    - 连锁超市自营经营的含义；连锁超市自营经营的意义
  - 连锁超市自营经营业务的核算方法
    - 商品购进的核算；商品销售的核算

- 连锁超市专柜经营业务的核算
  - 连锁超市专柜经营概述
    - 连锁超市专柜经营的含义；连锁超市采用专柜经营的意义；连锁超市专柜经营的核算特点
  - 连锁超市专柜经营业务的核算方法
    - 商品销售收入的确认；与供应商货款结算的核算；"平销返利"与"扣点结算"的对比

- 连锁超市促销业务的核算
  - 连锁超市促销活动的类型
  - 连锁超市促销活动的核算方法
    - 打折销售；满减活动；回馈现金；买赠活动；返券活动；有奖销售；低价换购；会员积分

- 连锁超市专柜出租业务的核算
  - 连锁超市专柜出租概述
    - 连锁超市专柜出租的含义；连锁超市专柜出租的经营特点；连锁超市专柜出租的核算特点
  - 连锁超市专柜出租业务的核算方法
    - 专柜出租的核算要点；专柜出租的具体核算

- 连锁超市向供应商收取费用业务的核算
  - 连锁超市向供应商收取费用概述
  - 连锁超市向供应商收取费用业务的核算方法
    - 连锁超市向供应商收取费用的含义；连锁超市向供应商收取费用的原因及意义；连锁超市向供应商收取费用的税收政策

- 直营连锁、特许连锁和自由连锁业务的核算
  - 直营连锁、特许连锁和自由连锁概述
    - 连锁经营的形式；直营连锁、特许连锁和自由连锁的含义
  - 直营连锁业务的核算方法
    - 直营连锁经营的管理方式；直营连锁的会计核算
  - 自由连锁和特许连锁业务的核算方法
    - 自由连锁业务的核算；特许连锁业务的核算

同 步 测 试

一、单项选择题

1. 超市自营经营购进商品时，往往是通过协议先取得商品，在一定期间后才向供应商结算货款，因此需要通过( )科目进行核算。

    A. 应付票据   B. 应收账款   C. 应付账款   D. 其他应付款

2. 打折销售是指连锁超市在特定时期推出特价商品的促销活动。这种商业促销方式，如同《企业会计准则——基本准则》中所说的( )。

    A. 现金折扣   B. 汇总损益   C. 商业折扣   D. 商业折让

3. 回馈现金行为以促销为目的，其支出一般不会在销售发票上注明，而应作为( )处理。

    A. 销售费用   B. 管理费用

    C. 营业外支出   D. 直接冲减主营业务收入

4. 根据连锁超市向供应商收取费用的性质和特点，应在( )账户中核算有关收入，并可设置"上架费"等二级明细账户进行核算。

    A. 主营业务收入   B. 其他业务收入

    C. 租赁收入   D. 预收账款

5. 会使连锁超市增加税收负担的商品促销活动是( )。

    A. 买赠活动   B. 返券活动   C. 满减活动   D. 打折销售

6. 连锁超市规定消费者在活动当天，凡购物满88元，可以加10元换购售价为15元的雨伞一把。确认换购一把雨伞的销售收入应是( )。

    A. 15元   B. 10元   C. 0元   D. 不进行账务处理

7. 连锁店的门店均为独立法人，各自的资产所有权关系不变，在总部的指导下共同经营的连锁方式属于( )。

    A. 直营连锁   B. 自愿连锁   C. 特许连锁   D. 加盟连锁

8. 在实行"自由连锁"方式下，分店定期向总部缴纳服务费。总部收到服务费作( )科目。

    A. 主营业务收入   B. 其他业务收入

    C. 营业外收入   D. 投资收益

9. 在实行"特许连锁"方式下，加盟店向总部支付加盟费，加盟店作( )科目。

    A. 管理费用   B. 销售费用   C. 财务费用   D. 营业外支出

10. 连锁超市采用自营经营的意义是( )。

    A. 引进了特色商品，丰富了商品品种

    B. 不需要占用连锁超市卖场的流动资金来采购商品，减少了资金占用

    C. 降低了连锁超市购货后存在的滞销、过期等风险

    D. 摆脱供应商制约，使商品购进成本更加低廉，更具竞争优势

二、多项选择题

1. 在"平销返利"结算时，现金返利的会计处理结果会(　　)。
   A. 减少主营业务成本
   B. 增加企业利润
   C. 影响到应纳企业所得税税额的增加
   D. 影响到当期应缴增值税税额

2. 连锁超市的特点有(　　)。
   A. 可以利用自身的品牌效应，开展灵活多样的经营活动
   B. 集中进货，进货成本较低
   C. 可以减少自有流动资金的占用
   D. 可以采用多种形式经营商品，如买赠活动、满减活动

3. 连锁超市专柜出租的经营特点有(　　)。
   A. 连锁超市要求供方在一定时期内完成一定的销售额，保证连锁超市的营业额和毛利
   B. 承租方必须取得营业执照，以独立法人身份开展经营活动
   C. 连锁超市一般只会定期向承租方收取固定租金，不承担承租方的任何经营风险
   D. 承租方经营的品种独具特色，与连锁超市有互补性，不具有竞争性

4. 某连锁超市将出租自有物业，取得的租赁收入需要缴纳(　　)。
   A. 城市维护建设税　　　　　　　　B. 教育费附加
   C. 增值税　　　　　　　　　　　　D. 房产税

5. 连锁超市促销活动中，会计核算中列入销售费用的促销方式有(　　)。
   A. 回馈现金　　B. 满减活动　　C. 会员积分　　D. 有奖销售

项 目 实 训

【实训一】

(一)目的：练习连锁超市自营经营的会计实务处理。

(二)资料：华都连锁超市(增值税一般纳税人)采用超市计算机管理系统管理库存商品，采用"单品进价核算制"核算库存商品。2024年1月1日，购进并验收商品，收到增值税发票，货款尚未支付；当天销售商品款项存入银行。资料如表4.8和表4.9所示。

表4.8　商品购进汇总表

2024年1月1日　　　　　　　　　　　　　　　　　　　　　　　单位：元

收货部门	进价金额	进项税额	合　计	供应商名称
家电柜组	80 000	10 400	90 400	美美公司
饮料柜组	46 000	5 980	51 980	兴兴公司
合计	126 000	16 380	142 380	

表 4.9　商品销货汇总表

2024 年 1 月 30 日　　　　　　　　　　　　　　　　　　单位：元

销货部门	含税销售额	销项税额	不含税销售额	商品销售成本
家电柜组	61 246	7 046	54 200	42 860
饮料柜组	31 414	3 614	27 800	25 108
合计	92 660	10 660	82 000	67 968

(三)要求：根据以上资料编制会计分录。

【实训二】

(一)目的：练习连锁超市专柜出租业务的会计处理。

(二)资料：华都连锁超市营业场地属自有物业，商场中约有 80 平方米租给手表店，每月租金为 150 平方米，双方协商后达成协议。2024 年 1 月 10 日，华都连锁超市收到手表店交来的租金 12 000 元。

(三)要求：计算应确认的收入和应缴营业税等各项税费并编制会计分录。

【实训三】

(一)目的：练习连锁超市向供应商收取费用的会计处理。

(二)资料：华都连锁超市为了迎接"国庆黄金周"的到来，要求供应商出资开展宣传。9 月份，收到宏毅食品公司交来的广告促销费 25 000 元；收到润日化妆品公司交来的柜位统一布展费 50 000 元。

(三)要求：计算向供应商收取费用应缴纳的各项税费并编制会计分录。

思考与练习

1. 什么是连锁超市？连锁超市经营有哪些特点？

2. 什么是连锁超市自营经营？其有何特点？

3. 什么是连锁超市专柜经营？其有何特点？

4. 连锁超市促销活动有哪些类型？

5. 什么是直营连锁、特许连锁和自由连锁？它们有何区别？

项目 5

进口贸易业务的核算

【知识目标】

- 了解进口贸易业务的种类、价格术语、佣金等相关概念。
- 掌握自营进口商品采购成本的构成。
- 掌握自营进口、代理进口商品销售收入的确认。
- 掌握自营进口、代理进口、易货贸易进口商品销售的会计处理方法。

【能力目标】

- 能正确编制自营进口商品业务全过程的会计分录。
- 能正确编制与代理进口商品业务有关的会计分录。

【素质目标】

- 培养学生的思辨能力，以及独立解决问题的能力。
- 培养学生严谨工作的能力。
- 培养学生团队合作和沟通协调的能力。

【思政目标】

- 培养学生树立正确的消费观，对进口产品不盲目追捧，具备基本的判断能力和品位。
- 培养学生以德立身、量入为出、谨慎稳重的人生价值取向。
- 培养学生诚实守信、爱岗敬业的职业精神。

【情境导入】

走私奶粉的三种伪报贸易方式

新华社 2021 年 12 月 2 日消息,深圳海关开展"使命 2021-09"专项查缉行动,摧毁 1 个伪报贸易性质走私进口奶粉等商品入境的特大犯罪网络,查获涉嫌走私入境的奶粉等货物 67 吨,案值逾 2 亿元。

央视新闻 2021 年 4 月 8 日消息,广州海关 3 月 22 日开展"奋斗 04"专项行动,成功打掉 4 个通过跨境电商和寄递渠道走私奶粉的犯罪团伙,涉案金额约 10 亿元。

央视网 2018 年 12 月 13 日消息,广州海关公布一起走私奶粉案件,走私团伙以跨境电商的方式,低报价格、冒用他人信息,涉嫌走私进口奶粉 63 万罐,案值 1.38 亿元。

从上述新闻可知,伪报贸易方式是走私奶粉的常见手段。

根据材料,分析与讨论:

1. 跨境奶粉一般通过几种方式进口?什么是伪报贸易方式?
2. 伪报贸易方式为什么构成走私?
3. 伪报奶粉贸易性质有哪些常见情形?

【案例分析】

1. 跨境奶粉一般通过 3 种方式进口,分别是一般贸易、跨境电商、个人物品。

三种入境方式有对应的适用要件与限制,海关的征税政策、监管条件也有所不同。伪报贸易方式,即行为人故意隐瞒真实的贸易方式,虚假申报,利用不同进口方式所适用税收政策的差异偷逃税款,逃避海关监管的行为。

2. 《中华人民共和国海关法》第 82 条规定,逃避海关监管,偷逃应纳税款、逃避国家有关进出境的禁止性或者限制性管理的,是走私行为。可见走私行为应满足两个要件:①逃避监管;②偷逃税款。伪报就是不实申报,主观故意为之,客观上逃避监管,损害了国家贸易监管制度,通过该方式偷逃税款,给国家造成税收损失。达到刑事立案标准的,则构成犯罪。

3. 伪报奶粉贸易性质的常见情形。

伪报奶粉的贸易性质,一般表现为将"一般贸易"伪报为"跨境电商"、将"一般贸易"伪报为"个人物品"、将"个人物品"伪报为"跨境电商"等 3 种。

现列举实务案例,将"一般贸易"伪报为"跨境电商"。

上海市第三中级人民法院审理的(2021)沪 03 刑初 32 号"王某东、季某某等走私普通货物、物品案"中,被告人王某东、季某某作为鹰腾公司、春方公司、保涵公司的实际负责人,为谋取非法利益,在代理国内客户申报奶粉等货物的过程中,明知涉案货物应以一般贸易方式申报进口的情况下,通过伪造虚假订单、支付单、物流单以及联络客户、确定申报价格、制作虚假申报单证等方式,采取伪报贸易性质、低报价格的行为,将货物通过跨境电商平台申报进口,偷逃应缴税额共计 6700 余万元,构成走私普通货物罪。

(资料来源:北大法律信息网法学在线,2022-11-11)

5.1　进口贸易业务概述

进口贸易业务的含义、
种类及价格术语.mp4

5.1.1　进口贸易业务的含义及种类

进口贸易业务是指外贸企业以外汇在国际市场上采购商品，满足国内生产和人民生活需要的业务。它是将外国商品输入本国市场销售的国际贸易活动。

进口业务分为自营进口、代理进口、易货贸易进口、国家调拨进口和专项外汇进口等，本书仅介绍自营进口商品业务、代理进口商品业务和易货贸易业务的会计处理。

自营进口业务与代理进口业务的区别：自营进口是商品流通企业用自有外汇或外汇借款进口商品并销售给国内用户的业务，该业务的盈亏由商品流通企业自行负担。代理进口是指根据委托人的授权，以自己的名义为委托人设定权利和义务，并由委托人承担风险和享受收益。受托人依照代理进口商品的到岸价(CIF)收取一定比例的手续费。

5.1.2　进口贸易的价格术语

在进口贸易中，常常会用到 FOB、CFR、CIF 三种价格。

1. FOB

FOB(Free on Board)也称"离岸价"，是国际贸易中常用的贸易术语之一。按离岸价进行的交易，买方负责派船接运货物，卖方应在合同规定的装运港和规定的期限内将货物装上买方指定的船只，并及时通知买方。货物在装运港被装上指定船只时，风险即由卖方转移至买方。

2. CFR

CFR(Cost and Freight)是指卖方必须在合同规定的装运期内，在装运港将货物交至运往指定目的港的船上，负担货物的一切费用和货物灭失或损坏的风险，并负责租船或订舱，支付抵达目的港的正常运费。CFR 是在 FOB 的基础上加上装运港至目的港的正常运费。

3. CIF

CIF(Cost，Insurance and Freight)也称"到岸价"，即成本、保险费加运费(指定目的港)。按 CIF 成交，是指卖方必须在合同规定的日期或期限内在装运港将货物交至运往指定目的港的船上，承担货物装上船前的一切费用和货物灭失或损坏的风险；负责租船订舱，支付从装运港到目的港的正常运费，并负责办理货运保险，支付保险费。由此可以看出，CIF 除具有与 CFR 相同的义务外，卖方还应负责办理货运保险和支付保险费。

FOB、CFR、CIF 之间的换算如下。

CFR 价=FOB+国外运费

CIF 价=(FOB+国外运费)÷[1-(1+投保加成率)×保险费率]

CIF 价=CFR 价÷[1-(1+投保加成率)×保险费率]

5.1.3 进口业务的佣金

商品流通企业进口商品的佣金收入分为明佣、暗佣和累计佣金。

进口业务的
佣金.mp4

1. 明佣

明佣又称发票内佣金,是指在销货发票上除列明销售货款总额外,还应注明佣金率、应扣佣金金额和销售货款净额。在有明佣的情况下,商品流通企业所支付的进口货款为扣除佣金后的净额。因此,进口商品的入账价格为扣除佣金金额后的货款净额。

2. 暗佣

暗佣又称发票外佣金,是指在销货发票上只填列销售货款总额,不注明佣金率,不扣除佣金金额,而另行支付的佣金。

3. 累计佣金

累计佣金是指商品流通企业作为包销、代理客户,根据订立的协议,在一定时期内按照累计销售金额乘以佣金率而计算收取的佣金。

5.1.4 缴纳进口关税和消费税

缴纳进口关税
和消费税.mp4

进口商品除按规定缴纳增值税以外,还应缴纳进口关税。如果商品流通企业进口应税消费品,还应缴纳消费税。

关税和消费税是价内税,计入进口商品的采购成本,借记"在途物资"账户,贷记"应交税费"账户;实际缴纳时,借记"应交税费"账户,贷记"银行存款"账户。增值税是价外税,进项税额予以抵扣。

进口商品的增值税、消费税和关税的计算公式如下:

应交关税=关税完税价格×进口关税税率

应交消费税=消费税的计税价格×消费税税率

应交增值税=增值税计税价格×增值税税率

式中

关税完税价格=进口商品的到岸原币价格×市场汇率

消费税的计税价格=(关税完税价格+关税)÷(1-消费税税率)

增值税计税价格=关税完税价格+关税+消费税

【例5-1】2023年10月10日,某外贸公司自营进口某商品200件,进口单价(CIF)为US$2 000,价款计US$400 000,关税税率为5%,海关完税凭证注明的增值税税率为13%,当日即期汇率为1:6.32。该商品应缴纳消费税,消费税税率为10%。

关税完税价格=400 000×6.32=2 528 000(元)

应交关税=2 528 000×5%=126 400(元)

消费税的计税价格=(2 528 000+126 400)÷(1-10%)=2 949 333.33(元)

应交消费税=2 949 333.33×10%=294 933.33(元)

增值税计税价格=2 528 000+126 400+294 933.33=2 949 333.33(元)

应交增值税=2949 333.33×13%=383413.33(元)

思政案例 5-1

利用跨境电商平台"刷单"走私，逃税 2000 多万元！法院：判刑十五年至两年不等.doc

5.1.5　进口贸易业务的程序

1. 进口贸易前的准备工作

外贸企业应根据国内市场需求情况和国际市场上商品的价格、供应商的资信情况等来确定进口贸易业务。对于国家规定必须申请许可证的进口商品，外贸企业必须按规定申请领取许可证，再与国内客户签订供货合同，并明确进口商品的名称、规格、质量、价格、交货日期、结算方式等内容，做到以销定进。

2. 签订进口贸易合同

外贸企业在与国内客户协商签订供货合同的同时，还应与国外出口商通过询盘、发盘、还盘与反还盘和接受四个环节进行磋商，在磋商成功的基础上与国外出口商签订进口贸易合同。

3. 履行进口贸易合同

外贸企业履行进口贸易合同可分为以下五个环节。

(1) 开立信用证。外贸企业根据进口贸易合同上规定的日期，向其所在地的外汇银行申请开立信用证，信用证的内容必须与进口贸易合同的条款相一致。

(2) 督促对方及时发货和办理必要的手续。外贸企业开立信用证后，在合同规定的交货期前，应督促国外出口商及时备货，按时装船。倘若以 FOB 价格成交的合同，应由外贸企业负责办理租船订舱工作，并及时将船名、船期等通知出口商；倘若是以 FOB 价格或 CFR 价格成交的合同，外贸企业还应办理货运保险。租船订舱工作通常委托外轮运输公司办理。货运保险工作是指外贸企业在收到出口商的装船通知后，应立即将船名、开船日期、提单号数、商品名称、数量、装运港、目的港等通知保险公司，据以办理货运保险。

(3) 审核单据和付款赎单。外贸企业收到银行转来的国外出口商的全套结算单据后，应对照信用证，核对单据的种类、份数和内容。只有在"单证相符，单单相符"的情况下，才能凭全套结算单据向开证行办理进口付款赎单手续，如发现单证不符，应及时通知开证行全部拒付或部分拒付。

(4) 海关报关和货物接运。进口商品到达港口后，应及时办理海关报关和货物接运工作，计算需交纳的税款和港口费用。

(5) 商品检验和索赔。外贸企业应及时请商检部门对进口商品进行检验，如发现商品数量、品种、质量、包装等与合同或信用证不符，应立即请商品检验部门出具商品检验证明书，以便在合同规定的索赔期限内，根据造成损失的原因和程度不同向出口商、运输公司或保险公司提出索赔。

4. 对内销售与结算

外贸企业收到运输公司船舶到港通知及全套单据后，应根据合同向国内客户开出发票，办理结算。

5.2　自营进口商品业务的核算

5.2.1　自营进口商品采购成本的构成

自营进口商品采购成本、
销售收入的确认、购进
及销售的会计处理.mp4

进口商品采购成本是指商品到达目的港以前发生的各种支出，包括国外进价和进口税金两个部分。

1. 国外进价

进口商品的国外进价，一律以到岸价(CIF)为基础。凡进口合同以 FOB 价格或 CFR 价格成交的，商品离开对方口岸后，由进口企业负担的国外运费、保险费均作为商品的国外进价入账。商品流通企业收到的能够直接认定的进口商品佣金，冲减商品的国外进价；不能按照商品直接认定的佣金，冲减销售费用。商品到达我国口岸后发生的运输装卸费、保险费等进货费用不能计入进价，直接计入当期损益。

2. 进口税金

进口税金是指进口商品在进口环节缴纳的计入进口商品成本的各种税金，包括海关征收的进口关税和消费税。进口商品在国内销售环节缴纳的各种税金不计入商品采购成本。

5.2.2　自营进口商品购进的会计处理

外贸企业采购国外商品主要采用信用证结算方式。当收到银行转来的国外全套进口结算单据时，与信用证或合同条款核对，通过银行向国外出口商承付款项，借记"在途物资"账户，贷记"银行存款"账户。如果需要支付国外运费和保险费时，借记"在途物资"账户，贷记"银行存款"账户。进口商品到达我国口岸，向海关申报缴纳进口关税、消费税和增值税时，借记"应交税费——应交增值税(进项税额)、应交关税、应交消费税"等账户，贷记"银行存款"账户；同时，借记"在途物资"账户，贷记"应交税费——应交关税、应交消费税"等账户。企业收到出口商汇来的佣金时，借记"银行存款"账户，贷记"在途物资"账户。购入外汇支付的人民币金额与购入外汇折合的人民币金额之间的差额，借记"财务费用——汇兑差额"账户。进口商品采购完毕，验收入库，结转采购成本时，借记"库存商品"账户，贷记"在途物资"账户。

采用信用证结算方式的，根据信用证结算凭证及所附发票账单，借记"在途物资"账户；根据海关提供的完税凭证上注明的增值税额，借记"应交税费——应交增值税(进项税额)"账户；按支付金额，贷记"其他货币资金——信用证存款"和"银行存款"账户；购入外汇支付的人民币金额与购入外汇折合的人民币金额之间的差额，借记"财务费用——汇兑差额"账户。

【例 5-2】2023 年 10 月 16 日,某外贸公司进口某商品 200 件,计 FOB 价格 US$8 000。自营进口商品购进的会计处理过程如下。

(1) 2023 年 10 月 16 日,收到转来的全套进口单据及其他有关凭证,经审核无误同意承付货款。当日银行卖出价格为 1∶6.35,当日即期汇价为 1∶6.31,则该企业买入外汇支付的人民币金额为 ¥50 800(8 000×6.35),购入外汇折合的人民币金额为 ¥50 480(8 000×6.31),发生的汇兑损失为 ¥320。根据有关凭证,作会计分录如下:

　借:在途物资　　　　　　　　　　　　　　　50 480
　　　财务费用——汇兑差额　　　　　　　　　　320
　　　　贷:银行存款——××银行(人民币)　　　　　50 800

(2) 2023 年 10 月 16 日,支付国外运费和保险费 US$1 000,当日银行卖出价为 1∶6.34,当日即期汇价为 1∶6.30,该企业购入外汇支付的人民币金额为 ¥6 340(1 000×6.34),购入外汇折合的人民币金额为 ¥6 300(1 000×6.30),发生的汇兑损失为 ¥40。根据有关凭证,作会计分录如下:

　借:在途物资——××单位　　　　　　　　　6 300
　　　财务费用——汇兑差额　　　　　　　　　　40
　　　　贷:银行存款——××银行(人民币)　　　　　6 340

(3) 2023 年 10 月 17 日,向海关申报应交进口关税 ¥15 240,应交消费税 ¥8 002,应交增值税 ¥12 243.40。根据有关凭证,作会计分录如下:

　借:在途物资——××单位　　　　　　　　　23 242
　　　　贷:应交税费——应交关税　　　　　　　　　15 240
　　　　　　　　　——应交消费税　　　　　　　　　8 002

(4) 2023 年 10 月 25 日,收到国外出口商汇来佣金 US$500,结算日银行买入价为 1∶6.30,当日即期汇价为 1∶6.33,该企业收到的人民币金额为 ¥3 150(500×6.30),购入外汇折合的人民币金额为 ¥3 165(500×6.33),发生的汇兑损失为 ¥15。根据有关凭证,作会计分录如下:

　借:银行存款——××银行(人民币)　　　　　3 150
　　　财务费用——汇兑差额　　　　　　　　　　15
　　　　贷:在途物资——××单位　　　　　　　　　3 165

(5) 2023 年 10 月 26 日,商品到货验收入库,计 ¥76 857。根据有关凭证,作会计分录如下:

　借:库存商品——××商品　　　　　　　　　76 857
　　　　贷:在途物资——××单位　　　　　　　　　76 857

如果进口商品采用直运调拨销售,则无须进行商品验收入库账务处理。

(6) 2023 年 11 月 6 日,以银行存款支付该批进口商品的关税、消费税、增值税。根据有关凭证,作会计分录如下:

　借:应交税费——应交关税　　　　　　　　　15 240
　　　　　　　　——应交消费税　　　　　　　　　8 002
　　　　　　　　——应交增值税(进项税额)　　　12 243.40
　　　　贷:银行存款——××银行(人民币)　　　　　35 485.40

【例 5-3】 2023 年 11 月 10 日，从国外购入一批商品，总价款为 US$500 000。该商品已验收入库，货款尚未支付。当日即期汇率为 1∶6.30，外汇折合的人民币金额为 ¥3 150 000 (500 000×6.30)，以银行存款支付该商品的进口关税为 ¥600 000，消费税为 ¥100 000，增值税为 ¥700 000。根据有关凭证，作会计分录如下：

借：库存商品——××商品 3 850 000
　　应交税费——应交增值税(进项税额) 700 000
　　贷：应付账款——××单位(美元) (500 000×6.30) 3 150 000
　　　　银行存款——××银行(人民币) 1 400 000

5.2.3 自营进口商品销售收入的确认

外贸企业自营的进口商品，应以开出进口结算凭证向国内客户办理货款结算的时间作为商品销售收入确认的时间，进口商品的结算时间有单到结算、货到结算和出库结算三种。

思政案例 5-2 走私普通货物罪｜采取低保价格或伪报贸易方式进口冷冻水产品案例.doc

1. 单到结算

单到结算是指外贸企业进口商品不论是否到达我国港口，只要收到银行转来的国外全套结算单据，经审核符合合同规定，即可向国内客户办理货款结算，以确认销售收入的实现。

2. 货到结算

货到结算是指外贸企业收到运输公司进口商品已到达我国港口的通知后，即向国内客户办理货款结算，以确认销售收入的实现。

3. 出库结算

出库结算是指外贸企业的进口商品到货后，先验收入库，再出库销售时，根据销售发票办理结算，以确认销售收入的实现。

至于采用哪种方式，应根据业务经营的具体情况，由外贸企业和国内用户商定。由于自营进口业务对国内用户结算时间不同，进口商品的会计处理也不尽相同。

5.2.4 自营进口商品销售的会计处理

1. "单到结算"的会计处理

在单到结算情况下，外贸企业收到银行转来的进口单据，经与合同或信用证核对无误后，向国外承付货款时，就可以向国内订货单位办理结算，并进行进口销售的会计处理，而进口商品的采购成本则需要通过"在途物资"账户归集，待归集完毕后再结转进口商品销售成本。由于商品没有入库就直接销售了，所以已经归集的商品采购成本直接从"在途物资"账户转入"主营业务成本"账户。

【例 5-4】 某外贸公司应国内三美公司要求，进口一批商品，合同成交价格为(FOB)30

万美元,支付境外运费 3 万美元,保险费 2 万美元。与国内三美公司签订内销合同,销售总额为 3 390 000 元(价税合计)。

(1) 收到银行转来的全套进口商品单据,经审核无误后,购汇并支付货款 30 万美元,银行美元卖出汇率 1∶6.37,当日即期汇价为 1∶6.35。根据有关凭证,作会计分录如下:

借:在途物资——××单位(300 000×6.35)　　　　　　1 905 000
　　财务费用——汇兑差额　　　　　　　　　　　　　　6 000
　　贷:银行存款——××银行(人民币)(300 000×6.37)　　1 911 000

(2) 购汇并支付境外运费 3 万美元,保险费 2 万美元,银行美元卖出汇率 1∶6.37,当日即期汇价为 1∶6.35。根据有关凭证,作会计分录如下:

借:在途物资——××单位(30 000×6.35+20 000×6.35)　　317 500
　　财务费用——汇兑差额　　　　　　　　　　　　　　1 000
　　贷:银行存款——××银行(人民币)(50 000×6.37)　　318 500

(3) 该商品关税税率为 8%,增值税税率为 13%,即期汇率为 1∶6.30,缴纳关税及增值税。根据有关凭证,作会计分录如下:

借:在途物资——××单位[(300 000+30 000+20 000)×6.30×8%]　　176 400
　　贷:应交税费——应交关税　　　　　　　　　　　　176 400
借:应交税费——应交增值税(进项税额)[(350 000×6.30+176 400)×13%]　　309 582
　　　　　　——应交关税　　　　　　　　　　　　　176 400
　　贷:银行存款——××银行(人民币)　　　　　　　　485 982

(4) 按照合同规定向国内三美公司开具增值税专用发票,办理货款结算手续,销售总额为 3 390 000 元(价税合计)。根据有关凭证,作会计分录如下:

借:应收账款——三美公司　　　　　　　　　　　　　3 390 000
　　贷:主营业务收入[3 390 000÷(1+13%)]　　　　　3 000 000
　　　　应交税费——应交增值税(销项税额)(3 000 000×13%)　　390 000

(5) 结转进口成本。根据有关凭证,作会计分录如下:

借:主营业务成本　　　　　　　　　　　　　　　　　2 398 900
　　贷:在途物资——××单位　　　　　　　　　　　　2 398 900

2. "货到结算"的会计处理

在进口商品运达我国港口时,进口商品采购成本的归集已经完成。因此与国内客户办理货款结算时,在反映自营进口商品销售收入的同时,也可以结转其销售成本。具体核算方法与自营进口商品销售采取"单到结算"的核算方法相同。

3. "出库结算"的会计处理

当收到进口商品时应验收入库,并按实际采购成本,借记"库存商品"账户,贷记"在途物资"账户。支付进口货款的会计处理与"货到结算"情况下进口商品购进的会计处理方法相同。

【例 5-5】 根据例 5-4 的资料,如果采取"出库结算"销售商品,则会计账务处理作如下调整。

(1) 接到外运公司通知,进口货物已抵达港口,收到进口商品时应验收入库,作会计分录如下：

借：库存商品——××商品   2 398 900

  贷：在途物资——××单位   2 398 900

按合同规定向国内用户开具增值税专用发票，办理货款结算手续，作会计分录如下：

借：应收账款——三美公司   3 390 000

  贷：主营业务收入[3 390 000÷(1+13%)]   3 000 000

    应交税费——应交增值税(销项税额) (3 000 000×13%) 390 000

(2) 同时结转成本。作会计分录如下：

借：主营业务成本   2 398 900

  贷：库存商品——××商品   2 398 900

5.2.5 自营进口商品销售其他业务的会计处理

自营进口商品销售其他
业务的会计处理.mp4

1. 销货退回的核算

在商品运达我国港口后，发现商品的质量与合同规定严重不符，外贸企业可根据商检部门出具的商品检验证明书，按照合同规定与国外出口商联系，将商品退回给出口商，收回货款及进口费用和退货费用，然后向国内客户办理退货手续。

【例 5-6】某进出口公司根据合同从日本美日公司进口高端电机 250 台，采取"单到结算"方式销售给达安公司。

(1) 2023 年 10 月 10 日，接到银行转来国外全套结算单据，开列高端电机 250 台，CIF价格每台 360 美元，计货款 90 000 美元，佣金 1 800 美元，经审核无误，扣除佣金后，购汇并支付货款，银行美元当日卖出汇率 1∶6.39，当日即期汇价为 1∶6.37。根据有关凭证，作会计分录如下：

借：在途物资——日本美日公司[(90 000-1 800)×6.37] 561 834

  财务费用——汇兑差额   1 764

  贷：银行存款——××银行(人民币)[(90 000-1 800)×6.39] 563 598

(2) 2023 年 10 月 11 日，接到业务部门转来增值税专用发票，列明高端电机 250 台，每台 3 300 元，货款 825 000 元，增值税税额 107 250 元。收到安达公司支付款项的转账支票，存入银行。根据有关凭证，作会计分录如下：

借：银行存款——××银行(人民币)   932 250

  贷：主营业务收入   825 000

    应交税费——应交增值税(销项税额)   107 250

(3) 2023 年 10 月 13 日，高端电机运抵我国口岸，向海关申报应交进口关税税额 140 066元，应交增值税税额 91 247 元。根据有关凭证，作会计分录如下：

借：在途物资——日本美日公司   140 066

  贷：应交税费——应交进口关税   140 066

(4) 2023 年 10 月 27 日，日本高端电机采购完毕，结转其销售成本。根据有关凭证，作会计分录如下：

借：主营业务成本 701 900

　　贷：在途物资——日本美日公司 701 900

(5) 2023 年 10 月 28 日，支付进口日本高端电机的进口关税和增值税。根据有关凭证，作会计分录如下：

借：应交税费——应交进口关税 140 066

　　　　——应交增值税(进项税额) 91 247

　　贷：银行存款——××银行(人民币) 231 313

【例 5-7】 根据例 5-6 资料，某进出口公司购进的 250 台高端电机运到时，商检局出具了商品检验证明书，证明该批高端电机为不合格产品，经与出口商日本美日公司联系后，同意作退货处理。

(1) 2023 年 10 月 13 日，购汇垫付退还日本美日公司 250 台高端电机国外运费 606 美元，保险费 194 美元，当日卖出汇率为 1：6.36。根据有关凭证，作会计分录如下：

借：应收账款——日本美日公司(800×6.36) 5 088

　　贷：银行存款——××银行(人民币) 5 088

(2) 2023 年 10 月 13 日，将 250 台高端电机作进货退出处理，并向税务部门申请退还已支付的进口关税。根据有关凭证，作会计分录如下：

借：应收账款——日本美日公司[(90 000-1 800)×6.37] 561 834

　　应交税费——应交进口关税 140 066

　　贷：主营业务成本 701 900

(3) 2023 年 10 月 13 日，作销货退回处理，开出红字专用发票，应退安达公司货款 825 000 元，增值税税额 107 250 元。根据有关凭证，作会计分录如下：

借：主营业务收入 825 000

　　应交税费——应交增值税(销项税额) 107 250

　　贷：应付账款——安达公司 932 250

(4) 2023 年 10 月 15 日，收到日本美日公司退回的货款及代垫费 89 000(90 000-1 800+800)美元，当日买入汇率为 1：6.33，收到银行转来结汇水单。根据有关凭证，作会计分录如下：

借：银行存款——××银行(人民币) (89 000×6.33) 563 370

　　财务费用——汇兑差额 3 552

　　贷：应收账款——日本美日公司 566 922

(5) 2023 年 10 月 18 日，签发转账支票支付安达公司退货款项 932 250 元。根据有关凭证，作会计分录如下：

借：应付账款——安达公司 932 250

　　贷：银行存款——××银行(人民币) 932 250

(6) 2023 年 10 月 18 日，收到税务机关退还高端电机的进口关税 140 066 元和增值税 91 247 元。根据有关凭证，作会计分录如下：

借：银行存款——××银行(人民币) 231 313

　　贷：应交税费——应交进口关税 140 066

　　　　　　——应交增值税(进项税额) 91 247

2. 索赔理赔的核算

自营进口商品销售采取"单到结算"方式,当进口商品到达时,所有权已属于国内客户,由其检验商品。如果发生商品短缺、质量与合同规定不符,应分情况进行处理。如果属于运输单位责任或保险公司负责赔偿的范围,由国内客户向运输单位或保险公司索赔;如果属于国外出口商的责任,应由外贸企业根据商检部门出具的商品检验证明书在合同规定的对外索赔期限内向出口商提出索赔,并向国内客户理赔。

【例 5-8】 深圳某进出口公司于 2023 年 6 月份从美国美誉公司购进大豆 300 吨,每吨 270 美元(CIF),计货款 81 000 美元,佣金 1 620 美元,缴纳进口关税额 15 137 元,缴纳增值税额 67 496 元。采取"单到结算"方式,并售给东夏食品厂,每吨 2 100 元,货款共计 630 000 元,增值税额 81 900 元,款已收妥入账。6 月 15 日,大豆到达港口,东夏食品厂检验大豆时发现其中 30 吨已霉烂变质。

(1) 6 月 18 日,收到东夏食品厂转来商检部门出具的商品检验证明书,30 吨大豆冲减商品的销售成本。霉烂变质系美国美誉公司的责任,于是向外商提出索赔。经协商后,外商同意赔偿 7 938 美元,即期汇率为 1:6.35。作会计分录如下:

借:应付账款——美国美誉公司(7 938×6.35) 50 406.30
　　贷:主营业务成本 50 406.30

(2) 6 月 18 日,作销货退回处理,开出红字专用发票,应退货款 63 000 元,增值税额 8 190 元。作会计分录如下:

借:主营业务收入 63 000
　　应交税费——应交增值税(销项税额) 8 190
　　贷:应收账款——东夏食品厂 71 190

(3) 6 月 19 日,向税务机关申请退还 30 吨霉烂变质大豆已交的进口关税额 1 513.70 元。作会计分录如下:

借:应交税费——应交进口关税 1 513.70
　　贷:主营业务成本 1 513.70

(4) 6 月 26 日,收到美国美誉公司付来赔偿款 7 938 美元,当日美元汇率的买入价为 6.33,予以结汇。作会计分录如下:

借:银行存款——××银行(人民币)(7 938×6.33) 50 247.54
　　财务费用——汇兑差额 158.76
　　贷:应付账款——美国美誉公司(7 938×6.35) 50 406.30

(5) 6 月 30 日,收到税务机关退还 30 吨变质大豆的进口关税 1 513.70 元,增值税税额 6749.60 元,存入银行。作会计分录如下:

借:银行存款——××银行(人民币) 8263.30
　　贷:应交税费——应交进口关税 1 513.70
　　　　　　　　——应交增值税(进项税额转出) 6749.60

5.3 代理进口商品业务的核算

5.3.1 代理进口商品业务概述

代理进口商品
业务的核算.mp4

1. 代理进口业务应遵循的原则

外贸企业经营代理进口业务，不垫付进口商品资金和进口税金，不负担进口商品的国外直接费用和国内费用，也不承担进口业务盈亏；外方付来的进口佣金和国外对进口商品的理赔款，全部交给委托单位。外贸企业根据进口商品 CIF 金额，按规定的比例向委托单位收取代理手续费。委托单位须预付采购进口商品的资金，企业在向委托单位收妥款项后，才能与国外进口商签订进口合同和对外开立进口信用证。

2. 代理进口业务销售收入的确认

外贸企业代理进口业务，应以开出进口结算单，向国内委托单位办理货款结算的时间确认销售收入的实现。由于外贸企业经营代理进口业务之前，已与委托单位签订了代理进口合同或协议，就代理进口商品的名称、价款条件、运输方式、费用负担、风险责任、手续费率等有关内容作出详细的规定，以明确双方的权利和责任。因此，当银行转来国外全套结算单据，经审核与合同无误，支付进口商品货款的同时，即可向国内委托单位办理货款结算。此时，代理进口商品的销售活动已经完成。

5.3.2 代理进口商品业务的会计处理

外贸企业代理进口业务通常要求委托单位预付货款，在收到委托单位的预付货款时，借记"银行存款"账户；贷记"预收账款"账户。收到银行转来国外全套结算单据时，将其与信用证或合同条款核对无误后，通过银行向国外出口商承付款项时，借记"预收账款"账户；贷记"银行存款"账户。同时，外贸企业业务部门根据代理进口商品金额 CIF 价格的一定比例开具收取代理手续费的发票，财会部门根据业务部门转来的发票(记账联)确认代理进口业务销售收入的实现，据以借记"预收账款"账户；贷记"其他业务收入"账户。

【例 5-9】 2023 年 6 月，深圳某进出口公司受理三美公司代理进口美国美誉公司微电机业务，以 FOB 价格成交。

(1) 6 月 2 日，收到三美公司预付代理进口美国美誉公司微电机款 800 000 元。作会计分录如下：

借：银行存款——××银行(人民币)   800 000

    贷：预收账款——三美公司   800 000

(2) 6 月 12 日，购汇支付美国美誉公司微电机的国外运费 1 300 美元，保险费 300 美元，当日卖出汇率为 1∶6.35。作会计分录如下：

借：预收账款——三美公司   10 160

    贷：银行存款——××银行(人民币) (1 600×6.35)   10 160

(3) 6 月 13 日，收到银行转来美国美誉公司全套结算单据，开列微电机 200 箱，每箱 400 美元(FOB)，计货款 80 000 美元，佣金 1 600 美元。审核无误，扣除佣金后支付货款，当日卖出汇率为 1∶6.36。作会计分录如下：

  借：预收账款——三美公司   498 624

    贷：银行存款——××银行(人民币) (78 400×6.36)   498 624

(4) 6 月 13 日，同时，按代理进口微电机货款 CIF 价格(80 000+1 300+300)的 3.5%向三美公司收取代理手续费 2 856 美元，当日即期汇率为 1∶6.34。作会计分录如下：

  借：预收账款——三美公司   18 107.04

    贷：其他业务收入   18 107.04

(5) 6 月 13 日，美国美誉公司微电机运达我国口岸，向海关申报应交进口关税 56 000 元、应交消费税 160 800 元、应交增值税 50 000 元。作会计分录如下：

  借：预收账款——三美公司   266 800

    贷：应交税费——应交进口关税   56 000

        ——应交消费税   160 800

        ——应交增值税(进项税额)   50 000

(6) 6 月 30 日，按代理进口微电机手续费收入 18 107.04 元的 6%计算应交增值税。作会计分录如下：

  增值税=18 107.04×6%=1 086.42(元)

  借：预收账款——三美公司   1 086.42

    贷：应交税费——应交增值税(销项税额)   1 086.42

(7) 6 月 30 日，支付代理进口微电机的进口关税、消费税和增值税。作会计分录如下：

  借：应交税费——应交进口关税   56 000

        ——应交消费税   160 800

        ——应交增值税(进项税额)   50 000

    贷：银行存款——××银行(人民币)   266 800

(8) 6 月 30 日，结清三美公司预付款。作会计分录如下：

  借：预收账款——三美公司   5 222.54

    贷：银行存款——××银行(人民币)   5 222.54

5.4 易货贸易业务的核算

5.4.1 易货贸易业务概述

易货贸易业务的
核算.mp4

1. 易货贸易业务的含义

易货贸易业务，简单的理解就是以货换货、等价交换的业务。它是指国内出口企业与进口方签订易货贸易合同，约定在一定时期内，用一种或几种等值的出口商品与一种或几种等值的进口商品进行交换的贸易业务。

易货贸易曾经是中华人民共和国成立初期的主要贸易方式。虽然现在我国的经济规模和外汇储备已经今非昔比，但易货贸易还是经常使用的一种贸易方式。尤其是世界金融危机爆发后，企业产品销售不畅，流动资金紧张，在这种情况下，易货贸易对企业来说是非常有效的国际贸易途径。

2. 易货贸易业务的特点

易货贸易是在换货的基础上，把出口和进口直接结合起来，以商品的出口换取等值商品的进口的一种贸易方式。由于大都不用支付外汇，对出口企业来说可以省略购汇手续等。但如果双方同意，也可以用现汇交易。因为是以货易货，所以不用担心应收账款的问题。企业在进口的同时，也增加了货物的出口。有些企业用积压产品进行易货贸易，既带动了资金的回笼，又降低了库存。在交易时间上也比较灵活，可以同时交货，可以先进口后出口，也可以先出口后进口。易货贸易业务是一种国际性的物资变换，这种属性决定了易货贸易业务具有以下特点：易货贸易由出口业务和进口业务两个部分组成；易货贸易的核算应将出口业务和进口业务结合起来进行核算。

5.4.2　易货贸易业务的会计处理

由于外贸企业没有生产加工产品的能力，所以外贸企业易货贸易出口商品不是自己加工的商品，而进口商品一般也不是为了自用，而是为了销售出去。其账务处理过程包括购入商品账务处理、出口商品账务处理、进口商品账务处理、销售进口商品账务处理四个环节的账务处理过程。

【例 5-10】 2023 年第四季度，中国三美进出口公司与马来西亚 ABC 公司签订了一份易货贸易合同。合同规定，中国三美进出口公司向马来西亚 ABC 公司出口价值 50 000 美元的衬衣，从马来西亚 ABC 公司进口同等价值的天然橡胶。成交方式为 CIF 价格。货款结算方式为对开信用证方式。

(1) 2023 年 10 月 5 日，中国三美进出口公司从国内三青制衣公司购进出口衬衣。衬衣价值共计 250 000 元，进项增值税共计 40 000 元。衬衣已经验收入库。购货发票已经收到，货款未支付。根据企业购入货物的增值税专用发票及入库单等，结转国内采购货物的成本。作会计分录如下：

借：库存商品——衬衣　　　　　　　　　　　　　　　　250 000
　　应交税费——应交增值税(进项税额)　　　　　　　　40 000
　　　贷：应付账款——三青制衣公司　　　　　　　　　　　　290 000

(2) 2023 年 10 月 15 日，中国三美进出口公司的出口衬衣已经报关出境。有关单证及发票等已经交付银行，委托银行收取货款。根据企业出口货物的专用发票等，结转易货贸易出口货物的销售收入，并根据企业出口货物出库单等，结转易货贸易出口货物的销售成本。当日即期汇率为 1∶6.31。作会计分录如下：

借：应收账款——马来西亚 ABC 公司(50 000×6.31)　　　315 500
　　　贷：主营业务收入　　　　　　　　　　　　　　　　　315 500
借：主营业务成本　　　　　　　　　　　　　　　　　　250 000
　　　贷：库存商品——衬衣　　　　　　　　　　　　　　　250 000

(3) 2023 年 10 月 15 日，中国三美进出口公司收到货运公司的运费、保险费发票共计 400 美元，款未付。根据货运公司转来的运费、保险费发票等，冲减易货贸易出口货物销售收入。作会计分录如下：

借：其他应付款——××货运公司(400×6.31)　　　　　　2 524(红字)

贷：主营业务收入　　　　　　　　　　　　　　　　　2 524(红字)

(4) 2023 年 10 月 15 日，中国三美进出口公司根据企业出口货物免退税申报明细表进项增值税发票等，结转出口货物进项税额转出。衬衣出口货物退税税率为 13%。作会计分录如下：

借：主营业务成本　　[250 000×(16%-13%)]　　　　　　7 500

贷：应交税费——应交增值税(进项税额转出)　　　　　7 500

(5) 2023 年 11 月 10 日，中国三美进出口公司从马来西亚 ABC 公司进口的 50 000 美元橡胶已经到货并已验收入库。橡胶的进口增值税税率为 16%，进口关税为 20%。进口关税和增值税根据海关完税凭证已经支付。根据海关完税凭证，支付企业易货贸易进口货物的进口关税和进口增值税。当日即期汇率 1∶6.30。作会计分录如下：

借；应交税费——应交进口关税(50 000×6.30×20%)　　　63 000

　　　　　　——应交增值税(进项税额))(315 000+63 000)×16%　　60 480

贷：银行存款——××银行(人民币户)　　　　　　　123 480

(6) 2023 年 11 月 10 日，根据企业进口货物的发票、入库单、进口完税凭证、银行付款通知等，结转易货贸易进口货物的成本。当日即期汇率为 1∶6.30。作会计分录如下：

借：库存商品——橡胶　　　　　　　　　　　　　　378 000

贷：银行存款——××银行(美元户)(50 000×6.30)　　315 000

应交税费——应交进口关税　　　　　　　　　63 000

(7) 2023 年 11 月 10 日，根据银行付款单据，支付上月货运公司的运保费。当日即期汇率 1∶6.30。作会计分录如下：

借：其他应付款——××货运公司(400×6.31)　　　　　2 524

贷：银行存款——××银行(美元户)(400×6.30)　　　2 520

财务费用——汇兑差额　　　　　　　　　　　4

(8) 2023 年 11 月 13 日，根据银行的收款单据，结转企业收到的上月易货贸易出口货物的货款。当日即期汇率 1∶6.29。作会计分录如下：

借：银行存款——××银行(美元户)(50 000×6.29)　　　314 500

财务费用——汇兑差额　　　　　　　　　　　　1 000

贷：应收账款——马来西亚 ABC 公司(50 000×6.31)　315 500

(9) 2023 年 11 月 13 日，根据银行付款单据,结转企业支付的上月国内采购货物的货款。作会计分录如下：

借：应付账款——三青制衣公司　　　　　　　　　　290 000

贷：银行存款——××银行(人民币户)　　　　　　290 000

(10) 2023 年 11 月 13 日，根据企业免退税申报汇总表，结转易货贸易出口货物的应退税款。作会计分录如下：

借：其他应收款——出口退税(250 000×13%)　　　　　　　　　　32 500
　　贷：应交税费——应交增值税(出口退税)(250 000×13%)　　　　32 500

(11)　2023 年 12 月 10 日，中国三美进出口公司进口的天然橡胶全部销售出去。销售价为 400 000 元，销项税增值税为 64 000 元。根据企业内销货物增值税专用发票、银行收款单据等，结转内销货物的销售收入，并根据企业内销货物出库单等，结转内销货物的销售成本。作会计分录如下：

借：银行存款——××银行(人民币户)　　　　　　　　　　464 000
　　贷：主营业务收入　　　　　　　　　　　　　　　　　400 000
　　　　应交税费——应交增值税(销项税额)　　　　　　　　64 000
借：主营业务成本　　　　　　　　　　　　　　　　　　378 000
　　贷：库存商品——橡胶　　　　　　　　　　　　　　　378 000

(12)　2023 年 1 月 10 日，11 月份计算的出口退税本月退回，已经存入公司账户。根据银行收账通知，结转企业收到的易货贸易出口货物的退税款。作会计分录如下：

借：银行存款——××银行(人民币户)　　　　　　　　　　32 500
　　贷：其他应收款——出口退税　　　　　　　　　　　　32 500

小　　结

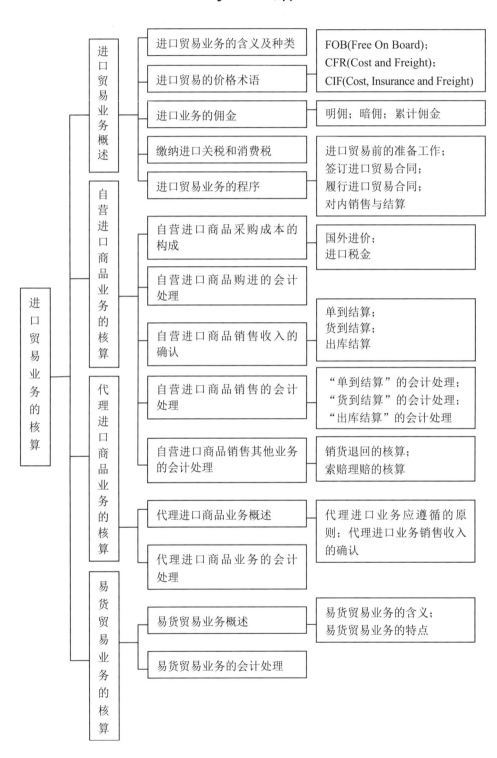

同 步 测 试

一、单项选择题

1. 自营进口商品的国外进价一律以(　　)为基础。

　　A. 离岸价格　　　B. 到岸价格　　　C. 公司价格　　　D. 国内价格

2. 自营进口商品销售采取(　　)时，进口商品采购的核算与销售的核算几乎同时进行。

　　A. 货到结算　　　　　　　　　B. 单到结算

　　C. 单货同到结算　　　　　　　D. 出库结算

3. 自营进口商品销售收入确认的方式中，确认时间最早的是(　　)。

　　A. 货到结算　　　　　　　　　B. 单到结算

　　C. 单货同时结算　　　　　　　D. 出库结算

4. 在三种常用的价格术语中，在(　　)条件下，由出口商按约定的保险险别和金额支付保险费。

　　A. FOB　　　　　B. CIF　　　　　C. CFR　　　　　D. FAS

5. 在进口业务中，"货到结算"是指(　　)。

　　A. 当进口企业收到运输部门转来的到港通知时即作为对国内用户的销售实现

　　B. 当进口企业收到货款时即作为对国内用户的销售实现

　　C. 当进口企业收到银行转来的国外提货单等单据对外付款时即作为对国内用户的销售实现

　　D. 当进口企业收到银行进账单时即作为对国内用户的销售实现

6. 外贸企业根据进口商品的(　　)，按规定的比例向委托单位收取代理手续费。

　　A. FOB 价格　　　B. CIF 价格　　　C. CFR 价格　　　D. 商品国外进价

7. 外贸企业经营代理业务，负担(　　)。

　　A. 国内直接费用　　　　　　　B. 国外运费

　　C. 国外保险费　　　　　　　　D. 国内外间接费用

8. 在 FOB 价格条件下，由(　　)负责向船公司租船订舱。

　　A. 进口人　　　B. 出口人　　　C. 两者均可　　　D. 合同规定的一方

9. 进口商品合同成交价格为 FOB 价，支付境外运费和保险费应计入(　　)。

　　A. 采购成本　　　　　　　　　B. 销售费用

　　C. 冲减销售收入　　　　　　　D. 冲减采购成本

10. 自营进口材料采购过程中，不计入采购成本的项目是(　　)。

　　A. FOB 价　　　B. 消费税　　　C. 增值税　　　D. 关税

二、多项选择题

1. 进口商品以 CFR 价格成交的，商品的采购成本还应当包括(　　)。

　　A. 国外费用　　　B. 国外保险费　　　C. 消费税　　　D. 进口关税

2. 自营进口商品销售收入的确认时间有(　　)。
   A. 单到结算　　　　　　　　　　B. 货到结算
   C. 单货同到结算　　　　　　　　D. 出库结算
3. 进口贸易业务的程序包括(　　)。
   A. 进口贸易前的准备工作　　　　B. 签订进口贸易合同
   C. 履行进口贸易合同　　　　　　D. 对内销售与结算
4. 进口商品常用的结算方式主要有(　　)。
   A. 信用证结算　　B. 托收结算　　C. 汇付结算　　D. 支票结算
5. 列入商品采购成本的有(　　)。
   A. 进口关税　　　B. 出口关税　　C. 消费税　　　D. 增值税
6. 下列属于代理进口业务核算原则的有(　　)。
   A. 不垫付资金　　B. 不承担盈亏　　C. 自负盈亏　　D. 收手续费
7. 进口贸易业务按其经营性质不同,可分为(　　)。
   A. 自营进口　　　B. 代理进口　　C. 易货贸易　　D. 加工补偿
8. 采用信用证结算,对发票的内容进行审核时要求(　　)。
   A. 发票的内容必须与进口贸易合同的内容相一致
   B. 发票的内容必须与信用证的条款内容相一致
   C. 发票中有关项目的内容必须与其他有关的单据相符
   D. 发票上的总金额不得超过信用证规定的最大限额
9. 在代理进口销售业务中,不属于代理商的义务为(　　)。
   A. 支付代理手续费　　　　　　　B. 代垫进口商品资金
   C. 不承担进口业务盈亏　　　　　D. 负担进口商品所发生的各项税收
10. 作为进口业务核算中的重要单据,发票的作用是(　　)。
   A. 交易双方记账的原始凭证　　　B. 交易双方发提货证明
   C. 交易双方收付款依据　　　　　D. 报关交税的计算依据

项 目 实 训

【实训一】

(一)目的:练习自营进口商品购进和销售的核算。

(二)资料:

(1) 上海烟酒进出口公司向美国洛杉矶公司进口一批卷烟,其商品销售采取出库结算方式,9月份发生下列有关经济业务。

① 5日,接到银行转来美国洛杉矶公司全套结算单据,开列卷烟500箱,每箱116美元(FOB),共计货款58 000美元,经审核无误,购汇予以支付。当日卖出汇率为6.37元,当日即期汇率为1∶6.35。

② 6日,购汇支付进口卷烟国外运费1 872美元,保险费128美元,当日卖出汇率为6.37元,当日即期汇率为1∶6.35。

③ 18 日，卷烟运到我国口岸向海关申报应纳进口关税 95 250 元，消费税 31 750 元，增值税 134 938 元。

④ 20 日，美国洛杉矶公司汇来佣金 1 740 美元，当日买入汇率 6.33 元，予以结汇，当日即期汇率为 1∶6.35。

⑤ 21 日，美国洛杉矶公司运来的 500 箱卷烟已验收入库，结转其采购成本。

⑥ 25 日，以银行存款支付进口卷烟的进口关税、消费税和增值税。

⑦ 30 日，销售给静安酒业公司本月 21 日入库的美国卷烟 250 箱，每箱 2 000 元，计货款 500 000 元，增值税 85 000 元。收到转账支票，存入银行。

⑧ 30 日，结转 250 箱美国卷烟的销售成本。

(2) 天津烟酒进出口公司向法国巴黎公司进口干红葡萄酒，商品销售采取"单到结算"方式，10 月份发生下列有关经济业务。

① 10 日，接到银行转来法国巴黎公司全套结算单据。开列干红葡萄酒 500 箱，每箱 120 欧元(CIF)，共计货款 60 000 欧元，佣金 1 800 欧元。经审核无误，扣除佣金后，购汇付款。当日卖出汇率为 8.52 元，当日即期汇率为 1∶8.50。

② 16 日，该批干红葡萄酒销售给卢湾公司，接到业务部门转来增值税专用发票，开列干红葡萄酒 500 箱，每箱 1 600 元，共计货款 800 000 元，增值税 136 000 元。收到卢湾公司签发的转账支票，存入银行。

③ 28 日，干红葡萄酒运达我国口岸，向海关申报卷烟应交进口关税 123 675 元，应交消费税 49 470 元，应纳增值税 84 099 元。

④ 28 日，干红葡萄酒已采购完毕，结转其销售成本。

⑤ 31 日，以银行存款支付干红葡萄酒的进口关税、消费税和增值税。

(三)要求：根据以上资料编制会计分录。

【实训二】

(一)目的：练习代理进口业务的核算。

(二)资料：东华日化进出口公司受理长宁公司代理进口法国香水。3 月份发生下列有关经济业务。

(1) 5 日，收到长宁公司预付代理进口香水款项 940 000 元，存入银行。

(2) 12 日，购汇支付法国塞纳公司香水的国外运费 1 424 美元，保险费 176 美元，当日卖出汇率为 6.37 元，当日即期汇率为 1∶6.35。

(3) 15 日，收到银行转来法国塞纳公司全套结算单据，开列香水 200 箱，每箱 400 美元(FOB)，共计货款 80 000 美元，佣金 1 600 美元，经审核无误，扣除佣金后购汇支付货款，当日卖出汇率为 6.37 元，当日即期汇率为 1∶6.35。

(4) 15 日，按代理进口香水货款 CIF 价格的 2.5% 向长宁公司结算代理手续费，当日中间汇率为 6.35 元。

(5) 25 日，法国香水运达我国口岸，向海关申报香水应交进口关税 50 800 元，消费税 239 500 元，增值税 56 000 元。

(6) 28 日，按代理进口香水手续费收入的 6% 计提应交增值税。

(7) 29 日，以银行存款支付代理进口香水的进口关税、消费税和增值税。

(8) 31 日，签发转账支票，将代理业务的余款退还长宁公司。

(三)要求： 根据以上资料编制会计分录。

思考与练习

1. 什么是进口贸易业务？它的种类有哪些？

2. 进口贸易常用的价格术语有哪几种？进口业务的佣金分为哪些？

3. 进口贸易业务的程序是什么？

4. 自营进口商品采购成本的构成有哪些？

5. 自营进口商品购进如何进行会计处理？

6. 如何确认自营进口商品销售收入？

7. 如何进行自营进口商品销售的会计处理？

8. 代理进口业务应遵循的原则是什么？如何确认代理进口业务销售收入？

9. 如何进行代理进口商品业务的会计处理？

10. 什么是易货贸易业务？它的特点有哪些？

项目 6

出口贸易业务的核算

【知识目标】

● 了解出口贸易业务、出口商品购进、自营出口销售、代理出口销售等相关概念。
● 掌握出口商品购进的核算。
● 掌握自营出口、代理出口销售收入、销售成本的计算和会计处理原则及核算方法。

【能力目标】

● 掌握出口商品购进的会计处理。
● 掌握自营出口销售的会计处理。
● 掌握自营出口销售其他业务的会计处理。
● 掌握代理出口销售的会计处理。

【素质目标】

● 培养学生分析问题、解决问题的能力。
● 培养学生工作认真仔细的能力。
● 培养学生团队协作和沟通的能力。

【思政目标】

● 培养学生在学习与工作中都要遵守会计职业道德，客观公正、坚持准则、不做假账的职业素养。
● 培养学生的爱国意识和文化自信，加强民族自豪感，展现我国的大国风采。
● 培养学生认真、细致、严谨的工作作风和工作习惯。

【情境导入】

出口导向重大转变，贸易政策掉头中性

中国贸易政策面临新的转型。商务部对外贸易司司长王受文表示，中国将全面审视实施了近 30 年的出口优惠政策，将变"奖出限入"为"奖入限出"，以推进贸易政策转向中性。

究竟何谓中性贸易政策？通俗而言，就是一个国家的贸易政策既不扩大出口也不鼓励进口。按照这样的政策，过分鼓励出口或者过分限制进口都是不妥的，国家不应该给进出口出台扶持、限制的政策。显然，这种政策在价值取向上追求无限接近公平的贸易秩序，加入 WTO 的成员，原则上都要向这个方向努力。

自从 2001 年年底中国加入 WTO 以来，中国的贸易政策已经出现了"中性化"趋势。这种趋势在出口方面体现为对出口补贴的取消，在进口方面则体现为重视程度越来越高。无疑，无论是自觉或不自觉的"中性化"行为，都与 WTO 的原则与主张是统一的。尽管中国政府尚未使用中性贸易政策的提法，但方向已然明晰。

(资料来源：第一财经日报，2007-04-12)

根据材料，分析与讨论：

1. 何为出口导向战略，它有哪些优、缺点？
2. 为什么我国要转向中性贸易政策？
3. 你认为应该如何引导中国对外贸易政策的转型？

【案例分析】

1. 出口导向是指其主要特征是逐步向均衡汇率靠拢，有的还实行低估汇率，鼓励出口；取消数量限制措施。其优、缺点分别如下。

(1) 优点：①有利于比较利益的获得；②引进竞争机制；③促进出口发展；④适应国际贸易规范。

(2) 缺点：①易出现外汇收支不平衡；②对外依赖性较大。

2. 尽管出口增长对于中国经济的重要性不容置疑，但是目前贸易顺差居高不下，国际贸易争端增多。另外，我国对外贸易中隐藏的贸易"贫困化增长效应"也有可能转化为现实，这些窘境都在逼迫我国贸易政策加快中性化转型。

3. 结合自己观点作答。

参考答案：中国对外贸易政策的趋向应是在不违背 WTO 基本原则的前提下，以国内经济发展要求为基础，倾向于采取开放型的公平与保护并存的贸易政策。具体而言，是要提升外贸增长的结构和效益、促进国际收支平衡的逐步改善以及带动我国产业结构调整。如在结构方面，要运用各种经济手段，控制高耗能、高污染产品出口，限制某些资源性产品出口，而要大力支持具有自主品牌和高附加值产品出口，从"中国制造"迈向"中国创造"；在促进经济平衡方面，要完善信贷、税收、外汇等方面的配套政策，支持企业增加进口，尤其是注重国外先进技术的引进和消化吸收再创新，提升我国自主创新能力；在带动产业结构调整方面，要大力发展服务贸易，缓解国内资源、环境和就业压力等。

6.1　出口贸易业务概述

6.1.1　出口贸易业务的含义

出口贸易业务
概述.mp4

出口贸易又称输出贸易(Export Trade)，是指本国生产或加工的商品输往国外市场销售。将本国产品在国际市场上销售，并取得外汇的业务即为出口贸易业务。商品出口收汇是我国外汇收入的主要来源，它为进口我国经济发展所需要的先进生产设备和用于满足提高人民生活水平的商品创造了条件。一个国家的进口贸易和出口贸易是相辅相成的。出口贸易大于进口贸易，外汇收支表现为顺差时，构成了外汇储备的来源，它象征着一个国家的支付能力和经济实力。外贸企业合理有效地组织出口商品购进业务，对完成出口创汇计划，扩大出口规模，加速资金周转，降低出口成本，提高经济效益，有着特别重要的意义。

6.1.2　出口贸易业务的种类

出口贸易业务按其经营的性质不同，可分为自营出口业务、代理出口业务和加工补偿出口业务。

1. 自营出口业务

自营出口业务是指外贸企业根据国家有关政策组织货源，将商品销售给境外客户，并承担经营盈亏的业务称为自营出口业务。自营有两个特点，即自负盈亏和自办业务。它的销售收入归出口企业所有，出口商品进价和与出口业务有关的国内外一切费用，以及佣金、索赔、理赔、罚款等均由出口企业自己负担，经营的盈亏也归出口企业负担并纳入其总损益额内。

2. 代理出口业务

代理出口是指外贸企业，受委托方的委托，代办出口货物销售的一种业务。代理出口业务的特点是，受托单位对出口货物不作进货和自营出口销售的会计处理，不负担出口货物的盈亏，只收取一定比例的代理出口手续费。委托方提供出口货源，负担一切境内外基本费用，承担出口销售盈亏，支付代理出口手续费。

3. 加工补偿出口业务

加工补偿出口业务是指来料加工、来件装配、来样生产和补偿贸易业务，也称"三来一补"业务。三来业务是指外商提供一定的原材料、零部件、元器件，必要时提供某些设备，由我方按对方的要求进行加工或装配成产品交给对方销售，我方收取外汇加工费的业务。补偿贸易又称产品返销，指交易的一方在对方提供信用的基础上，进口设备技术，然后以该设备技术所生产的产品，分期抵付进口设备技术的价款及利息。

6.2　出口商品购进的核算

出口商品购进
的核算.mp4

6.2.1　出口商品购进概述

出口商品购进是指外贸企业根据国际市场的相关信息,为了出口或加工后出口而取得国产商品所有权的交易行为。为出口而购进的商品从内容上说,主要包括两个方面,即工业产品和农业产品。购进的商品既有家用电器、纺织产品、日用百货,也有粮食、肉食、水果和蔬菜等。只要国际有需求,国内有货源的商品均属出口购进的范畴。

1. 出口商品购进的方式

出口商品的购进按照收购方式不同,可分为直接购进和委托代购两种。

(1) 直接购进。它是指外贸企业直接向工矿企业、农场及有关单位直接签订购销合同或协议收购出口产品。它适用于收购大宗工矿产品、农副产品和土特产。

(2) 委托代购。它是指外贸企业以支付手续费的形式委托商业机构、粮食部门和供销社收购出口产品。它适用于收购货源零星分散的农副产品。

2. 出口商品购进的交接方式

出口商品购进的交接方式通常包括送货制、提货制、发货制和厂商就地保管制几种。

(1) 送货制。它是供货单位将商品送到外贸企业指定的仓库或其他地点,由外贸企业验收入库的一种方式。

(2) 提货制。它又称取货制,是指外贸企业指派专人到供货单位指定的仓库或其他地点提取并验收商品的一种方式。

(3) 发货制。它是指供货单位根据购销合同规定的发货日期、品种、规格和数量等条件,将商品委托运输单位,由铁路或公路、水路运送到外贸企业所在地或其他指定地区,如车站或码头等,由外贸企业领取并验收入库的一种方式。

(4) 厂商就地保管制。它是指外贸企业委托供货厂商代为保管商品,届时通过保管凭证办理商品交接的一种方式。

3. 出口商品购进的业务程序

出口商品购进的业务程序主要有签订购销合同、验收出口商品和支付商品货款环节。

(1) 签订购销合同环节。外贸企业应根据国际市场的需求,按照经济合同法的有关规定,及时与供货单位签订购销合同,明确规定商品的名称、规格、型号、商标、等级和质量标准;商品的数量、计量单位、单价和金额;商品的交货日期、方式、地点、运输和结算方式,以及费用负担、违约责任和索赔条件等,以明确购销双方的权利和义务。

(2) 验收出口商品环节。外贸企业对购进的出口商品应按照购销合同、协议的规定进行验收。对于一般技术性不强的出口商品,应进行品种、规格、型号、商标、等级、花色、质量、包装等方面的检查验收。对外贸企业无条件验收的技术复杂、规格特殊的出口商品,如精密仪器、成套设备和化工产品等,应按购销合同或协议的规定,由供货企业提供商品

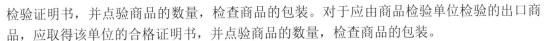

检验证明书，并点验商品的数量，检查商品的包装。对于应由商品检验单位检验的出口商品，应取得该单位的合格证明书，并点验商品的数量，检查商品的包装。

(3) 支付商品货款环节。外贸企业除了经批准发放的农副产品预购定金，以及订购大型机器设备、船舶、特殊专用材料、设备，可以预付定金或货款外，同城商品采购主要采用支票结算，外贸企业在收到商品后，就应支付货款；异地商品采购主要采用托收承付结算方式，贯彻"商品发运托收，单货同行，钱货两清"的原则，外贸企业应根据合同的规定，验单或验货合格后付款，以维护购销双方的权益。

6.2.2 出口商品购进的会计处理

由于外贸企业从国内市场采购出口商品，其业务性质和经营特点与国内贸易的商品批发企业基本相同。因此，外贸企业出口商品购进也采用数量进价金额核算。

外贸企业出口商品的购进、进货退出、购进商品的退补价、购进商品发生的短缺和溢余、购进商品发生拒付货款和拒收商品、购货折扣和折让的核算，与本书"批发业务的核算"项目中阐述的核算方法基本相同，此处不再赘述。它们之间的区别是：批发企业在采购商品过程中发生的运输费、装卸费、保险费、包装费，运输途中的合理损耗和入库前的挑选整理费以及其他可归属于存货采购成本的费用等进货费用，一般情况下，是先记入"库存商品——进货费用"账户进行归集，期末根据所购商品的存销情况分别进行分摊，对于已售商品的进货费用，计入当期主营业务成本，对于未售商品的进货费用，计入期末存货成本，而外贸企业的商品采购费用则计入商品采购成本。

6.3 自营出口销售的核算

自营出口销售
概述.mp4

6.3.1 自营出口销售概述

1. 自营出口业务的含义

外贸企业自营出口业务，是指外贸企业从其他企业购入商品后，由企业自己报关出口到境外企业的贸易行为。其特点是外贸企业自己经营出口贸易，并自负出口贸易的盈亏。企业在取得出口销售收入、享受出口退税的同时，要承担出口商品的进价成本以及与出口贸易业务有关的一切国内外费用、佣金支出，并且还要对索赔、理赔、罚款等事项加以处理。

2. 自营出口销售的业务程序

自营出口销售的业务程序包括四个步骤：出口贸易前的准备、出口贸易的磋商、签订出口贸易合同和履行出口贸易合同。

(1) 出口贸易前的准备。外贸企业为了使出口贸易得以顺利进行，应进行调查研究，充分了解国外市场的情况，包括了解进口商所在国的自然条件、进出口贸易的规模、外贸政策、贸易管制状况、关税措施、贸易惯例、运输条件等；了解并研究国外市场的供求关系和市场价格的变化情况；了解进口商的资信情况、经营范围和经营能力等。

(2) 出口贸易的磋商。外贸企业在确定出口贸易对象后应进行磋商。一笔交易的磋商过程通常分为询盘、发盘、还盘与反还盘、接受四个环节。

(3) 签订出口贸易合同。外贸企业与进口商在磋商成功的基础上签订贸易合同。贸易合同是指贸易双方通过磋商就某一项具体业务确定各方的权利和义务，并取得意见一致的书面协议。贸易合同通常由出口商填制，经双方核对无误并签字后，各执正本一份，据以执行。

(4) 履行出口贸易合同。外贸企业履行出口贸易合同可分为五个环节：组织出口货源，催证与审证及通知派船或租船，办理托运手续，交单收汇，索赔与理赔。

3. 自营出口销售收入的计价

对出口贸易业务来说，为了使销售收入的记账口径一致，不论出口成交是哪一种价格条款，都以离岸价(FOB)为准。在 FOB 条件下，进口方负责租船订舱和投保运输险，因此，运费和保险费与出口方无关。如按 CIF 对外成交的，在商品离境后所发生的应由我方负担的以外汇支付的国外运费、保险费、佣金和银行财务费用等，冲减销售收入。发生的对外理赔，也冲减销售收入。

4. 自营出口业务的退税条件

外贸企业出口货物退税需要满足以下条件。

(1) 企业具有进出口经营权。没有进出口经营权，不能做自营出口业务，只能委托其他外贸企业代理出口。

(2) 出口货物已经报关出境。报关单是货物出境的直接依据。

(3) 必须是属于增值税、消费税征税范围的货物，并且要取得出口货物的进项增值税专用发票且通过税务部门认证。如果进项发票不是增值税专用发票，则不能参与退税。如果进项发票未通过认证，也不能参与退税。

(4) 按时收齐单证。如果逾期没有收齐出口报关单等单证，也没有到税务部门做延期收齐申请手续，该笔出口业务就要做免税或征税处理。企业不但不能得到退税，还要交纳税款。

(5) 出口货物的免退税申报工作要按时完成。如果预期未完成申报，则不能享受退税优惠，只能免税或按内销征税。

(6) 出口退税申报要通过税务机关的审核。审核未通过的出口业务不能参与退税。

(7) 出口货物已作结转销售账务处理。

5. 自营出口业务退税的计算方法

外贸企业出口退税的计算方法比较简单。增值税的退税是以购进的出口货物的进项发票金额为计算退税基数，乘以出口货物退税率。消费税的退税分为从价计征和从量计征两种计算方法。从价计征就是购进的出口货物的进项发票金额乘以消费税税率。从量计征就是出口数量乘以消费税单位税额。外贸企业从小规模纳税人企业取得的普通发票除特准退税的商品外，一般商品不允许退税。但取得的小规模纳税人从税务机关代开的增值税专用发票，其计税依据为增值税专用发票上注明的进项金额，退税计算方法分两种情况：如果票面征收率低于商品的退税率，按征收率计算退税；如果票面征收率高于商品的退税率，则按商品的退税率计算退税。计算公式如下：

增值税应退税额=购进出口货物的进项发票金额×出口货物退税率

消费税从价计征应退税额=购进出口货物的进项发票金额×消费税率

消费税从量计征应退税额=出口数量×单位税额

6.3.2 自营出口销售的会计处理

1. 商品托运及出口销售收入的核算

自营出口销售的
会计处理.mp4

【例 6-1】 2023 年 6 月份，福建酒业进出口公司与日本酒业公司签订出口贸易合同。根据合同规定，福建酒业进出口公司销售给日本酒业公司干红葡萄酒 2 000 箱。

(1) 2023 年 6 月 1 日，收到储运部门转来出库单(记账联)列明出库干红葡萄酒 2 000 箱，每箱 240 元，予以转账。作会计分录如下：

借：发出商品——日本酒业公司　　　　　　　　　　480 000

贷：库存商品——干红葡萄酒　　　　　　　　　　　　　480 000

(2) 2023 年 6 月 5 日，收到业务部门转来销售干红葡萄酒的发票副本和银行回单，发票开列干红葡萄酒 2 000 箱，每箱 47 美元(CIF)，货款共计 94 000 美元，当日即期汇率为 1∶6.35。作会计分录如下：

借：应收账款——日本酒业公司(94 000×6.35)　　　596 900

贷：主营业务收入　　　　　　　　　　　　　　　　　596 900

(3) 2023 年 6 月 5 日，同时根据出库单(转账联)结转出口干红葡萄酒销售成本。作会计分录如下：

借：主营业务成本　　　　　　　　　　　　　　　　480 000

贷：发出商品——日本酒业公司　　　　　　　　　　　480 000

(4) 2023 年 6 月 15 日，收到银行收汇通知，94 000 美元已收汇。银行扣除 100 美元手续费后将其余部分已存入外汇存款账户，当日即期汇率为 1∶6.36。作会计分录如下：

借：银行存款——××银行(美元)(93 900×6.36)　　597 204

财务费用——手续费(100×6.36)　　　　　　　　636

贷：应收账款——日本酒业公司(94 000×6.35)　　　　596 900

财务费用——汇兑差额　　　　　　　　　　　　　　　940

2. 支付国内费用的核算

外贸企业在商品出口贸易过程中，发生的商品自所在地发运至边境、口岸的各项运杂费、装船费等费用，均应列入"销售费用"账户。

【例 6-2】 2023 年 6 月 1 日，福建酒业进出口公司签发转账支票支付福建运输公司将干红葡萄酒运送至厦门港的运杂费 5 000 元，并电汇厦门港干红葡萄酒的装船费 2 000 元。作会计分录如下：

借：销售费用　　　　　　　　　　　　　　　　　　7 000

贷：银行存款——××银行(人民币)　　　　　　　　　7 000

3. 支付国外费用的核算

关于支付国外运费和保险费的核算。外贸企业出口贸易有多种不同的价格条件,不同的价格条件所负担的费用是不同的。若以 FOB 价成交,外贸企业就不用承担国外运费和保险费;若以 CFR 价成交,外贸企业只承担国外运费;若以 CIF 价成交,外贸企业将承担国外运费和保险费。

国外运费是指国际贸易价格条件所规定的、应由出口商支付并负担的、从装运港到目的港的运输费用。外贸企业收到运输单位送来的运费凭证,应核对出口发票号码、计费重量、运输等级、运费金额等内容,审核无误后,据以支付运费。

保险费是指外贸企业为转移商品在运输途中的风险,并在遭受损失时能得到必要的补偿,向保险公司投保并负担支付的费用。保险费的计算公式如下:

保险费=保险金额×保险费率=出口商品的 CIF 价格×110%×保险费率

由于自营出口商品销售收入是按 FOB 价格扣除佣金后计价的,因此外贸企业负担的国外运费和保险费应冲减“主营业务收入”账户。

【例 6-3】 福建酒业进出口公司出口销售日本酒业公司干红葡萄酒 2 000 箱,发生国外运费和保险费。

(1) 2023 年 6 月 10 日,收到外轮运输公司发票 1 张,金额 2 000 美元,系 2 000 箱干红葡萄酒的运费,当即从外币账户汇付对方,当日即期汇率为 1∶6.35。作会计分录如下:

借:主营业务收入   12 700

    贷:银行存款——××银行(美元)(2 000×6.35)   12 700

(2) 2023 年 6 月 10 日,按干红葡萄酒销售发票金额 94 000 美元的 110%向保险公司投保,保险费率为 2‰,签发转账支票并从外币账户支付,当日即期汇率为 1∶6.36。作会计分录如下:

借:主营业务收入   1 315.25

    贷:银行存款——××银行(美元)(206.80×6.36)   1 315.25

关于支付国外佣金的核算,包括以下几种。①明佣的核算。外贸企业在向银行办理交单收汇时,应根据发票中列明的销售净额收取货款,不再另行支付佣金,销售收入体现扣除佣金后的净额。②暗佣的核算。外贸企业在向银行办理交单收汇时,应根据发票中列明的销售金额收取货款,待收到货款后再汇付佣金。汇付佣金应冲减销售收入。③累计佣金的核算。由于累计佣金间隔一定时期支付一次,支付时一般难以具体认定到某种出口商品,因而,在进行会计核算时一般不冲减销售收入,而是作为销售费用处理,如果能够具体认定到某种出口商品,则冲减销售收入。

【例 6-4】 福建酒业进出口公司向日本酒业公司出口 2 000 箱干红葡萄酒,共计货款 94 000 美元,采取暗佣支付方式,佣金率为 3%。

(1) 2023 年 6 月 5 日,根据出口干红葡萄酒 3%的佣金率,将应付客户暗佣入账,美元当日即期汇率为 1∶6.35。作会计分录如下:

借:主营业务收入——佣金   17 907

    贷:应付账款——日本酒业公司(2 820×6.35)   17 907

(2) 2023 年 6 月 16 日,销售货款已收到,现将干红葡萄酒佣金汇付日本酒业公司,美元当日即期汇率为 1∶6.37。作会计分录如下：

借：应付账款——日本酒业公司(2 820×6.35)　　　　　　17 907.00

　　　财务费用——汇兑差额　　　　　　　　　　　　　　　56.40

　　贷：银行存款——××银行(美元)(2 820×6.37)　　　　　17 963.40

4. 出口商品退税的核算

出口商品退税的核算.mp4

我国对出口商品实行退税的政策，以增强商品在国际市场上的竞争力。外贸企业凭销售发票副本、出口报关单等有关凭证，向企业所在地的税务机关申报办理出口退税手续。退税款项主要是购进出口商品时所支付的增值税进项税额。此外，国家还对烟、酒及酒精、化妆品、成品油、汽车轮胎、摩托车、小汽车等 15 种在生产环节征收消费税的商品，退还消费税。增值税在申报退税后，根据

思政案例 6-1　从税务总局公示案例解读出口退税风险五大导火索.doc

应退的增值税额借记"其他应收款——出口退税"账户，根据出口商品购进时支付的增值税额贷记"应交税费——应交增值税(出口退税)"账户，两者的差额，也就是国家不予退税的金额，应列入"主营业务成本"账户的借方。消费税在申报退税时，借记"其他应收款——出口退税"账户，贷记"主营业务成本"账户。在收到增值税和消费税退税款时，借记"银行存款"账户，贷记"其他应收款——出口退税"账户。

【例 6-5】　福建酒业进出口公司出口干红葡萄酒一批，干红葡萄酒购进时数量为 2 000 箱，进价金额为 480 000 元。

(1) 2023 年 6 月 30 日，干红葡萄酒购进时增值税税率为 13%，已付增值税税额为 62 400 元，增值税向税务机关申报出口的退税率为 13%。作会计分录如下：

借：其他应收款——出口退税(480 000×13%)　　　　　62 400

　　贷：应交税费——应交增值税(出口退税)　　　　　　62 400

(2) 2023 年 6 月 30 日，干红葡萄酒应退消费税税率为 10%，向税务机关申报退税 48 000 元。作会计分录如下：

借：其他应收款——出口退税　　　　　　　　　　　　48 000

　　贷：主营业务成本(480 000×10%)　　　　　　　　　48 000

(3) 2023 年 7 月 30 日，上月出口退税款已收到，根据银行收款单据。作会计分录如下：

借：银行存款——××银行(人民币)(62 400+48 000)　　110 400

　　贷：其他应收款——出口退税　　　　　　　　　　　110 400

【例 6-6】　2023 年 8 月，一般纳税人中国三美进出口公司与新加坡 ABC 公司签订了一笔出口高尔夫球的合同，合同 FOB 价 20 000 美元。

(1) 2023 年 8 月 10 日，中国三美进出口公司从国内海洋公司采购该商品，购入商品价款为 100 000 元，增值税税额为 13 000 元。采购商品未到，但发票已收，购货款已付。根据企业采购货物入库单等，结转在途货物的成本。作会计分录如下：

借：在途物资——海洋公司　　　　　　　　　　　　　100 000

　　　应交税费——应交增值税(进项税额)　　　　　　　13 000

　　贷：银行存款——××银行(人民币)　　　　　　　　113 000

(2) 2023 年 9 月 5 日，中国三美进出口公司出口新加坡 ABC 公司 FOB 价 20 000 美元的高尔夫球已经到货并已验收入库。根据企业上月购进货物的入库单等，结转外购货物的成本。作会计分录如下：

借：库存商品——高尔夫球　　　　　　　　　　　　　100 000
　　　贷：在途物资——海洋公司　　　　　　　　　　　　　　100 000

(3) 2023 年 9 月 8 日，该商品全部报关出口，并收齐出口单证，单证信息也齐全，货款未收到。出口时美元即期汇率为 1∶6.34。根据企业出口货物专用发票等，结转出口货物销售收入，并根据企业出口货物出库单等，结转出口货物销售成本。作会计分录如下：

借：应收账款——新加坡 ABC 公司(2 000×6.34)　　　126 800
　　　贷：主营业务收入　　　　　　　　　　　　　　　　　126 800
借：主营业务成本　　　　　　　　　　　　　　　　　100 000
　　　贷：库存商品——高尔夫球　　　　　　　　　　　　　100 000

(4) 2023 年 9 月 8 日，高尔夫球的增值税退税率为 10%，消费税税率为 10%。该出口货物出口当月做退税申报。根据企业出口货物免退税申报明细表进项增值税发票等，结转出口货物进项税额转出。作会计分录如下：

借：主营业务成本　　　　　　　　　　　　　　　　　3 000
　　　贷：应交税费——应交增值税(进项税额转出)　　　　　3 000

(5) 2023 年 10 月 2 日，上月中国三美进出口公司出口退税申报汇总表已通过税务机关审核，可以做退税账务处理。根据税务机关审核通过的退税申报汇总表，结转 9 月份出口商品的应退增值税款和消费税款。作会计分录如下：

借：其他应收款——出口退税　　　　　　　　　　　　20 000
　　　贷：应交税费——应交增值税(出口退税)(100 000×10%)　10 000
　　　　　主营业务成本(100 000×10%)　　　　　　　　　　10 000

(6) 2023 年 10 月 3 日，中国三美进出口公司从国内长河公司购进机械设备 1 台，出口至缅甸 ABC 公司。设备当月验收入库，设备购进价款为 100 000 元，增值税税额为 13 000元。根据企业购进货物进项发票、入库单等，结转购进设备成本。作会计分录如下：

借：库存商品——机械设备　　　　　　　　　　　　　100 000
　　　应交税费——应交增值税(进项税额)　　　　　　　13 000
　　　贷：银行存款——××银行(人民币)　　　　　　　　113 000

(7) 2023 年 10 月 3 日，该商品全部报关出口，并收齐出口单证，单证信息也齐全，货款已经收到。根据企业出口货物专用销售发票等，结转出口货物销售收入，并根据企业出口货物出库单等，结转出口设备销售成本。当日美元即期汇率为 1∶6.40。作会计分录如下：

借：银行存款——××银行(美元)(40 000×6.40)　　　256 000
　　　贷：主营业务收入　　　　　　　　　　　　　　　　　256 000
借：主营业务成本　　　　　　　　　　　　　　　　　100 000
　　　贷：库存商品——机械设备　　　　　　　　　　　　　100 000

(8) 2023 年 10 月 5 日，收到上月新加坡 ABC 公司货款。根据银行入账单据等，结转收到的新加坡 ABC 公司的货款及汇兑损益。当日美元即期汇率为 1∶6.40。作会计分录如下：

借：银行存款——××银行(美元)(20 000×6.40)　　　128 000
　　贷：应收账款——ABC 公司(2 000×6.34)　　　　　126 800
　　　　财务费用——汇兑差额　　　　　　　　　　　　　1 200

(9) 2023 年 10 月 5 日，该设备的出口退税率为 10%，当月做退税申报。

该设备出口退税率达到 10%，没有进项税额转出，不必进行账务处理。

(10) 2023 年 11 月 2 日，中国三美进出口公司从小规模纳税人企业河海公司购入皮鞋一批，出口至德国 ABC 公司。该商品购入价格 200 000 元，增值税税额为 6 000 元。货款已付，商品已验收入库。由河海公司的主管税务机关代开的征收率 3%的增值税专用发票已收到。根据企业购入货物增值税专用发票、入库单等，结转外购货物成本。作会计分录如下：

借：库存商品——皮鞋　　　　　　　　　　　　　　200 000
　　应交税费——应交增值税(进项税额)　　　　　　　　6 000
　　贷：银行存款——××银行(人民币)　　　　　　　　206 000

(11) 2023 年 11 月 2 日，该商品本月已经报关出口，单证已收齐且信息齐全。该出口货物价款为 FOB 价格 30 000 欧元，货款未收到。出口时欧元即期汇率为 1∶8.10。根据企业出口货物销售专用发票等，结转出口货物销售收入，并根据企业出口货物出库单等，结转出口货物销售成本。作会计分录如下：

借：应收账款——德国 ABC 公司(30 000×8.10)　　　243 000
　　贷：主营业务收入　　　　　　　　　　　　　　　243 000
借：主营业务成本　　　　　　　　　　　　　　　　200 000
　　贷：库存商品——皮鞋　　　　　　　　　　　　　200 000

(12) 2023 年 11 月 8 日，根据银行收款单据，结转收到的上月出口退税款。作会计分录如下：

借：银行存款——××银行(人民币)　　　　　　　　　23 000
　　贷：其他应收款——出口退税　　　　　　　　　　　23 000

(13) 2023 年 11 月 8 日，机械设备的出口退税率为 10%。根据税务机关审核通过的上月出口货物退税申报汇总表等，结转出口货物应退税款。作会计分录如下：

借：其他应收款——出口退税　　　　　　　　　　　　10 000
　　贷：应交税费——应交增值税(出口退税)　　　　　　10 000

(14) 2023 年 12 月 10 日，收到 11 月出口至德国 ABC 公司的皮鞋款 30 000 欧元。当月欧元即期汇率为 1∶8.16。根据银行收款单据，结转收到的出口货物货款。作会计分录如下：

借：银行存款——××银行(欧元)(30 000×8.16)　　　244 800
　　贷：应收账款——德国 ABC 公司(30 000×8.10)　　243 000
　　　　财务费用——汇兑差额　　　　　　　　　　　　1 800

(15) 2023 年 12 月 10 日，该笔出口货物的上月退税申报通过税务机关审核，可以作退税账务处理。根据退税部门审核通过的上月出口货物免退税申报汇总表，结转出口货物应退税款。按照征收率 3%退税。作会计分录如下：

借：其他应收款——出口退税　　　　　　　　　　　　6 000
　　贷：应交税费——应交增值税(出口退税)　　　　　　6 000

(16) 2023 年 12 月 15 日，上月计算的出口货物退税款 10 000 元，本月已经收到。根据银行入账单据，结转收到的出口退税款。作会计分录如下：

　　借：银行存款——××银行(人民币)　　　　　　　　10 000
　　　　贷：其他应收款——出口退税　　　　　　　　　　　　　　10 000

思政案例 6-2　国家税务总局：及时曝光典型骗取出口退税案件.doc

6.3.3　自营出口销售其他业务的会计处理

1. 退关及销货退回的核算

自营出口销售退关及销货退回的核算.mp4

　　在出口销售业务中，因某种特殊原因可能会发生销货退回的现象。退货的商品可能尚未出关，正在等待装运，也可能已经出关并实现销售，有的甚至已经收回货款。企业应根据不同情况，做不同的处理。退货过程中发生的各项费用，先记入"待处理财产损溢"账户，待查明退货原因后，分别进行结转。企业对退货商品的处理有多种，可以采取直接退回、换货或就地代销的方式。

　　1) 退关的核算

　　商品可能尚未出关，正在等待装运就被退货。

　　【例 6-7】　三美进出口公司将 B 商品出库运往港口等待装船，商品进价为 20 000 元，因特殊原因不能出口，返运回仓库，财会部门根据商品入库单作会计分录如下：

　　借：库存商品——B 商品　　　　　　　　　　　　　20 000
　　　　贷：发出商品——××外商　　　　　　　　　　　　　　20 000

　　2) 销货退回的核算

　　出口商品已实现销售被退货的，企业应冲转出口销售收入。退货过程中发生的各项费用，先记入"待处理财产损溢"账户，待查明退货原因后，分别进行结转。

　　【例 6-8】　三美进出口公司的 B 商品已发运出口，外商验货后发现规格不符，要求退货，外贸企业经确认同意退回，原销货总额为 5 000 美元，美元即期汇率为 1∶6.60，佣金为明佣，按 3%计算，现收到商品运回的海运提单。

　　如果外商尚未支付货款。作会计分录如下：

　　借：主营业务收入　　　　　　　　　　　　　　　　32 010
　　　　贷：应收账款——××外商(5 000×97%×6.60)　　　　　32 010

　　同时，冲转销售成本。

　　借：发出商品——××外商　　　　　　　　　　　　20 000
　　　　贷：主营业务成本　　　　　　　　　　　　　　　　20 000

　　商品验收入库后，凭入库单作会计分录如下：

　　借：库存商品——B 商品　　　　　　　　　　　　　20 000
　　　　贷：发出商品——××外商　　　　　　　　　　　　　　20 000

　　如果外商已支付货款，收到海运提单时，冲减销售收入和销售成本，并在商品入库后，调增库存。作会计分录如下：

　　借：主营业务收入　　　　　　　　　　　　　　　　32 010
　　　　贷：应付账款——美元户(5 000×93%×6.60)　　　　　32 010

同时，冲转销售成本。

借：发出商品——××外商   20 000

    贷：主营业务成本   20 000

商品验收入库后，作会计分录如下：

借：库存商品——B 商品   20 000

    贷：发出商品——××外商   20 000

支付退货价款时，美元当日即期汇率为 1∶6.66，作会计分录如下：

借：应付账款——美元户(5 000×97%×6.60)   32 010

    财务费用——汇兑差额   291

    贷：银行存款——××银行(美元户)(5 000×97%×6.66)   32 301

【例 6-9】 三美进出口公司支付退货而发生的国内运费 500 元，国外费用 2 000 美元，美元即期汇率为 1∶6.62，作会计分录如下：

借：待处理财产损溢   13 740

    贷：银行存款——××银行(人民币)   500

        ——××银行(美元)(2 000×6.62)   13 240

如果退货是外贸企业本身责任造成的，作会计分录如下：

借：营业外支出   13 740

    贷：待处理财产损溢   13 740

如果退货属供货单位责任或国内运输部门的责任，外贸企业应向其索赔，作会计分录如下：

借：其他应收款——××单位   13 740

    贷：待处理财产损溢   13 740

2. 索赔与理赔的核算

1) 索赔的核算

在对外贸易中，还会发生因国外客户违约，不履行进口合同，致使我方已组织的出口商品不能如约出口，造成积压的情况。在这种情况下，外贸企业业务部门应在合同规定的期限内向外商提出索赔。外商确认赔偿时，应将赔偿款列入"营业外收入"账户。

自营出口销售索赔与理赔的核算.mp4

【例 6-10】 三美进出口公司在某项出口业务中，由于外方不履行合同，我方按规定向外方提出索赔 3 000 美元，外方确认理赔，美元当日即期汇率为 1∶6.64。作会计分录如下：

借：应收账款——××银行(美元)(3 000×6.64)   19 920

    贷：营业外收入   19 920

2) 理赔的核算

理赔是指外贸企业因违反合同规定使对方遭受损失，受理对方根据规定提出来的赔偿要求。在出口业务中，如果进口商发现出口商品的数量、品种、规格、质量与合同不符、包装不善、商品逾期装运以及不属于保险责任范围的商品短缺、残损严重等情况，在合同规定的期限内，国外客商可以提供必要的证明，向外贸企业提出索赔。外贸企业经核实，确认情况属实后，应进行理赔。外贸企业在确认理赔时，先通过"待处理财产损溢"账户反映,然后捋清索赔原因与责任,分情况进行处理。如果在投保范围,由保险公司赔偿;如果属于供货方因质次或少交货物数量造成的损失,应由供货方负责赔偿;如果属于运输部门的责任造成的损失,应由承运单位负责赔偿;如果确系外贸企业责任造成的损失,必须按规定审批权限报上级批准后,作为企业的损失。

【例 6-11】 三美进出口公司向新加坡 ABC 公司出口甲商品 100 台,每台售价 2 000 美元,进价为 11 000 元。商品出口后经外商验收短少 1 台,向我方提出索赔 5 000 美元,假设外商货款未付,有关业务的账务处理如下。

三美进出口公司经核实,确认情况属实后,同意理赔。当日美元即期汇率为 1:6.65。作会计分录如下:

借:待处理财产损溢　　　　　　　　　　　　　　33 250
　　贷:应收账款——美元户(5 000×6.65)　　　　　　33 250
同时,调整销售收入和销售成本。
借:主营业务收入　　　　　　　　　　　　　　13 300
　　贷:应收账款——美元户(2 000×6.65)　　　　　　13 300
借:待处理财产损溢　　　　　　　　　　　　　　11 000
　　贷:主营业务成本　　　　　　　　　　　　　　11 000
如果经查明,短少商品系运输部门丢失,应由其负责赔偿。
借:其他应收款——××运输部门　　　　　　　　44 250
　　贷:待处理财产损溢　　　　　　　　　　　　　　44 250

6.4 代理出口销售的核算

6.4.1 代理出口销售概述

代理出口销售
的核算.mp4

1. 代理出口销售的含义

代理出口销售是指外贸企业代替国内委托单位办理对外销售、托运、交单和结汇等全过程的出口销售业务,或者仅代替办理对外销售、交单和结汇的出口销售业务。如果只代替办理部分出口销售业务,而未代替办理交单、结汇业务的,只能称为代办出口销售业务。

2. 代理出口销售的特点

(1) 受托、委托双方应事先签订代理出口协议,明确规定经营商品、代理范围、商品交接、储存运输、费用负担、手续费率、外汇划拨、索赔处理、货款结算、双方有关职责等。

(2) 受托企业经办代理出口业务,不垫付商品资金,不负担基本费用,不承担出口销售盈亏,仅收取手续费。

(3) 受托企业按出口销货发票的金额及规定的手续费率,向委托方收取手续费,作为经办代理出口业务的管理费用开支和收益。

(4) 代理出口商品的出口退税归委托方,一般由受托企业负责到所在地的税务局开立代理出口退税证明,由委托方持证明和出口报关单、出口收汇核销单及代理出口协议副本等

文件向当地税务部门办理退税。

3. 代理出口销售的类型

代理出口销售业务有视同买断方式和收取手续费方式两种形式。

(1) 视同买断方式。是指由委托方和受托方签订协议，委托方按协议价收取所代销商品的货款，实际售价(出口价)可由受托方自定，实际售价与协议价之间的差额归受托方所有的销售方式。受托方销售的委托代销商品收入的实现及会计处理，与自营对外销售收入的实现及会计处理相同。

(2) 收取手续费方式。是指受托方根据所代销商品数量向委托方收取手续费的销售方式。在这种代销方式下，受托方将商品销售后，向委托方开具代销清单时，委托方确认收入；受托方在商品销售后，按应收取的手续费确认收入。

6.4.2　代理出口销售的会计处理

1. 代理出口商品收发的核算

外贸企业根据合同规定收到委托单位发来代理出口商品时，应根据储运部门转来的代理业务入库单上所列的金额，借记"受托代销商品"账户，贷记"受托代销商品款"账户。代理商品出库后，应根据储运部门转来的代理业务出库单上所列的金额，借记"发出商品——受托代销商品"账户，贷记"受托代销商品"账户。

【例 6-12】　2023 年 6 月，三美进出口公司受理福建三农化工公司代理出口甲农药业务，代理手续费为 CIF 价格计算收入的 2%。甲农药已运到。

(1) 2023 年 6 月 4 日，收到储运部门转来代理业务入库单，列明入库甲农药 600 桶，每桶 600 元。作会计分录如下：

借：受托代销商品——福建三农化工公司　　　　　360 000
　　贷：受托代销商品款——福建三农化工公司　　　　　360 000

(2) 2023 年 6 月 5 日，收到储运部门转来代理业务出库单，列明出库甲农药 600 桶，每桶 600 元。作会计分录如下：

借：发出商品——受托代销商品　　　　　360 000
　　贷：受托代销商品——福建三农化工公司　　　　　360 000

2. 代理出口商品销售收入的核算

代理出口商品交单办理收汇手续，取得银行回单时就意味着销售已经确认，然而这是委托单位的销售收入，因此通过"应付账款"账户核算。届时根据代理出口商品的销售金额，借记"应收账款"账户，贷记"应付账款"账户；同时结转代理出口商品的销售成本，根据代理出口商品的出库金额，借记"受托代销商品款"账户，贷记"发出商品"账户。

【例 6-13】　三美进出口公司根据代理出口合同销售给泰国 ABC 公司甲农药。

(1) 2023 年 6 月 10 日，收到业务部转来代理销售甲农药的发票副本和银行回单，发票开列甲农药 600 桶，每桶 150 美元(CIF)，共计货款 90 000 美元，佣金 2 000 美元，当日即

期汇率为 1∶6.40。作会计分录如下:

    借:应收账款——泰国 ABC 公司(88 000×6.40)   563 200

        贷:应付账款——福建三农化工公司   563 200

(2) 2023 年 6 月 10 日,根据代理业务出库单结转代理出口甲农药销售成本。作会计分录如下:

    借:受托代销商品款——福建三农化工公司   360 000

        贷:发出商品——受托代销商品   360 000

3. 垫付国内外直接费用的核算

外贸企业在垫付国内外直接费用时,应借记"应付账款"账户,贷记"银行存款"账户。

【例 6-14】 三美进出口公司代理销售甲农药发生国内外直接费用。

(1) 2023 年 6 月 8 日,汇付福建 YX 运输公司将甲农药运送至厦门港,国内运杂费 1 500元,厦门港装船费 1 000 元。作会计分录如下:

    借:应付账款——福建三农化工公司   2 500

        贷:银行存款——××银行(人民币)   2 500

(2) 2023 年 6 月 10 日,汇付厦门外轮运输公司的境外运费 1 000 美元,支付保险公司的保险费 300 美元,当日即期汇率为 1∶6.40。作会计分录如下:

    借:应付账款——福建三农化工公司   8 320

        贷:银行存款——××银行(美元)(1 300×6.40)   8 320

4. 代理出口销售往来款项的清算

【例 6-15】 2023 年 6 月 15 日,收到泰国 ABC 公司销售款 88 000 美元,当日美元即期汇率为 1∶6.50。根据银行收款凭证。作会计分录如下:

    借:银行存款——××银行(美元)(88 000×6.50)   572 000

        贷:应收账款——泰国 ABC 公司(88 000×6.40)   563 200

           财务费用——汇兑差额   8 800

【例 6-16】 2023 年 6 月 15 日,三美进出口公司受理福建三农化工公司代理出口甲农药业务结束,进行往来款项清算。当日美元即期汇率 1∶6.50。根据银行付款凭证。作会计分录如下:

    借:应付账款——福建三农化工公司(563 200-2 500-8 320)   552 380

        财务费用——汇兑差额   8 800

        贷:银行存款——××银行(美元)(84 535.38×6.50)   549 480

           其他业务收入——代理手续费(1 800×6.50)   11 700

小　　结

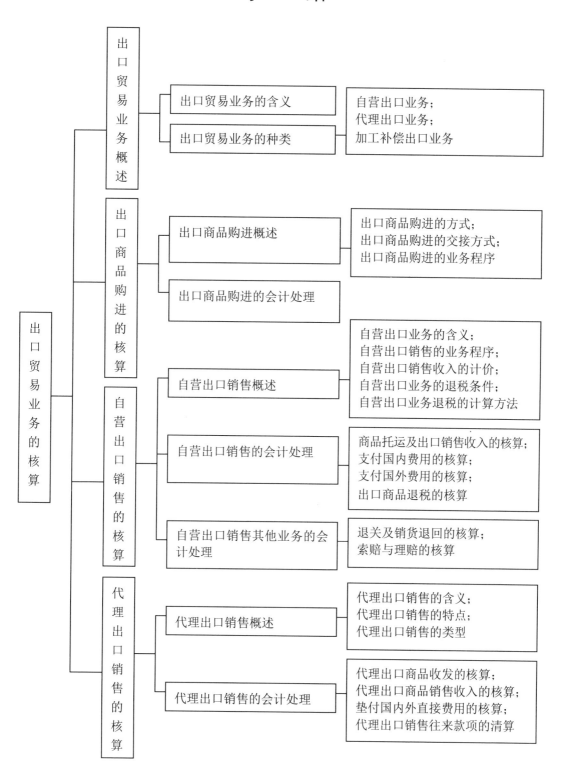

同 步 测 试

一、单项选择题

1. 采用暗佣支付方式时，出口商在销售发票上只列明( )。
   A. 销售金额　　　　B. 佣金率　　　　C. 佣金　　　　D. 销售净额

2. 异地购进商品时，货款结算一般采用( )方式。
   A. 信用证　　　　B. 汇兑　　　　C. 托收承付　　　　D. 委托收款

3. 外贸企业出口销售通常采用( )结算。
   A. 托收承付　　　　B. 支票　　　　C. 汇票　　　　D. 信用证

4. 自营出口贸易，在采用( )时，卖方必须支付将货物运至指定目的港所需的运费及办理买方货物在运输途中灭失或损坏风险的海运保险。
   A. FOB 价格　　B. CFR 价格　　C. CIF 价格　　D. FOB、CFR、CIF 价格

5. 出口贸易合同通常由( )填制，经双方审核无误签字执行。
   A. 进口商　　　　B. 出口商　　　　C. 委托方　　　　D. 受托方

6. 自营出口销售下，外贸企业发生出口索赔时，在外商确认赔偿时，外贸企业应( )。
   A. 借记"应收账款"账户，贷记"主营业务收入"账户
   B. 借记"应收账款"账户，贷记"营业外收入"账户
   C. 借记"应收账款"账户，贷记"主营业务成本"账户
   D. 借记"应收账款"账户，贷记"销售费用"账户

7. 自营出口业务国内费用的处理方式是( )。
   A. 冲减销售收入　　　　　　　　B. 列入期间费用
   C. 列入营业外支出　　　　　　　D. 直接计入出口销售成本

8. 对出口贸易业务来说，按 CIF 价格对外成交的，在商品离境后所发生的应由我方负担的以外汇支付的国外运费、保险费、佣金和银行财务费用等，应( )。
   A. 冲减销售收入　　　　　　　　B. 列入期间费用
   C. 列入营业外支出　　　　　　　D. 直接计入出口销售成本

9. 出口商品实现销售被退货的，企业应冲转出口销售收入。退货过程中发生的各项费用，先记入"( )"账户，待查明退货原因后，分别进行结转。
   A. 待处理财产损溢　　　　　　　B. 营业外支出
   C. 营业外收入　　　　　　　　　D. 出口销售成本

10. 外贸企业在垫付国内外直接费用时，应借记"( )"账户，贷记"银行存款"账户。
   A. 主营业务收入　　　　　　　　B. 主营业务成本
   C. 应收账款　　　　　　　　　　D. 应付账款

二、多项选择题

1. 在自营出口销售业务中，出口商品的购货成本及( )均由外贸企业自己负担。

A. 佣金   B. 索赔   C. 罚款

  D. 理赔   E. 盈亏

2. 出口商品销售业务的国外费用包括(　　)。

  A. 国外运费   B. 外宾招待费   C. 国外保险费

  D. 国外佣金   E. 出国费用

3. 下列项目中，属于CIF价格构成的有(　　)。

  A. 成本   B. 运费   C. 保险费

  D. 佣金   E. 税金

4. 外贸企业代理出口销售业务前，委托方签订代理出口合同应明确规定(　　)。

  A. 代理范围   B. 代理手续费率

  C. 商品交换   D. 费用负担

  E. 外汇划拨

5. 以下通过冲减"主营业务收入"核算的有(　　)。

  A. 国外运费   B. 国内运费   C. 保险费

  D. 明佣   E. 暗佣

6. 外贸企业自营出口业务的程序包括(　　)。

  A. 准备工作   B. 出口贸易的磋商

  C. 签订出口贸易合同   D. 履行出口贸易合同

  E. 索赔与理赔

7. 出口贸易业务按其经营性质的不同可分为(　　)。

  A. 自营出口业务   B. 代理出口业务

  C. 加工补偿出口业务   D. 其他业务

8. 出口商品购进的交接方式通常有(　　)。

  A. 送货制   B. 提货制   C. 发货制   D. 厂商就地保管制

9. 代理出口销售业务有(　　)形式。

  A. 视同买断方式   B. 收取手续费方式

  C. 直接销售方式   D. 转移销售方式

10. 出口商品购进的业务程序主要有(　　)。

  A. 签订购销合同   B. 验收出口商品

  C. 支付商品货款   D. 退货

项 目 实 训

【实训一】

(一)目的：练习自营出口销售的会计处理。

(二)资料：

  ××食品进出口公司根据进出口贸易合同，9月份销售给美国纽约酒业公司黄酒220吨，采用信用证结算，发生下列有关经济业务。

(1) 2 日，收到储运部门转来出库单(记账联)，列明出库黄酒 220 吨，每吨 2 800 元，予以转账。

(2) 6 日，收到业务部门转来销售黄酒的发票副本和银行回单。发票列明黄酒 220 吨，每吨 450 美元，货款共计 99 000 美元。当日美元汇率的中间价为 6.82 元。同时根据出库单(转账联)结账出库黄酒销售成本。

(3) 20 日，收到银行转来的收汇通知，银行扣除 124 美元手续费后将其余部分已存入外币存款账户，当日汇率为 1∶6.83。

(三)要求：根据上述资料编制会计分录。

【实训二】

(一)目的：练习代理出口销售的会计处理。

(二)资料：福州××玩具进口公司受理三明童车厂代理出口童车，代理手续费率为 2%，9 月份发生下列有关经济业务。

(1) 3 日，收到储运部门转来代理业务入库单，列明童车 8 000 辆，每辆 100 元。

(2) 6 日，收到储运部门转来代理业务出库单，列明童车 8 000 辆，每辆 28 元。

(3) 8 日，收到业务部门转来代理销售童车给日本大阪公司的发票副本和银行回单。发票列明童车 8000 辆，每辆 20 美元(CIF)，货款共计 160 000 美元，佣金 800 美元，当日美元汇率的中间价为 6.83 元，并结转代理出口童车成本。

(4) 10 日，签发转账支票 2 张，分别支付外轮运输公司将童车运送至福州港的运杂费 642 元及福州港装船费 600 元。

(5) 12 日，签发转账支票 2 张，分别支付外轮运输公司的国外运费 712 美元，保险费 88 美元，从外币存款账户支付。当日美元汇率的中间价为 6.83 元。

(三)要求：根据上述资料编制会计分录。

思考与练习

1. 什么是出口贸易业务？其种类有哪些？
2. 出口商品购进的方式和交接方式分别有哪几种？
3. 出口商品购进的业务程序是什么？
4. 什么是自营出口业务？其业务程序有哪些？
5. 自营出口销售收入的计价标准是什么？
6. 外贸企业自营出口业务的退税条件有哪些？
7. 外贸企业自营出口业务退税的计算方法是什么？
8. 自营出口销售如何进行会计处理？
9. 什么是代理出口销售？代理出口销售的特点及类型分别有哪些？

项目 7

特殊商业业务的核算

【知识目标】

- 理解委托加工业务的含义。
- 理解委托代销业务的含义。
- 理解出租商品业务的会计处理。

【能力目标】

- 掌握委托加工商品的会计处理。
- 熟练掌握委托代销业务中委托方和受托方的计算与会计处理。
- 掌握出租商品的会计处理。

【素质目标】

- 培养学生区分企业主体，并进行业务分工，在此基础上进行业务流程的判断。
- 培养学生分析不同业务影响的能力。
- 培养学生分析并提出选项的建议。

【思政目标】

- 能够区分辨别企业特殊业务与所谓传销、诈骗等的区别，个别企业所称的特殊业务有可能是违法犯罪。
- 培养学生的爱国意识和文化自信，使其对实现民族伟大复兴充满信心。
- 培养学生守法、合法并识别不合法业务的严谨态度和作风。

【情境导入】

因实习成为犯罪嫌疑人

2019 年张忻在中介公司的推荐下选中了一家网络科技公司进行工作实习，这家公司向同学们宣称，该岗位的主要工作内容是做客服，从事电话推销引流业务，工资待遇是每月3500 元。后续又有其他学生进入公司实习，总计有 21 名。

他们都根据公司提供的名单打电话进行推销，他们自称是证券公司客服，问对方"对期货、股票有没有兴趣"。并添加对方微信，再向对方推荐网络直播间老师讲课的链接。

一两个月后，学生们觉得这家公司的经营模式有些不正常，有同学说起有一次对方电话一接通就开始骂"你们是骗子"。还有同学注意到，公司似乎有人在当水军刷热度，看起来不太正规。同学们上网搜索，并对照了一些诈骗案例，越看越觉得这家公司的做法和这些案例有相似之处。

这其实是一家利用虚拟证券交易软件实施诈骗的电信诈骗公司。2020 年，浙江省永康市公安局在开展打击电信网络诈骗专项行动中，接到一名被害人报案，称自己被这家公司骗走 135 万元。永康市公安局决定立案侦查。经查，2018 年 5 月至 2020 年 8 月期间，这家网络科技有限公司利用"天发期货"虚拟证券交易软件，诱骗客户进行虚假的"国际股指期货交易"。案件共涉及被害人 500 余人，涉案金额 3000 余万元，公司负责人等百余人陆续被抓。张忻等 21 名实习生也在其中。

经过浙江省、金华市、永康市三级检察院共同研判后认为，学生们已充分履行自身的注意义务。21 名大学生主观上无伙同他人实施诈骗犯罪的故意，不应作为犯罪处理。对于21 名大学生，经永康市检察院建议，公安机关撤回起诉意见，并于 2022 年 4 月 2 日以"无犯罪事实，不构成犯罪"为由作出撤案决定。

(资料来源：广东省司法厅认证的广东普法微信公众号，2023-06-16)

根据材料，分析与讨论：

在经济领域还有哪些业务也可能是犯罪行为？企业进行会计核算时应如何防范犯罪行为的出现？

【案例分析】

在经济领域，除了常见的贪污、受贿、挪用公款等职务犯罪外，还有许多业务行为若处理不当也可能构成犯罪行为。这些行为包括但不限于：违反国家规定，从事未经许可或禁止的经营活动，扰乱市场秩序。例如，未经许可经营金融业务，或销售国家禁止的商品等；以签订、履行合同为名，骗取对方财物的行为，这包括虚构合同、伪造合同、变造合同等，以及利用合同漏洞进行欺诈；采取暴力、威胁方法拒不缴纳税款及虚开增值税发票的行为。

在企业进行会计核算的同时，也要同时关注企业经营的业务，只有在业务和财务都相符的情况下，犯罪的可能性才更小。具体可以从以下几个方面防范犯罪的出现：一是遵循法律法规；二是保持诚信经营；三是完善内部控制；四是加强风险管理。

总之，在特殊业务会计业务处理中，企业必须坚持经济规律和基本原则，加强法律法规意识，完善内部控制和风险管理机制，以确保业务的合法性和合规性。

（资料来源：https://www.thepaper.cn/newsDetail_forward_23493140）

7.1　委托加工业务核算

委托加工业务核算.mp4

7.1.1　委托加工业务的含义

委托加工是指商品流通企业与外单位签订委托加工合同，由外单位代为加工，支付加工费，加工收回后用于继续加工或销售的一种加工方式。

商品流通企业为了适应市场变化趋势，会积极扩大货源，增强企业的市场竞争力，发扬经营特色，除了积极进行商品的购销业务外，还可根据自身经营需要，将一些材料或者商品委托其他企业进行加工，或者根据市场的需求，将不适销的商品委托其他单位进行加工改造。

商品流通企业在委托加工商品前，必须与加工企业签订合同，明确所加工商品的品种、规格、数量、交货期限以及加工费标准和结算方式。

7.1.2　委托加工业务的会计处理规则

委托加工的业务程序一般包括发出库存商品、支付加工费用和税金、收回加工商品和剩余物资等几个环节。

商品流通企业应设置"委托加工物资"科目核算。该科目借方登记企业支付加工费及受托方代收代缴的消费税等，贷方登记加工完成验收入库的商品和剩余的实际物资的实际成本。期末借方反映企业委托外单位加工但尚未加工完成的物资实际成本和发出加工物资的运杂费等。

1. 发出委托加工物资的核算

(1) 在使用售价金额法时，把商品发给外单位加工。

借：委托加工物资

　　商品进销差价

　　贷：库存商品等

(2) 在使用进价金额法时，把商品发给外单位加工。

借：委托加工物资

　　贷：库存商品等

2. 支付加工费、增值税的核算

借：委托加工物资

　　应交税费——应交增值税(进项税额)

　　贷：银行存款等

3. 消费税的核算

根据《中华人民共和国消费税法》的有关规定，需要缴纳消费税的委托加工商品，由受托方代收代缴消费税。委托加工物资收回后直接用于销售的，委托方应将受托方代收代缴的消费税计入委托加工商品的成本；收回后用于继续委托加工或者生产，代收代缴的消费税记入"应交税费"科目，实际销售时抵扣销售环节的消费税。

(1) 加工后，直接销售。

借：委托加工物资

　　贷：银行存款等

(2) 加工后，继续生产。

借：应交税费——应交消费税

　　贷：银行存款等

4. 加工完成收回加工商品的核算

(1) 采用售价金额法核算的商品流通企业。

借：库存商品(售价)

　　贷：商品进销差价(售价-实际成本)

　　　　委托加工物资(收回的实际成本)

(2) 采用进价金额法核算的商品流通企业。

借：库存商品(收回的实际成本)

　　贷：委托加工物资(收回的实际成本)

7.1.3　实务处理

【例 7-1】于佳零售商场采用售价金额法核算库存商品。该商场与服装厂签订了加工合同，委托服装厂加工大衣 350 套，每套面料 1.5 米，共计 525 米，每米进价 6 元，售价 7.2 元。

(1) 发出委托加工物资。作会计分录如下：

借：委托加工物资　　　　　　　　　　　　　　　　3 150

　　商品进销差价　　　　　　　　　　　　　　　　　630

　　　贷：库存商品　　　　　　　　　　　　　　　　　　3 780

(2) 按合同规定用银行存款支付加工费 1 750 元，应交增值税 227.50 元。作会计分录如下：

借：委托加工物资　　　　　　　　　　　　　　　　1 750

　　应交税费——应交增值税(进项税额)　　　　　　227.50

　　　贷：银行存款　　　　　　　　　　　　　　　　　1 977.5

(3) 收回加工大衣成品 350 套，总售价 5 950 元。

总成本=3 150+1 750=4 900(元)。

作会计分录如下：

借：库存商品　　　　　　　　　　　　　　5 950
　　贷：商品进销差价　　　　　　　　　　1 050
　　　　委托加工物资　　　　　　　　　　4 900

7.2　委托代销业务核算

委托代销业务核算.mp4

7.2.1　委托代销业务的含义

委托代销是指委托方与受托方签订代销合同，由委托方交付商品给受托方代为销售的一种商业活动。委托方将商品交给受托方，受托方不垫付资金，商品的所有权的风险和报酬尚未转移。委托方向受托方发出商品时，并不转移商品的所有权，也不做商品销售处理，直到代销商品销售后才确认商品销售成立。

思政案例 7-1　繁花电视剧中上海提篮桥监狱.docx

7.2.2　委托代销业务的会计处理规则

采用委托代销业务销售商品时，委托方或受托方根据发票、代销清单和成本计算单等原始凭证，设置"发出商品""委托代销商品""受托代销商品""受托代销商品款"等科目进行会计核算。

1. 委托方的会计处理规则

发出商品的主要账务处理如下。

采用视同买断方式委托其他单位代销的商品，对于未满足收入确认条件的发出商品，应按发出商品的实际成本(或进价)或计划成本(或售价)编制会计分录如下：

借：发出商品
　　贷：库存商品

采用支付手续费方式委托其他单位代销的商品，也可以单独设置"委托代销商品"科目。

借：委托代销商品
　　贷：库存商品

发出商品退回的，应按退回商品的实际成本(或进价)或计划成本(或售价)，借记"库存商品"科目，贷记"发出商品""委托代销商品"科目。

发出商品满足收入确认条件时应确认销售收入。作会计分录如下：

借：银行存款(应收账款)
　　贷：主营业务收入等

同时结转销售成本。作会计分录如下：

借：主营业务成本等
　　贷：发出商品(委托代销商品)

采用计划成本或售价核算的，还应结转应分摊的产品成本差异或商品进销差价。

采用支付手续费方式委托其他单位代销的商品，结算手续费时，作会计分录如下：

借：销售费用

　　贷：应收账款

2. 受托方的会计处理规则

采用视同买断方式代销的商品，收到受托代销的商品，按约定的价格作会计分录如下：

借：受托代销商品

　　贷：受托代销商品款

售出受托代销商品后，按实际收到或应收的金额，作会计分录如下：

借：银行存款(应收账款)

　　贷：主营业务收入

同时结转销售成本。作会计分录如下：

借：主营业务成本

　　贷：受托代销商品

结清代销商品款时，作会计分录如下：

借：受托代销商品款

　　贷：银行存款

采用计划成本或售价核算的，还应结转应分摊的产品成本差异或商品进销差价。

企业采用收取手续费方式，收到受托代销的商品，按约定的价格，作会计分录如下：

借：受托代销商品

　　贷：受托代销商品款

企业采用收取手续费方式，售出受托代销商品后，按实际收到或应收的金额，作会计分录如下：

借：银行存款(应收账款)

　　贷：受托代销商品

计算代销手续费等收入。作会计分录如下：

借：受托代销商品款

　　贷：其他业务收入

企业采用收取手续费方式，结清代销商品款时，作会计分录如下：

借：受托代销商品款

　　贷：银行存款

采用计划成本或售价核算的，还应结转应分摊的产品成本差异或商品进销差价。

7.2.3　实务处理

【例 7-2】　名盛公司采用买断方式委托京品公司销售甲商品 1 000 件，协议价为 100 元/件，该商品成本为 70 元/件，增值税税率为 13%。名盛公司收到京品公司开来的代销清单时开具增值税发票，发票上注明：价款 100 000 元，增值税 13 000 元。京品公司实际销售时开具的增值税发票上注明：价款 120 000 元，增值税为 15 600 元。

名盛公司应编制会计分录如下：

(1) 发出商品时。

借：发出商品	70 000	
贷：库存商品		70 000

(2) 收到代销清单时。

借：应收账款	113 000	
贷：主营业务收入		100 000
应交税费——应交增值税(销项税额)		13 000
借：主营业务成本	70 000	
贷：发出商品		70 000

(3) 收到货款时。

借：银行存款	113 000	
贷：应收账款		113 000

京品公司应编制会计分录如下：

(1) 收到商品时。

借：受托代销商品	100 000	
贷：受托代销商品款		100 000

(2) 实际销售时。

借：银行存款	135 600	
贷：主营业务收入		120 000
应交税费——应交增值税(销项税额)		15 600
借：主营业务成本	100 000	
贷：受托代销商品		100 000

(3) 收到增值税发票，结清款项。

借：受托代销商品款	100 000	
应交税费——应交增值税(进项税额)	13 000	
贷：应付账款		113 000
借：银行存款	113 000	
贷：应付账款		113 000

【例 7-3】名盛公司采用手续费方式委托京品公司销售甲商品 1 000 件，协议价为 100元/件，该商品成本为 70 元/件，增值税税率为 13%。京品公司按 100 元/件售给顾客，名盛公司按售价的 10%支付京品公司手续费，名盛公司收到京品公司开来的代销清单和手续费发票时开具增值税发票，发票上注明：价款 100 000 元，增值税 13 000 元。

名盛公司应编制会计分录如下：

(1) 发出商品时。

借：委托代销商品	70 000	
贷：库存商品		70 000

(2) 收到代销清单时。

借：应收账款   113 000

    贷：主营业务收入   100 000

        应交税费——应交增值税(销项税额)   13 000

借：主营业务成本   70 000

    贷：发出商品   70 000

(3) 收到货款时。

借：银行存款   103 000

    销售费用   10 000

    贷：应收账款   113 000

京品公司应编制会计分录如下：

(1) 收到商品时。

借：受托代销商品   100 000

    贷：受托代销商品款   100 000

(2) 实际销售时。

借：银行存款   113 000

    贷：应付账款   100 000

        应交税费——应交增值税(销项税额)   13 000

借：受托代销商品款   100 000

    贷：受托代销商品   100 000

(3) 收到增值税发票，结清款项。

借：应交税费——应交增值税(销项税额)   13 000

    贷：应付账款   13 000

借：银行存款   113 000

    贷：应付账款   103 000

        主营业务收入   10 000

【例 7-4】 多多商场接受格力公司委托代销家用空调一批，该批空调的接收价为 60 000 元，含税售价为 67 800 元，该企业按代销主营业务收入的 10%收取手续费。作会计分录如下：

(1) 收到代销商品。

借：受托代销商品   67 800

    贷：商品进销差价   7 800

        受托代销商品款   60 000

(2) 代销商品售出。

借：银行存款   67 800

    贷：应付账款   60 000

        应交税费——应交增值税(销项税额)   7 800

借：受托代销商品款   60 000

    商品进销差价   7 800

    贷：受托代销商品   67 800

(3) 开出代销清单后，收到增值税专用发票。

借：应交税费——应交增值税(进项税额)　　　　　7 800

　　贷：应付账款　　　　　　　　　　　　　　　　　　7 800

(4) 计算代销手续费，结算货款。

借：应付账款　　　　　　　　　　　　　　　　67 800

　　贷：其他业务收入　　　　　　　　　　　　　　　6 000

　　　　银行存款　　　　　　　　　　　　　　　　61 800

7.3　出租商品业务核算

7.3.1　出租商品业务的含义

出租商品业务核算.mp4

商业零售企业为了方便群众，以卖带租开展商品出租业务，如照相机、录像机、自行车、雨具等。出租商品要与销售商品分别核算。设"库存商品——出租商品""出租商品"专户进行核算，并按出租商品的品名、规格设置明细分类账或备查簿，以反映出租及收回情况。

思政案例 7-2　"邮寄"

福利露馅了.docx

7.3.2　出租商品业务的会计处理规则

出租商品应按进价入账。为了加强出租商品的管理，在商品出租时，应向租户收取押金，商品收回时退还押金。押金的收取或退还，通过"其他应付款"账户处理。所收取的租金在"其他业务收入"账户核算，所发生的出租商品的摊销、修理、废弃等业务在"其他业务成本"账户核算。"其他业务收入"和"其他业务成本"账户都是损益类账户。作会计分录如下：

(1) 库存商品转为出租。

借：库存商品——出租商品

　　商品进销差价

　　贷：库存商品

(2) 收取押金。

借：库存现金(银行存款)

　　贷：其他应付款

(3) 收取租金。

借：库存现金(银行存款)

　　贷：其他业务收入

(4) 退回押金。

借：其他应付款

　　贷：库存现金(银行存款)

(5) 出租商品的摊销。

借：其他业务成本

　　贷：库存商品——出租商品

7.3.3　实务处理

【例 7-5】　快鱼自行车租赁商店从库存商品中拨出自行车 10 辆，每辆进价 480 元，售价 700 元，该商店采用售价金额核算。

(1) 根据内部商品调拨单，作会计分录如下：

借：库存商品——出租商品　　　　　　　　　　　4 800

　　商品进销差价　　　　　　　　　　　　　　　2 200

　　　　贷：库存商品　　　　　　　　　　　　　　　　　7 000

(2) 收到出租商品租金 3 000 元，增值税 13%。作会计分录如下：

借：库存现金　　　　　　　　　　　　　　　　　3 390

　　　　贷：其他业务收入　　　　　　　　　　　　　　　3 000

　　　　　　应交税费——应交增值税(销项税额)　　　　　390

(3) 月末进行摊销(设在 1 年内摊销，每月摊销 400 元)。作会计分录如下：

借：其他业务成本　　　　　　　　　　　　400

　　　　贷：库存商品——出租商品——出租商品摊销　　400

(4) 本月有 1 辆自行车已不能使用，报废处理，已摊销 400 元。作会计分录如下：

借：库存产品——出租商品——出租商品摊销　　　400

　　其他业务成本　　　　　　　　　　　　　　　　80

　　　　贷：库存商品——出租商品——自行车　　　　　480

(5) 出租时收取押金 50 000 元。作会计分录如下：

借：库存现金　　　　　　　　　　　　　50 000

　　　　贷：其他应付款　　　　　　　　　　　　50 000

(6) 收回出租商品退还押金 50 000 元。作会计分录如下：

借：其他应付款　　　　　　　　　　　　50 000

　　　　贷：库存现金　　　　　　　　　　　　　50000

小　　结

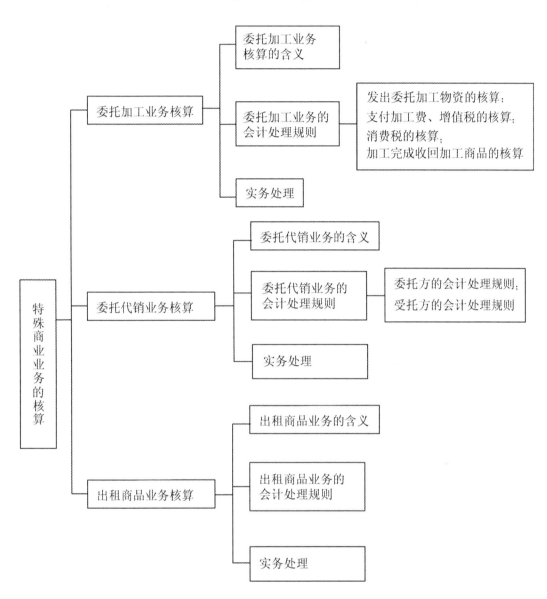

同 步 测 试

一、单项选择题

1. 采用手续费方式代销商品时，委托方在(　　)才确认收入。

　　A. 发出委托代销商品时　　　　B. 受托方销售代销商品时

　　C. 收到委托方开来的代销清单时　　D. 与受托方结算款项时

2. 商品流通企业在加工收回成品时，一般将支付给加工企业的加工费用记入(　　)。

    A. 委托加工物资　　　　　　　　B. 银行存款

    C. 银行存款　　　　　　　　　　D. 应付账款

3. 下列科目属于负债类的是(　　)。

    A. 委托代销商品　　　　　　　　B. 受托代销商品

    C. 出租商品　　　　　　　　　　D. 受托代销商品款

4. 委托加工物资收回后直接用于销售的，委托方应将受托方代收代缴的消费税记入(　　)。

    A. 银行存款　　　　　　　　　　B. 应交税费

    C. 委托加工商品的成本　　　　　D. 销售费用

5. 采用手续费方式代销商品时，委托方要根据合同的规定，支付一定的手续费，记入(　　)科目。

    A. 银行存款　　　　　　　　　　B. 其他业务收入

    C. 委托代销商品　　　　　　　　D. 销售费用

6. 出租商品的成本价值摊销一般通过(　　)账户记入当期损益。

    A. 主营业务收入　　　　　　　　B. 累计摊销

    C. 出租商品——摊销　　　　　　D. 其他业务成本

二、多项选择题

1. 商品流通企业加工方式一般有(　　)两种。

    A. 委托其他单位加工　　　　　　B. 自行加工

    C. 专门单位加工　　　　　　　　D. 专门市场加工

2. 委托代销业务包括(　　)两种方式。

    A. 视同买断　　B. 分期收款　　C. 收取手续费　　D. 视同销售

3. 委托代销业务涉及的主要原始凭证包括(　　)。

    A. 代销商品清单　　　　　　　　B. 加工商品清单

    C. 委托代销商品成本计算单　　　D. 委托加工商品成本计算单

4. 委托加工业务涉及的主要原始凭证包括(　　)。

    A. 代销商品清单　　　　　　　　B. 加工商品清单

    C. 委托代销商品成本计算单　　　D. 委托加工商品成本计算单

5. 出租商品在使用过程中，通过其他业务成本核算的业务有(　　)。

    A. 对出租商品进行摊销　　　　　B. 出租商品发生的修理费

    C. 购买出租商品　　　　　　　　D. 出租商品发生的报废业务

6. 以下属于资产类会计科目的有(　　)。

    A. 委托代销商品　　　　　　　　B. 受托代销商品

    C. 出租商品　　　　　　　　　　D. 受托代销商品款

7. 在受托代销商品的核算中，若采用收取手续费方式的，则账务处理涉及(　　)科目。

    A. 主营业务收入　　　　　　　　B. 受托代销商品

C. 受托代销商品款　　　　　　　D. 其他业务收入

8. 在出租业务中，涉及的账户有(　　)。

  A. 库存商品　　　　　　　　　B. 出租商品

  C. 主营业务收入　　　　　　　D. 其他业务收入

9. 委托加工商品账户借方登记发给外单位加工的商品的实际成本，包括发出商品的(　　)。

  A. 进货原价　　　　　　　　　B. 加工费

  C. 加工费负担的增值税　　　　D. 应负担的运费

项 目 实 训

【实训一】

(一)目的： 练习委托加工业务会计实务处理。

(二)资料：

佳宝零售商场采用售价金额法核算库存商品。该商场与三和服装厂签订加工合同，委托服装厂加工夹克装 350 套，每套红面料 1.5 米，共计 525 米，每米进价 6 元，售价 7.20 元，每套加工费 5 元。

(1) 5 月 10 日发出加工物资。

(2) 按合同规定用银行存款支付加工费共计 1 750 元。

(3) 收回加工夹克成品 350 套，应缴纳加工费增值税额 227.5 元。

(4) 收回 350 套夹克交服装组验收，总售价为 5 950 元。

(三)要求： 根据上述资料编制会计分录。

【实训二】

(一)目的： 买断方式下委托代销业务的会计处理。

(二)资料： 8 月 21 日，佳和批发公司委托龙津公司销售一批甲商品，该批商品协议售价总额为 50 000 元，成本总额为 40 000 元，增值税税率为 13%。10 月 21 日，佳和批发公司收到龙津公司开来的代销清单时，开具增值税专用发票，发票上注明售价 50 000 元，增值税款 6 500 元。龙津公司实际销售时开具的增值税专用发票上注明售价 70 000 元，增值税款 9 100 元。假定按代销协议，龙津公司可以将没有代销出去的商品退回给佳和批发公司。

(三)要求： 根据上述资料分别编制佳和批发公司和龙津公司的会计分录。

【实训三】

(一)目的： 练习出租商品业务的会计处理。

(二)资料：

修可公司自行车组兼营儿童玩具车出租业务，本月由仓库拨出仙女牌玩具车 100 辆作为出租品使用。该车每辆进价 250 元，零售价为 350 元。

(1) 调拨出商品。

(2) 根据租赁协议规定，每辆儿童玩具车收取押金 200 元，押金总额 20 000 元，款款存入银行。

(3) 本月租金收入 30 000 元，存入银行。

(4) 该企业出租的儿童玩具车按 5 个月进行分摊。

(三)要求：根据上述资料编制会计分录。

【实训四】

(一)目的：委托代销商品方式下手续费的会计处理。

(二)资料：

佳和批发公司委托龙津公司销售一批甲商品，该批商品协议售价总额为 50 000 元，成本总额为 40 000 元，增值税税率为 13%。

(1) 佳和批发公司与龙津公司签订的代销协议规定：龙津公司应按 50 000 元的价格对外销售，佳和批发公司按售价的 10%支付手续费。

(2) 10 月 21 日，龙津公司对外售出商品，向买方开具的增值税专用发票上注明甲商品售价 50 000 元，增值税税额为 6 500 元。

(3) 10 月 25 日，佳和批发公司收到龙津公司交来的代销清单，并向龙津公司开具了一张相同金额的增值税专用发票。

(4) 10 月 29 日，佳和批发公司收到龙津公司支付的商品代销款(已扣手续费)。

(三)要求：根据上述材料分别编制佳和批发公司和龙津公司的会计分录。

思考与练习

1. 什么是委托代销业务？

2. 简述委托加工业务的一般程序。

3. 委托代销和受托代销有哪两种不同的处理方式？

4. 如何对出租商品的押金和租金进行会计核算？

5. 什么是手续费方式核算？它有何特征？

6. 买断方式下，各企业应如何进行会计核算？

项目 8

酒店餐饮业务的核算

【知识目标】

● 了解酒店餐饮行业的特征及类型。

● 熟练掌握客房服务业务的会计处理规则。

● 了解其他综合服务性业务的会计处理。

【技能目标】

● 能运用先住店后结算与先收款后住店方式下客房业务的会计处理规则进行会计实务处理。

● 能利用餐饮业务收入与成本的原理与方法进行会计实务处理。

【素质目标】

● 培养学生良好的服务意识和心理素质。

● 培养学生良好的爱岗敬业精神。

● 培养学生热情周到的服务态度。

【思政目标】

● 强化学生爱岗敬业的职业道德。

● 锻炼学生耐心踏实、勤勉尽职、吃苦耐劳、认真负责、勤学苦练、克服困难的劳动品质。

【情境导入】

创造新酒店

在当今快速变化的商业环境中,一个酒店的成功与否不仅取决于其客房的舒适度和服务的优质性,更取决于其财务稳健性和收益的最大化。面对各种挑战,如经济波动、竞争加剧以及消费者行为的变化,酒店从业者急需发展和实施创新的财务策略来确保其长期的可持续性和盈利能力。

位于克里特岛赫索尼索斯的帕尔梅拉海滩酒店,在提升财务管理水平的过程中,引入了 Revelier 数据收集与管理工具。这一工具专注于监控关键绩效指标及跟踪不同销售渠道的旅游需求,使得酒店能够根据实时数据灵活调整经营策略。在每个旅游季节伊始,酒店团队便结合现行的传统合同条款与数字化策略,共同策划出一套全面的、旨在提高盈利能力的计划。这样的举措,不仅提前洞察了市场与运营趋势,还深化了与商业伙伴间的信任,提高了酒店收益管理的标准。

埃尔科尔特斯赌场酒店引入了 Duetto 收入管理软件,这一战略工具赋能了酒店精准追踪顾客的消费模式。通过深入的预测分析,酒店对定价政策进行了革新,取消了部分非核心客户的优惠折扣,实施了工作日价格下调及周末和特殊节日期间价格提升的策略。例如,酒店利用数据发现,相比于店内的服务,阴天时客人更倾向于预订海滨之旅,因此推出了针对性优惠。同时,为了满足体育爱好者的需求,推出了包含健身房和水疗中心的定制套餐。在赌场方面,通过精准识别价值客户并为其提供额外服务,为酒店带来了显著的收益增长。

拉巴特费尔蒙特拉玛丽娜酒店引进了 G3 RMS 系统,作为收益管理策略的核心。该系统通过直观的图表展现了入住率与收益的联系,极大地方便了管理团队对商业组合的掌控。其直观的数据展示不仅优化了战略决策过程,还在团队会议中促进了信息共享,增强了团队的凝聚力。G3 RMS 内置的 Investigator 工具深度分析了收益预测的相关因素,为酒店提供了精准的定价指导。同时,What-If 分析工具允许管理层模拟各种定价策略,确保每项决策都经过详尽的验证。此外,新推出的功能让管理者可以从报告中快速排除某些市场细分,有效提高了工作效率。

根据材料,分析与讨论:

面对经济波动、市场竞争激烈的环境以及消费者行为的变化,酒店经营者应如何实施创新的财务策略以确保其长期的可持续性和盈利。

【案例分析】

酒店经营者需多管齐下实施创新财务策略以谋长远。应积极引入先进的数据监测与分析系统,实时掌握市场动态与消费者偏好变化,依此灵活调整房价,旺季提价、淡季促销并推出特色套餐吸引不同客群,实现精准定价。优化成本管控,从采购源头与供应商协商争取优惠,运用智能设备降低能耗及运营成本。拓展多元收入渠道,开发特色餐饮、会议承办、娱乐项目等非房业务,加强与周边商家合作,互推客源。重视客户关系维护,打造有吸引力的忠诚度计划,鼓励重复消费。同时强化风险管理,评估经济波动与竞争风险,提前制定预案,合理规划资金,保障财务稳定,从而在复杂环境中持续盈利并保持竞争力。

(资料来源: https://weibo.com/ttarticle/p/show?id=2309404973717762736753)

8.1　酒店餐饮行业概述

8.1.1　酒店餐饮行业的特征

酒店餐饮行业概述.mp4

酒店的经营方式较为特殊，其会计核算与其他行业相比有很多不同之处。例如，酒店客房向顾客出租房间及设施，并伴以劳务性服务而取得收入，没有成本，只有费用；餐饮以手工操作方式制作菜肴食品，生产过程较短，加工、销售和服务几乎在同一时间段，既有费用，也有成本，但成本的具体内容和核算方法又与工业企业不同。酒店餐饮行业会计核算具有以下几个方面的特征。

(1) 采用多种形式经营，收益分配形式灵活。由于酒店餐饮行业在客观上需要提供多种服务，因此酒店餐饮行业的经营形式非常灵活。比如，一般的酒店都有酒店餐饮，酒店餐饮既可以是酒店管理方直接经营，也可以采用招商的方式，以出租或承包的方式由其他企业经营。收益的分配形式也非常灵活，既可以采用固定租金形式，也可以采用比例分成式或者两者相结合。

(2) 酒店餐饮业务性质较为综合，会采用不同的会计核算方法。酒店餐饮行业除了服务外，还有商品的加工和销售。因此，在会计核算时需要根据经营业务的特点，采用不同的核算方法。如餐饮业务，根据消费者的需要，加工烹制菜肴和食品，这具有工业企业的性质；然后将菜肴和食品供应给消费者，这又具有商品流通企业的性质；同时，为消费者提供消费设施、场所和服务，这又具有服务的性质。但这种生产、销售和服务是在很短时间内完成的，并且菜肴和食品的花色品种多、数量零星。因此，不可能像工业企业那样区分产品，分别计算其总成本和单位成本，而只是计算菜肴和食品的总成本。售货业务则采用商品流通企业的核算方法；而纯服务性质的经营业务，如客房、娱乐、美容美发等业务，只产生服务费用，不产生服务成本，因此采用服务企业的核算方法。

(3) 酒店餐饮企业收入的结算以货币资金为主要结算方式。现金结算是酒店餐饮企业最古老的一种结算方式，随着现代科技的不断更新与进步，银行卡、信用卡、餐卡等先进的结算方式粉墨登场，但同时也有潜在的风险。酒店企业的财务会计部门应采取相应的核算管理方法和制度。

8.1.2　酒店餐饮行业业务类型

酒店餐饮行业经营方式多样，服务项目繁多，包括住宿、饮食、购物、美容、沐浴桑拿、照相、洗涤、娱乐、修理、代理等服务项目。不同的经营业务具有不同的业务流程和核算特点，相应的增值税税率也不同，如果能分别核算应尽可能分开确认处理。酒店餐饮经营业务内容归纳起来有以下几点。

1. 客房服务经营业务

客房服务是酒店的主要经营项目，其营业收入一般占酒店总收入的 50%以上。客房属于特殊商品,它以设备齐全的房间,伴以优良的劳动性服务,向宾客提供舒适安全的住宿条件,从而取得一定数额的房金收入。但又与其他商品不同,不能存储,没有租出的空房便是一种损失。所以,酒店都是千方百计地招揽宾客,尽可能地将空房间推销出去,努力提高入住率,以争取更大的经济效益。

2. 餐饮服务经营业务

餐饮服务经营业务是指从事加工烹制食品,即时供应给顾客食用的经营业务,比如酒店的餐厅、酒家的经营业务。有一定规模的酒店企业都有附属的餐饮部门和酒店住宿形成配套服务。

3. 其他综合服务性经营业务

酒店餐饮业一般以食宿为中心,但现代的酒店服务项目繁多,除了客房、餐饮之外,美容、沐浴、照相、洗染、娱乐、修理、旅游等多种服务业务日益增加,成为酒店扩大收入来源、增强市场竞争力的主要方式,发挥了现代酒店企业多功能的作用。

8.2　客房服务业务核算

8.2.1　客房服务业务概述

客房服务业务核算.mp4

1. 客房服务收入确认的原则

客房已经出租,无论房租收到与否,都作为已销售处理,确认相应的客房业务收入,也就是客房销售收入的入账确认时间以客房实际出租的时间为准。

由于客房的出租有旺季与淡季之分,因此客房的出租价格往往随着供求关系的变化而上下波动。客房的出租价格通常有标准房价、旺季价、淡季价、团队价、合同价、优惠价等多种,而客房实际出租的价格才是客房出租收入的入账价格。

酒店的收款方式有先收款后住店以及先住店、定期或离店时结算收款两种方式。无论采用哪种方式收款,旅客住店,首先在总台登记"旅客住宿登记表",第一联留存总台,第二联交服务员安排客房。

2. 客房服务业务流程

酒店的客房业务是由总台办理的。总台通常设在酒店的大堂内,负责办理客房的预订、接待、入住登记、查询、退房、结账及营业日记簿的登记等工作。酒店入住手续制度可根据酒店内部机构和人员配备情况自行设置,一般有以下几项。

(1) 宾客登记表。宾客登记表用于登记入住宾客的个人信息。其内容包括宾客的姓名、性别、国籍、护照号或者身份证号、人数等。

(2) 房间卡片。房间卡片由前台接待人员根据宾客登记表等资料填写和打印。第一份交由宾客持有;第二份插入房态控制系统;第三份交前台收银以设置顾客账单。现在的酒店管理系统中的房间卡片已采用电子形式。

(3) 客房账单。宾客的账单由前台收银员根据房间卡片等资料,按每一宾客设置。宾客账单每天按照宾客的消费项目和价款及时登记和结算。账单中除房金按照房价标准逐日登记外，其他各项服务费用根据各营业部门或者服务人员填开并经宾客签字确认的服务费用通知单进行登记。

(4) 服务业发票。宾客要求离店时，楼层服务人员应立即检查房间的各项设施和物品有无损坏或者短缺，并及时与前台联系。前台经办人员收回房间钥匙和房间卡片后，注销客房住宿记录，结算相关收入。然后办理结算账单，开具服务业发票，办理清账退款手续。

(5) 营业日报表等。酒店每日根据不同服务业务，根据消费项目编制营业日报表。营业日报表作为会计核算及各个服务项目之间互相对账、挂账的依据。会计人员根据营业日报表和相应的发票进行会计核算。

8.2.2 客房服务业务的会计处理规则

1. 先收款后住店结算方式的核算

采用预收账款收款方式，财会部门根据结账组报来的客房日报表及相关凭证，按照预收的房金金额，作会计分录如下：

借：库存现金(银行存款)

财务费用

贷：预收账款(应收账款)

按照客房营业日报表中客人每日应付房费和其他费用数确认主营业务收入，作会计分录如下：

借：预收账款(应收账款)

贷：主营业务收入

2. 先住店后收款结算方式的核算

采用这种收款方式，财会部门每日根据总服务台结账组编制的营业日报表，按实际应收的房款，作会计分录如下：

借：应收账款

贷：主营业务收入

在先住店后收款结算方式下，应收账款科目替代了原来的预收账款科目，该科目是资产类账户，用以核算企业销售商品、提供劳务等业务，应向消费者收取的款项。企业经营收入发生应收账款时，记入借方；企业收回应收账款以及发生坏账时，记入贷方；余额在借方，表示企业尚未收回款项的数额。

3. 提供服务的当时收取的房费

采用这种收款方式，财会部门根据总服务台结账组转来的客房营业日报表，按照实际收款数额，作会计分录如下：

借：库存现金(银行存款)

财务费用

贷：主营业务收入

8.2.3 实务处理

【例 8-1】 梅园大酒店采用先收款后住店的结算方式核算客房收入，登记相应的"营业日记簿"和"营业日报表"对旅客住店、离店进行记录，以此提高客房利用率。营业日记簿和营业日报表的格式如表 8.1 和表 8.2 所示。

表 8.1 营业日记簿

2023 年 5 月 7 日

| 房号 | 姓名 | 住店日期 | | 已住天数 | 本日营业收入 | | | | 预收房金 | | | | 备注 |
		月	日		房金	饮料	食品	合计	上日结存	本日应收	本日交付	本日结存	
101	马云	5	5	2	200	10		210	400	210	200	410	
102	周丽	5	6	1	200	15	15	230	600	230		370	
201	赵铭	5	5	2	150	10	10	170	300	170	−130	0	
202	王声	5	6	1	150		15	165	600	165		435	
…	…	…	…	…	…	…	…	…	…	…	…	…	…
合计					22 000	500	800	23 300	42 000	23 300	20 400	39 100	

出租客房间数：150 间　　　空置客房间数：8 间　　　记账：刘小名　　　审核：陈铎

表 8.2 营业日报表

2023 年 5 月 7 日

| 项　目 | 营业收入 | | | | 预收房金 | 备　注 |
	单人房	标准房	套　房	合　计		
房金	3 600	124 000	6 000	22 000	上日结存 42 000	
饮料	100	300	100	500	本日应收 23 300	
食品	100	550	150	800	本日交付 20 400	
其他					其中：现金 16 000	
					信用卡签购单 4 400	
合计	3 800	124 850	6 250	23 300	本日结存 39 100	
出租客房间数：150 间					长款：　　短款：	
空置客房间数：8 间						

收款人：朱云　　　　　　　交款人：罗军　　　　　　　制表：邓小会

"营业日记簿"中"本日营业收入合计"栏中的数额，应与"预收房金"中"本日应收"栏的数额相等；"上日结存"栏中的数额为旅店截至上日的结余预交款数额；"本日结存"="上日结存"+"本日交付"−"本日应收"。

总台应在每日业务终了时，将"营业日记簿"各栏加计"本日合计数"。将收进库存现金和房金收据的存根与"本日交付"栏内数额相核对，并编制"营业日报表"，连同库存现金送交会计部门入账。

根据"营业日报表"中各栏的数额以及信用卡签购单、计汇单回单和进账单回单,可知 2023 年 5 月 7 日总客房收入为 23 300 元,其中房金 2 2000 元,饮料金额 500 元,食品金额 800 元。收到宾客交付的款项总计 20 400 元,其中现金收款 16 000 元,信用卡签购 4400 元(信用卡结算手续费率为 3‰)。作会计分录如下:

```
借:预收账款——预收房金              23 300
    贷:主营业务收入——房金              22 000
                  ——饮料                 500
                  ——食品                 800
借:库存现金                          16 000
    贷:预收账款——预收房金              16 000
借:银行存款                        4 386.80
    财务费用                          13.20
    贷:预收账款——预收房金              4 400
```

"预收账款"是负债类账户,用以核算按规定向客户预收的款项。预收时,记入贷方;收入实现时,记入借方;余额在贷方,表示企业已经预收,而尚未为客户提供服务的款项。

【例 8-2】　梅园大酒店采用先住店后结算的方式核算客房收入,可采用相应的"营业日记簿",其格式如表 8.3 所示。

表 8.3　营业日记簿

2023 年 6 月 10 日

房号	姓名	住店日期		已住天数	本日营业收入				结欠房金				备注
		月	日		房金	饮料	食品	合计	上日结欠	本日应收	本日交付	本日结欠	
101	徐杰	6	7	3	180	50		230	370	230	200	400	
102	赵萍	6	8	2	180		20	200	180	200		380	
201	王阜	6	9	1	260			260		260		260	
202	孙芳	6	5	5	260	40		300	1025	300	1300	0	
…	…	…	…	…	…	…	…	…	…	…	…	…	
合计					45 000	1 000	400	46 400	51 000	46 400	53 200	51 000	

出租客房间数:160 间　　空置客房间数:12 间　　　记账:钱君　　　审核:陈小芳

表 8.3 与表 8.2 的不同之处在于:用"上日结欠"代替"上日结存","上日结欠"栏中数额为截至上日累计结欠房金的数额;用"本日结欠"代替"本日结存","本日结欠"="上日结欠"+"本日应收"-"本日交付"。当天总台根据"营业日记簿"填列"营业日报表"并与库存现金一并送交会计部门入账。

总台交来库存现金等有关结算单据,并给出"营业日报表",如表 8.4 所示。

表 8.4　营业日报表

2023 年 6 月 10 日

营业收入					预收房金	备　注
	单人房	标准房	套　房	合　计		
房金	5 400	22 500	17 100	45 000	上日结欠 51 000	
饮料	120	600	280	1 000	本日应收 46 400	
食品	70	250	80	400	本日交付 53 200	
其他					其中：现金 17 200	
					信用卡签购单 3 6000	
合计	5 590	23 350	17 460	46 400	本日结欠 51 000	
出租客房间数：160 间					长款：　　　短款：	
空置客房间数：12 间						

收款人：李兴　　　　　　　　交款人：王江　　　　　　制表：洪君

根据"营业日报表"中各项目中的数额和进账单回单，可知 2023 年 6 月 10 日总客房收入为 46 400 元，其中房金 45 000 元，饮料金额 1 000 元，食品金额 400 元。收到宾客交付的款项总计 53 200 元，其中现金收款 17 200 元，信用卡签购 36 000 元。作会计分录如下：

借：应收账款　　　　　　　　　　　　　　　46 400
　　贷：主营业务收入——房金　　　　　　　　　45 000
　　　　　　　　　　——饮料　　　　　　　　　1000
　　　　　　　　　　——食品　　　　　　　　　　400
借：库存现金　　　　　　　　　　　　　　　17 200
　　贷：应收账款　　　　　　　　　　　　　　17 200
借：银行存款　　　　　　　　　　　　　　　36 000
　　贷：应收账款　　　　　　　　　　　　　　36 000

"应收账款"是资产类账户，用以核算企业销售商品、提供劳务等业务，应向消费者收取的款项。企业经营收入发生应收款项时，记入借方；企业收回应收账款及发生坏账损失时，记入贷方；余额在借方，表示企业尚未收回的款项。

【例 8-3】　梅园大酒店客房部 2023 年 7 月 15 日代餐饮部收餐饮服务费 5 000 元，现金收款。作会计分录如下：

借：库存现金　　　　　　　　　　　　　　　5 000
　　贷：其他应收款　　　　　　　　　　　　　5 000

【例 8-4】　梅园大酒店客房部 2023 年 7 月电力和自来水消耗 50 000 元，用银行存款支付。作会计分录如下：

借：销售费用(主营业务成本)　　　　　　　　50 000
　　贷：银行存款　　　　　　　　　　　　　50 000

【例 8-5】　梅园大酒店客房部 2023 年 7 月一次性用品上月末盘存 5 210 元，保留在"原材料——客房"账户。本月先后从总库领用 38 985 元。月末盘存 15 486 元。

(1) 从总库领料。作会计分录如下：

借：原材料——客房　　　　　　　　　　　　38 985

　　贷：原材料——总库　　　　　　　　　　　　38 985

(2) 用倒挤法计算出实际耗用=5 210+38 985-15 486=28 709(元)。

作会计分录如下：

借：销售费用　　　　　　　　　　　　　　　28 709

　　贷：原材料——客房　　　　　　　　　　　　28 709

思政案例 8-1　住宿业税务处理.docx

如果一次性用品的数量和金额较小，也可按照存货项目中低值易耗品的五五摊销法和一次摊销法进行会计核算。

8.3　餐饮服务业务核算

8.3.1　餐饮服务业务概述

餐饮服务业务核算.mp4

酒店餐饮经营的特点是供膳时间短暂，埋单结算时间较为集中，所以对收银员的要求是业务熟练、头脑清醒、结算收款操作迅速准确，否则极易发生差错。点菜时，点菜单一式三联，第一联交收银员据以结算；第二联交厨房安排菜肴；第三联交传菜人员据以传菜。点菜单内容可根据实际需要设计。餐饮业务销售货款结算方式主要有以下几种。

1. 柜台统一售票

顾客在用餐前先到账台购买专用的定额小票或者购买固定品名的筹码，然后凭专用定额小票或筹码领取食品，也可由服务员根据小票的编号和顾客手中的副联票签对号后送至桌上。定额小票系一次性使用，筹码可循环使用，因此，要保证筹码回收和领用手续的完善。营业结束后，账台收款员要填制售货日报表，经服务员核对签章后，连同营业款一并交财会部门。

2. 服务员开票收款

先由顾客点菜，再开票、收款，然后由服务员负责账台结算，收款员在小票上签章后，一联由服务员送至厨房领菜，另一联留存。待营业结束后，服务员与收款员分别统计所收的金额，核对无误后，由服务员在收款员的"收款核对表"上签字证明。

3. 先就餐后结算

顾客入座点菜后，由服务员填写小票一式两联，顾客不立即付款。小票的第一联交厨房作为取菜凭证留存，顾客进餐后，服务员按小票算账，然后凭第二联向顾客收款。营业结束后，收款台、厨房、服务员分别结算销售额和发菜额，三方核对相符后共同在汇总表上签字证明。

4. 一手交钱一手交货

顾客直接以货币到柜台购买饮食制品。此法适用于经营品种简单且规格化的产品。这种方式手续简便，但必须进行数量登记，食品交服务员销售时，由产销双方登记数量，业务终了时，由服务员进行盘存核对。其计算公式如下：

$$销售数量=上班结存+本班生产或提货-班末结存$$
$$应收回的销售金额=销售数量×单价$$

应收回的销售金额应与实收金额进行对比，确定盈亏，据此编制产销核对表。

8.3.2　餐饮服务业务的会计处理规则

下面是各种结账方式下的账务处理。

(1) 客人要求结账或先结算方式，应立即算出应付款额，交于服务人员或者顾客核对并收款。针对直接收款方式，由收款员根据"收款核对表""收款登记表"等凭证，汇总编制"营业日报表"并与所收库存现金一并交财会部门。或由收款人自行填写库存现金解款单存至银行，凭银行解款单回单向财会部门报账。财务人员根据相关凭证作会计分录如下：

借：库存现金(银行存款)
　　财务费用
　　贷：主营业务收入

(2) 客人在餐厅消费挂账时，餐厅收银员应填写"客房挂账通知单"，请客人签字确认后交于客房前台，以便及时计入账单。财务部门按照餐厅营业日报表反映的客人挂单总金额列为内部往来。作会计分录如下：

借：其他应收款
　　贷：主营业务收入

(3) 餐饮部门承办宴席，首先添置订单，注明时间、人数和桌数，并附上菜单。订单一式两份，餐厅和顾客双方签字后各执一份。预订宴席一般要预先收取定金，以免顾客取消宴席时遭受不必要的损失。作会计分录如下：

借：库存现金(银行存款)
　　贷：预收账款

(4) 由于烟、酒、饮料差异较大，而且顾客的需求差异较大，有时在订餐时无法预订，而是在就餐时单点，这种情况下就需要按实际数量另行收费。

饮食制品的质量标准和经营要求复杂，在会计核算上也很难像工业企业那样，按照产品生产步骤和品种流程进行完整的成本计算，一般只能核算经营单位或经营种类耗用原材料的总成本，以及营业收入和各项费用支出。餐饮业务的成本于月末归集。

8.3.3　实务处理

【例8-6】梅园大酒店财务部依据营业部门报送的"营业日报表"等原始单据，上列明应收金额17 504元，实收库存现金17 502元，库存现金已解存银行，短缺库存现金2元，原因待查。

(1) 根据营业收入日报表，作会计分录如下：

借：库存现金　　　　　　　　　　　　　　　　　17 502
　　待处理财产损溢——待处理流动资产损溢　　　　　2

　　　　贷：主营业务收入　　　　　　　　　　　　　　　　　17 504

（2）根据解款单回单联，作会计分录如下：

　　　　借：银行存款　　　　　　　　　　　　　　　　　　　17 502

　　　　　　贷：库存现金　　　　　　　　　　　　　　　　　17 502

（3）今查明短缺 2 元，系工作中差错，经批准由收款员赔偿。作会计分录如下：

　　　　借：其他应收款　　　　　　　　　　　　　　　　　　　　2

　　　　　　贷：待处理财产损溢　　　　　　　　　　　　　　　　　2

【例 8-7】　梅园大酒店餐饮部接受客户预订宴席 10 桌，每桌 2 000 元，计 20 000 元。

（1）预收定金 2 000 元，收到转账支票，存入银行。作会计分录如下：

　　　　借：银行存款　　　　　　　　　　　　　　　　　　　2 000

　　　　　　贷：预收账款　　　　　　　　　　　　　　　　　2 000

（2）宴席结束，10 桌宴席价款 20 000 元，外加烟、酒、饮料 4 000 元，共计 24 000 元，扣除定金后，收到库存现金 22 000 元。作会计分录如下：

　　　　借：库存现金　　　　　　　　　　　　　　　　　　22 000

　　　　　　预收账款　　　　　　　　　　　　　　　　　　2 000

　　　　　　贷：主营业务收入——宴席收入　　　　　　　　20 000

　　　　　　　　　　　　　　　——烟酒饮料收入　　　　　　4 000

【例 8-8】　正保大酒店中餐厅"原材料"账户的月初余额为 7 800 元，本月购入材料总额为 159 000 元，月末根据盘存表计算仓库和厨房结存总额 9 000 元。采用实地盘存制计算耗用的原材料成本。

　　耗用材料成本=7 800+159 000-9 000=157 800(元)

　　根据计算结果，作会计分录如下：

　　　　借：主营业务成本　　　　　　　　　　　　　　　　157 800

　　　　　　贷：原材料　　　　　　　　　　　　　　　　　157 800

　　采用这种方法，虽然手续简便但平时材料出库无据可查，会将一些材料的丢失、浪费、贪污计入主营业务成本，因此不利于加强企业管理、降低成本和维护消费者利益。相比之下，采用"永续盘存制"计算产品成本，虽然手续烦琐，却因材料出库有据可查，对耗费材料的成本可比较准确地计算出来，从而有利于加强企业管理、降低产品成本。

【例 8-9】　梅园大酒店餐饮部 2023 年 7 月 15 日挂入客房部餐饮服务费 5 000 元。

　　　　借：其他应收款　　　　　　　　　　　　　　　　　5 000

　　　　　　贷：主营业务收入　　　　　　　　　　　　　　5 000

【例 8-10】　梅园大酒店餐饮部 2023 年 8 月 2 日发生以下业务：向庆丰粮店购进面粉和大米取得普通发票，列明大米 1 000 千克，单价 2.00 元，金额 2 000 元；面粉 500 千克，单价 1.50 元，金额 750 元，货款尚未支付。已验收入库，另以现金支付运费 25 元。作会计分录如下：

　　　　借：原材料　　　　　　　　　　　　　　　　　　　2 775

　　　　　　贷：应付账款　　　　　　　　　　　　　　　　2 750

　　　　　　　　库存现金　　　　　　　　　　　　　　　　　25

2019 年 8 月 2 日，正保大酒店厨房领用大米 150 千克，单价 2.00 元，金额 300 元。作会计分录如下：

借：主营业务成本——餐饮业务　　　　　　　　　　300
　　贷：原材料——原料及主要材料——粮食类　　　　　　300

【例 8-11】 梅园大酒店餐饮部购进海产品取得普通发票，列明河虾 20 千克，单价 25 元，金额 500 元；桂花鱼 15 千克，每千克 30 元，金额 450 元，均以现金支付；已由厨房直接领用。作会计分录如下：

借：原材料　　　　　　　　　　　　　　　　　　　950
　　贷：库存现金　　　　　　　　　　　　　　　　　　950
借：主营业务成本　　　　　　　　　　　　　　　　　950
　　贷：原材料　　　　　　　　　　　　　　　　　　950

8.4　其他综合服务性经营业务核算

美容健身经营
业务的核算.mp4

8.4.1　美容健身经营业务的核算

一般的酒店都有美容健身场所，为顾客提供美容健身等服务。美容健身业由于规模、等级和管理形式的不同，通常包括先服务后收款、先收款后服务或者客房挂账等收款方式。不论采用哪种收款方式，财会部门都根据营业部门交来的"营业日报表"入账。

【例 8-12】 梅园大酒店美容健身部向财务部交来库存现金和"营业日报表"，显示总收入为 20 000 元，其中客房挂账 5 000 元，现金收入 15 000 元。经审核无误后，作会计分录如下：

借：库存现金　　　　　　　　　　　　　　　　　15 000
　　其他应收款　　　　　　　　　　　　　　　　　5 000
　　贷：主营业务收入　　　　　　　　　　　　　　　20 000

【例 8-13】 梅园大酒店浴室桑拿部向财务部交来库存现金和"营业日报表"，显示总收入为 21 500 元，其中男宾部为 15 000 元，女宾部为 6 500 元。经审核无误后，作会计分录如下：

借：库存现金　　　　　　　　　　　　　　　　　21 500
　　贷：主营业务收入——男宾部　　　　　　　　　　15 000
　　　　　　　　　　　——女宾部　　　　　　　　　　6 500

8.4.2　娱乐经营业务的核算

娱乐经营业务
的核算.mp4

酒店的娱乐经营业务主要有酒吧、KTV 等娱乐场所，酒店的财务部门一般根据"营业日报表"和其他原始单据等进行当天营业收入的账务处理。

【例 8-14】 梅园大酒店财务部依据娱乐经营部报送的"营业日报表"等原始单据，列

明酒水食品收入 50 000 元，其中现金 20 000 元、信用卡签购单 25 000 元、客房挂账 5000 元。作会计分录如下：

借：库存现金   20 000

     银行存款   25 000

     其他应收款   5 000

    贷：主营业务收入   50 000

月底核算本月酒水成本为 475 000 元，计提给兼职歌手和演员费用 5 000 元，用现金支付上月费用 4 800 元。作会计分录如下：

借：主营业务成本   475 000

    贷：库存商品   475 000

借：销售费用   5 000

    贷：其他应付款   5 000

借：其他应付款   4 800

    贷：库存现金   4 800

思政案例 8-2 海南查处涉旅违法违规案件.docx

小　　结

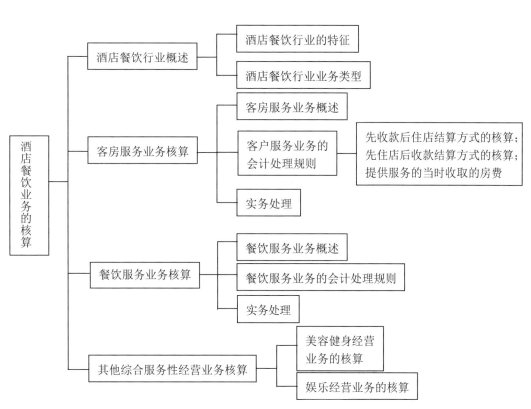

同 步 测 试

一、单项选择题

1. 客房销售收入的入账确认时间以( )为准。
   A. 预约住房
   B. 预交款时
   C. 客房实际出租
   D. 登记时

2. 客房( )才是客房出租收入的入账价格。
   A. 标准房价
   B. 旺季价
   C. 淡季价
   D. 实际出租的价格

3. 餐饮服务企业的营业成本不包括( )。
   A. 原材料
   B. 配料
   C. 调料
   D. 员工薪酬

4. 宾馆前台信用卡手续费方式记入( )科目。
   A. 银行存款
   B. 其他业务收入
   C. 财务费用
   D. 销售费用

5. 小型餐饮服务企业一般采用( )确定材料成本。
   A. 永续盘存制
   B. 实地盘存制
   C. 五五摊销
   D. 一次摊销

6. 不论采用哪种收款方式,财会部门根据营业部门交来的( )入账。
   A. 房间卡片
   B. 营业日报表
   C. 点菜单
   D. 宾客登记表

7. 酒店的娱乐经营业务计提给兼职歌手和演员费用记入( )科目。
   A. 制造费用
   B. 其他业务支出
   C. 财务费用
   D. 销售费用

8. 客房宾客在餐厅消费挂账时,餐厅收银员应填写"客房挂账通知单",记入( )科目。
   A. 预收账款
   B. 应收账款
   C. 其他应收款
   D. 其他应付款

二、多项选择题

1. 下列属于酒店餐饮行业特征的有( )。
   A. 采用多种形式经营
   B. 酒店餐饮业务性质较为综合
   C. 酒店餐饮企业收入的结算以货币资金为主要的结算方式
   D. 具有生产、销售和服务三种职能

2. 下列属于酒店餐饮行业业务类型的有( )。
   A. 客房服务经营业务
   B. 餐饮服务经营业务
   C. 购物
   D. 旅游

3. 下列属于酒店餐饮服务行业会计核算的原始凭证的有( )。
   A. 营业日报表
   B. 房间卡片
   C. 服务业发票
   D. 宾客登记表

4. 酒店的收款方式有( )收款两种。

A. 团购住店

B. 先住店、定期或离店时结算

C. 先收款后住店

D. 现金缴款

5. 餐饮业务销售货款结算方式主要有(　　)。

A. 柜台统一售票

B. 服务员开票收款

C. 先就餐后结算

D. 一手交钱一手交货

6. 以下客房与餐厅挂账的会计处理正确的有(　　)。

A. 借: 其他应收款
　　　贷: 主营业务收入

B. 借: 库存现金
　　　贷: 其他应收款

C. 借: 其他应收款
　　　贷: 其他业务收入

D. 借: 应行存款
　　　贷: 应付账款

项 目 实 训

【实训一】

(一)目的: 练习先收款后住店结算方式的会计处理。

(二)资料: 正保大酒店采用先收款后住店的核算方式, 收到总台交来库存现金等有关结算单据, 并给出"营业日报表"(信用卡结算手续费率为 3‰), 如表 8.5 所示。

表 8.5 营业日报表(先收款后住店)　　　　　　　　　　　　单位: 元

营业收入				预收房金	备　注
	单人房	标准房	套　房	合　计	
房金	3 600	12 400	6 000	22 000	上日结存 52 000	
饮料	72	184	44	300	本日应收 22 500	
食品	48	116	36	200	本日交付 20 400	
其他					其中: 现金 16 400	
					信用卡签购单 4 000	
合计	3 720	12 700	6 080	22 500	本日结存 49 900	
出租客房间数: 110 间					长款:	
空置客房间数: 6 间					短款:	

(三)要求: 根据以上资料编制会计分录。

【实训二】

(一)目的: 练习先住店后收款结算方式的会计处理。

(二)资料: 正保大酒店采用先住店后收款结算方式, 2023 年 6 月 10 日, 总台交来库存现金等有关结算单据, 并给出"营业日报表", 如表 8.6 所示。

表8.6　营业日报表(先住店后结算) 单位：元

	营业收入				预收房金	备　注
	单人房	标准房	套　房	合　计		
房金	5 400	22 500	7 200	35 100	上日结欠 86 440	
饮料	80	400	120	600	本日应收 36 100	
食品	70	250	80	400	本日交付 37 620	
其他					其中：现金 31 620	
					信用卡签购单 6 000	
合计	5 550	23 150	7 400	36 100	本日结欠 84 920	
出租客房间数：144 间					长款：	
空置客房间数：12 间					短款：	

(三)要求： 根据以上资料编制会计分录。

【实训三】

(一)目的： 练习餐饮服务业务的会计处理。

(二)资料： 正保大酒店财务部依据营业部门报送的"营业日报表"，列明应收金额 7 504 元，实收库存现金 7 502 元，库存现金已解存银行，短缺库存现金 2 元，原因系工作中差错，经批准由收款员赔偿(见表8.7)。

表8.7　餐饮服务营业日报表

项　目	应收金额/元	实收金额/元	溢款(+)缺款(−)	备　注
门市收入	6 360	6 360	0	由收款员赔偿
外卖收入	1 144	1 142	−2	
合计	7 504	7 502	−2	

(三)要求： 根据以上材料编制会计分录。

思考与练习

1. 什么是酒店餐饮行业？
2. 简述酒店餐饮行业的特征。
3. 如何进行先收款后住店结算方式的核算？
4. 如何进行先住店后收款结算方式的核算？
5. 如何进行提供服务的当时收取房费的核算？
6. 如何进行餐饮服务业务的会计处理？

项目 9

费用和税金的核算

【知识目标】

- 了解费用与税金的核算范围。
- 熟练掌握各种费用的会计处理方法。
- 熟练掌握各种税金的会计处理方法。
- 了解不同费用的列支和处理之间的区别。
- 了解不同税金之间处理方法的差异。

【技能目标】

- 能运用费用核算的规则进行会计实务处理。
- 能利用税法的规定和会计的处理规则对税金进行会计实务处理。

【素质目标】

- 培养学生树立"节约光荣，浪费可耻"的观念。
- 培养学生树立效益观念，强化成本意识。
- 培养学生树立"纳税光荣"意识，明确纳税是每个公民应尽的责任。

【思政目标】

- 培养学生静以修身、俭以养德的品质。
- 引导学生树立正确的人生观和价值观，讽刺拜金主义。
- 树立量入为出、精打细算的观念。
- 培养学生树立会计职业道德：坚持准则、不做假账、依法纳税。

【情境导入】

中国企业家节约开支的故事

72 岁的华为创始人任正非为人一直低调，很少在公开场合亮相，生活上也非常朴素。前段时间，有网友曝光出任正非食堂排队打饭的照片，照片中，任正非和华为普通员工一样，在华为食堂中排队吃饭，领到餐后，任正非又一个人端着盘子去吃饭。

作为一家知名企业老板，任正非的一举一动都备受瞩目，之前我们总以为这样著名的企业老板们会如谜一般，不食人间烟火，如今任正非排队打饭，无疑也满足了公众的好奇心和探知欲。作为知名企业老板，他并没有搞特权，高人一等，这不仅体现出对秩序的遵守，对文明的维护，更体现出一个人的素养。

早在 1996 年 3 月，为了和南斯拉夫洽谈合资项目，任正非率领一个十多人的团队入住贝尔格莱德的香格里拉。他们订了一间总统套房，每天房费约 2000 美元。不过，房间并非任正非独享，而是大家一起打地铺休息。

任正非一手创办了华为品牌，2022 年财报：实现全球销售收入 6,423 亿元人民币，净利润 356 亿元人民币。任正非没有因此奢靡，依然如此艰苦朴素，在这个浮躁的互联网社会令人敬仰！

(资料来源：https://www.sohu.com/a/123926798_379366)

根据材料，分析与讨论：
任正非的节俭生活方式对华为企业的长期发展有哪些积极影响？

【案例分析】

任正非的节俭行为对华为企业的影响主要体现在以下几个方面。

首先，任正非这种艰苦朴素、勤俭节约的生活习惯在华为内部成了一种精神示范，很大程度上影响了华为的企业价值观。这种示范作用使得华为员工在日常工作中也更加注重节约和效率，从而降低了企业的运营成本。

其次，任正非在基建和办公环境方面的投入策略也体现了他的节俭智慧。他认为，员工的利益不仅仅体现在工资上，改善办公环境也是一种重要的待遇。例如，华为的办公环境在国内企业中是绝无仅有的，其总部、研发中心和海外代表处的环境都是一流的标准。这种投入不仅提升了员工的工作满意度和效率，也对客户产生了良好的影响。任正非强调，确定性工作要厉行节约、精于细算，但该投入的地方要敢于投入，以确保办公环境的漂亮、舒适和实用。

此外，任正非的节俭行为还体现在他对二手办公用品的态度上。他曾转发内部论坛的一篇文章，批评华为在某些方面过于节俭，如办公用品更换周期过长，导致员工使用老旧的设备而影响工作。这表明他在节俭的同时，也注重设备的更新和维护，以确保员工的工作效率和舒适度。

9.1　费用的核算

9.1.1　费用概述

费用概述.mp4

费用是指企业在进行购进、销售、调拨和存储等商品流通过程中所耗费的物化劳动和活劳动的货币表现，以及为组织商品流通所必需的其他货币支出。

1. 属于费用的开支范围

(1) 支付给商业企业工作人员的工资、福利费、工资性的津贴和奖金。

(2) 支付给国民经济其他部门的劳务报酬，如运杂费、邮电费、广告费、手续费、水电费、修理费等。

(3) 商品在进、销、存过程中发生的自然损耗。

(4) 商业企业在业务经营过程中发生的各种物资损耗，如包装物、低值易耗品的摊销、固定资产的折旧等。

(5) 按现行制度规定所列入费用的支出，如房产税、车船税、印花税和土地使用税等。

(6) 企业在经营期间发生的利息净支出、汇兑净损失、支付给金融机构的手续费等。

(7) 商品流通过程中发生的各项管理费用及其他必要开支。

2. 不属于费用的开支范围

(1) 为购置和改造固定资产，购入无形资产和其他资产的支出。

(2) 对外投资的支出。

(3) 赞助和捐赠支出。

(4) 支付的赔偿金、违约金、罚款和滞纳金等。

(5) 被没收的财产物资，与商业企业经营无直接关系的各项支出。

3. 费用的分类

费用是商品流通领域内的必要劳动消耗。凡与组织商品流通活动有密切联系的人力、财力、物力的正常消耗都属于费用开支范围。费用分为营业成本和期间费用，其中期间费用包括销售费用、管理费用和财务费用三类。

1) 销售费用

销售费用是指商品流通企业在购进、销售商品和材料、提供劳务的过程中发生的各项费用，具体包括：①在购进商品过程中发生的运输费、装卸费、保险费、包装费及运输途中的合理损耗和入库前的挑选整理费用等进货费用；②在销售商品过程中发生的运输费、装卸费、保险费、包装费、展览费和广告费、商品维修费、预计产品质量保证损失等销售费用；③为销售本企业商品而专设的销售机构(含销售网点、售后服务网点等)的职工薪酬、业务费、折旧费等经营性费用；④与专设销售机构相关的固定资产修理费用等后续支出；⑤支付委托代销手续费。

2) 管理费用

管理费用是指商品流通企业为组织和管理生产经营所发生的管理费用，包括企业在筹建期间内发生的开办费、董事会和行政管理部门在企业的经营管理中发生的或者应由企业统一负担的公司经费(包括行政管理部门职工工资及福利费、物料消耗、低值易耗品摊销、办公费和差旅费等)、工会经费、董事会费(包括董事会成员津贴、会议费和差旅费等)、聘请中介机构费、咨询费(含顾问费)、诉讼费、业务招待费、房产税、车船税、土地使用税、印花税、技术转让费、矿产资源补偿费、研究费用、排污费等。

3) 财务费用

财务费用是指商品流通企业为筹集生产经营所需资金等而发生的筹资费用，包括利息支出(减利息收入)、汇兑损益及相关的手续费、企业发生的现金折扣或收到的现金折扣等。

9.1.2 销售费用的会计核算

销售费用的会计
核算.mp4

商品流通企业应设置"销售费用"科目核算企业发生的各项采购及销售费用。该科目的借方登记发生的销售费用；贷方登记期末转入"本年利润"科目的销售费用；"销售费用"结转"本年利润"后无余额。

商品流通企业发生各项采购及销售费用时，借记"销售费用"科目，贷记"库存现金""银行存款"等科目；期末，将归集的销售费用全部转入本年利润时，借记"本年利润"科目，贷记"销售费用"科目。

作会计分录如下：

(1) 发生并支付费用。

借：销售费用

  贷：库存现金

    银行存款

(2) 月末结转到"本年利润"科目。

借：本年利润

  贷：销售费用

【例 9-1】2023 年 12 月，和人商场发生的销售费用及会计分录如下：

(1) 开出转账支票，支付广告费等 25 000 元，增值税 6%。

借：销售费用——广告费   25 000

  应交税费——应交增值税(进项税额)   1 500

    贷：银行存款   26 500

(2) 结转本月专设销售机构职工工资及福利费 48 000 元。

借：销售费用——工资及福利费   48 000

    贷：应付职工薪酬   48 000

(3) 月末结转销售费用。

借：本年利润   73 000

    贷：销售费用   73 000

9.1.3　管理费用的会计核算

管理费用的会计
核算.mp4

商品流通企业应设置"管理费用"科目核算企业发生的各项管理费用。该科目的借方登记发生的管理费用；贷方登记期末转入"本年利润"科目的管理费用。"管理费用"结转"本年利润"后无余额。

商品流通企业发生各项管理费用时，借记"管理费用"科目，贷记"库存现金""银行存款""应付职工薪酬""累计折旧""应交税费""无形资产""长期待摊费用"等科目。期末，将管理费用全部转入"本年利润"时，借记"本年利润"科目，贷记"管理费用"科目。

作会计分录如下：

(1) 发生并支付费用。

借：管理费用——××

　　贷：库存现金

(2) 月末结转到"本年利润"科目。

借：本书利润——××

　　贷：管理费用

【例 9-2】　2023 年 12 月，和人商场发生的管理费用及会计分录如下：

(1) 按规定计提行政管理部门固定资产折旧费 6 000 元，结算行政管理部门人员工资 15 000 元。

借：管理费用——工资　　　　　　　　　15 000

　　　　　　　——折旧　　　　　　　　　6 000

　　贷：累计折旧　　　　　　　　　　　　　　　　6 000

　　　　应付职工薪酬　　　　　　　　　　　　　　15 000

(2) 开出支票，支付本月业务招待费，共计 16 000 元。

借：管理费用——业务招待费　　　　　　16 000

　　贷：银行存款　　　　　　　　　　　　　　　　16 000

(3) 期末结转管理费用。

借：本年利润　　　　　　　　　　　　　37 000

　　贷：管理费用　　　　　　　　　　　　　　　　37 000

9.1.4　财务费用的会计核算

财务费用的会计
核算.mp4

商品流通企业应设置"财务费用"科目核算企业发生的手续费、利息支出(减收入)、汇兑损失等各项财务费用。该科目的借方登记发生的财务费用；贷方登记期末转入"本年利润"科目的财务费用；"财务费用"结转"本年利润"后无余额。

商品流通企业发生各项财务费用时，借记"财务费用"科目，贷记"银行存款""应付利息""未确认融资费用""应付债券"等科目；商品流通企业发生利息收入、汇兑收益、现金折扣时,借记"银行存款""应付账款"等科目,贷记"财务费用"科目。期末,将本期发生的财务费用转入"本年利润"时,借记"本年利润"科目,贷记"财务费用"科目。

作会计分录如下:

(1) 支付利息、手续费等。

借:财务费用
  贷:银行存款
    应付利息

(2) 月末结转到"本年利润"科目。

借:本年利润
  贷:财务费用

【例 9-3】 2023 年 12 月,和人商场发生的财务费用及会计分录如下:

(1) 用银行存款支付短期借款利息支出 24 000 元。

借:财务费用——利息   24 000
  贷:银行存款   24 000

(2) 用银行存款支付银行手续费 2 600 元。

借:财务费用——手续费   2 600
  贷:银行存款   2 600

(3) 银行通知该企业第四季度银行存款利息收入为 600 元。

借:银行存款   600
  贷:财务费用   600

(4) 月末结转财务费用。

借:本年利润   26 000
  贷:财务费用   26 000

应收、应付账款附有现金折扣的,应按照扣除现金折扣前的应收、应付款总额入账。因在折扣期限内提供或获得的现金折扣会计处理为增加或冲减财务费用,不列入往来款项。

【例 9-4】 和人商场于 2023 年 6 月 18 日购入一批家电产品并已验收入库。增值税专用发票上列明,该批家电的价款为 2 000 000 元,增值税为 340 000 元。按照购货协议的规定,和人商场如在 15 天内付清货款,将获得 1%的现金折扣(假定计算现金折扣时需要考虑增值税)。

作会计分录如下:

借:库存商品   2 000 000
  应交税费——应交增值税(进项税额) 340 000
  贷:应付账款——某公司   2 340 000

如果和人商场于 2023 年 6 月 28 日,按照扣除现金折扣后的金额,用银行存款付清了所欠货款。作会计分录如下:

借:应付账款——某公司   2 340 000
  贷:银行存款   2 320 000
    财务费用   20 000

9.1.5　综合费用的会计核算

1. 进货费用的核算

综合费用的会计核算.mp4

进货费用是指商品流通企业在采购商品过程中发生的运输费、装卸费、保险费及其他采购商品的费用。

1) 直接计入当期的期间费用统一核算(常用方法)

设置"销售费用"科目，商品流通企业在采购商品时发生运输费、装卸费、保险费及其他采购费用，可以在发生时将进货费用直接计入当期损益即"销售费用——运杂费"科目。

采购时发生运杂费等的会计分录如下：

借：销售费用——运杂费

　　贷：银行存款(应付账款)

2) 进货采购费用先归集后分摊

采用设置"库存商品——结存费用"科目，进货采购费用先进行归集，期末根据所购商品的存销情况进行分摊。对于已售商品的进货费用，计入当期损益；对于未售商品的进货费用，计入期末存货成本。

进货费用可按以下公式计算分摊：

进货费用结存额=期初结存进货费用+本期进货费用

进货费用分摊率=进货费用结存额÷(期初库存商品额+本期商品购进额)

期末库存商品应摊进货费用=期末库存商品余额×进货费用分摊率

期末库存商品应摊进货费用额经计算后，其账务处理方法有两种：①将结存费用留在"销售费用"科目内，编制资产负债表时，将其并入库存商品项目；②设置"库存商品——结存费用"专户，月末将结存费用由"销售费用"科目转入该专户，借记"库存商品——结存费用"，贷记"销售费用"科目，次月初再由此专户转回"销售费用"科目，作相反会计分录。

【例 9-5】　某商品流通企业经营铁矿石的运杂费按存销比例进行分摊，月初运杂费结存为 2 040 元，该月铁矿石进货运杂费为 20 120 元。月初铁矿石库存商品余额为 55.4 万元，全月铁矿石进货额为 102.6 万元，铁矿石期末余额为 55.3 万元。该企业设置"库存商品——结存费用"专户核算。

本期运杂费合计：2 040+20 120=22 160(元)

本期运杂费分摊率=22 160÷(554 000+1 026 000)=0.014

期末库存商品应摊运杂费=553 000×0.014=7 742(元)

本期销售商品应摊运杂费=22 160−7 742=14 418(元)

根据计算结果，作会计分录如下：

(1) 将本期已销铁矿石应负担的运杂费结转"本年利润"科目。

借：本年利润　　　　　　　　　　　　　14 418

　　贷：销售费用——运杂费　　　　　　　　　14 418

(2) 将本期结存铁矿石应保留的运杂费转入"库存商品——结存费用"专户。

借：库存商品——结存费用　　　　　　　　7 742

　　贷：销售费用——运杂费　　　　　　　　　　7 742

2. 借款费用的核算

借款费用是指企业因借款而发生的利息及相关成本，包括借款利息、折价或者溢价的摊销、辅助费用以及因外币借款而发生的汇兑差额等。

商品流通企业发生借款费用可以采取以下两种处理方法。

(1) 借款费用于发生时直接确认为当期费用，即借款费用计入财务费用，如例 9-3。

(2) 借款费用资本化(长期借款)。借款费用资本化是指借款费用在企业的财务报表中作为购置、建造某些资产的一部分历史成本，即在资产负债表日，按摊余成本和实际利率计算确定的利息费用，借记"在建工程"等科目，贷记"长期借款""应付债券"等科目。

3. 职工薪酬的核算

1) 工资的核算

工资是指企业使用职工的知识、技能、时间和精力而给予的一种补偿。它是企业对职工的一种负债。工资的核算包括工资的结算和工资的分配两个方面内容。

工资的结算，即正确计算和发放职工工资。商品流通企业与职工的工资结算内容有：应付职工工资的计算、代扣款项的计算及实发金额的计算和发放。每月应付职工工资额往往不等于实发金额，这是因为在职工的工资结算中，会计部门还要为有关部门代扣一些款项，如职工保险等。会计部门根据应付职工薪酬及各项代扣款项，计算出每人的实发工资，编制工资结算凭证进行工资结算的核算。

商品流通企业应设置"应付职工薪酬"科目核算工资结算及分配情况。该科目的贷方登记企业分配的工资费用；借方登记实际发放的工资及代扣款项；该科目期末一般无余额。

为了进行工资结算的核算，需要编制工资结算凭证作为核算的原始依据。工资结算凭证主要有"工资结算单"或"工资结算——卡片"和工资结算汇总表等。

【例 9-6】 某企业 2023 年 5 月工资结算汇总如表 9.1 所示。

表 9.1　工资结算汇总表　　　　　　　　　单位：元

部　门	应付职工薪酬	代扣项目			实发工资
		房　租	水　电	小　计	
销售人员	150 850	2 380	1 470	3 850	147 000
设备安装人员	14 200	100	150	250	13 950
管理人员	34 480	480	300	780	33 700
其他业务部门	3 840	100	40	140	3 700
合计	203 370	3 060	1 960	5 020	198 350

根据表 9.1 编制以下会计分录：

(1) 开出支票从银行提取现金，准备发放工资。

借：库存现金　　　　　　　　　　　　　198 350

贷：银行存款　　　　　　　　　　　　　198 350

(2) 用现金支付工资。

　　借：应付职工薪酬　　　　　　　　　　　　　198 350

　　　　　贷：库存现金　　　　　　　　　　　　　198 350

(3) 结转各种代扣款项。

　　借：应付职工薪酬　　　　　　　　　　　　　　5 020

　　　　　贷：其他应付款——房管局　　　　　　　　3 060

　　　　　　　　　　　——公用事业部门　　　　　　1 960

(4) 开出支票支付代扣款项。

　　借：其他应付款——房管局　　　　　　　　　　3 060

　　　　　　　　　——公用事业部门　　　　　　　1 960

　　　　　贷：银行存款　　　　　　　　　　　　　　5 020

(5) 分配工资。

　　借：销售费用　　　　　　　　　　　　　　　150 850

　　　　管理费用　　　　　　　　　　　　　　　34 480

　　　　在建工程　　　　　　　　　　　　　　　14 200

　　　　其他业务成本　　　　　　　　　　　　　3 840

　　　　　贷：应付职工薪酬　　　　　　　　　　　203 370

2) 应付社会保险费及住房公积金的核算

【例9-7】　承接表9.1，该企业按职工工资总额10%、18%、2%、12%计提医疗保险费、养老保险费、失业保险费和住房公积金，缴纳给当地社保机构和住房公积金管理机构。

应付各种社会保险费=203 370×(10%+18%+2%)= 61 011(元)

应付住房公积金=203 370×12%=24 404.4(元)

作会计分录如下：

　　借：销售费用　　　　　　　　　　　　　　　63 357

　　　　在建工程　　　　　　　　　　　　　　　5 964

　　　　管理费用　　　　　　　　　　　　　　　14 481.6

　　　　其他业务成本　　　　　　　　　　　　　1 612.8

　　　　　贷：应付职工薪酬——社会保险费　　　　61 011

　　　　　　　　　　　——住房公积金　　　　　　24 404.4

3) 其他应付职工薪酬的核算

　　其他应付职工薪酬是指工会经费、职工教育经费、解除职工劳动关系补偿等。商品流通企业支付工会经费、职工教育经费用于工会运作和职工培训费时，借记"应付职工薪酬"科目，贷记"银行存款""库存现金"科目。

4) 非货币性福利的核算

　　非货币性福利是指企业以自产产品或外购商品发放给职工作为福利，将自己拥有的资产无偿提供给职工使用，为职工无偿提供医疗保健服务等。商品流通企业的非货币性福利应按照以下原则处理：①以外购商品作为非货币性福利提供给职工的，应当按照该商品的公允价值确定应付职工薪酬金额。②无偿向职工提供住房等资产使用的，应当根据受益对象，将住房每期应计提的折旧计入相关资产成本或费用。租赁住房等资产供职工无偿使用的，应当根据受益对象，将每期应付的租金计入相关资产成本或费用，并确认应付职工薪酬金额。③提供给职工整体使用的资产应计提的折旧、应付的租金，应当根据受益对象分期计入相关资产成本或费用，难以认定受益对象的，直接计入管理费用。

【例 9-8】 奔腾爱特为一家电脑销售商品流通企业，有职工 150 名，其中销售人员 120 名，总部管理人员 30 名。2023 年 10 月，企业决定以其电脑作为福利发放给职工。该电脑单位成本为 10 000 元，单位计税价格(公允价值)14 000 元，适用的增值税税率为 13%。

(1) 决定发放非货币性福利。作会计分录如下：

借：销售费用　　　[120×14 000×(1+13%)]　　　1 898 400
　　管理费用　　　[30×14 000×(1+13%)]　　　474 600
　　　贷：应付职工薪酬　　　　　　　　　　　　　　2 373 000

(2) 实际发放非货币性福利。作会计分录如下：

借：应付职工薪酬　　　　　　　　　　　　　2 373 000
　　贷：主营业务收入　　　　　　　　　　　　　2 100 000
　　　　应交税费——应交增值税(销项税额)　　　　273 000

同时结转成本：

借：主营业务成本　　　　　　　　　　　　　1 500 000
　　贷：库存商品　　　　　　　　　　　　　　1 500 000

【例 9-9】 某商品流通企业为所属各部门经理级别以上职工每人提供一辆轿车供其免费使用，同时为副总裁以上高级管理人员每人租赁一套住房。该企业总部共有部门经理以上职工 40 名，副总裁以上高级管理人员 10 名。假定每辆轿车每月计提折旧 2 000 元，每套住房月租金为 16 000 元。

(1) 确认应付职工薪酬。

每月应确认的应付职工薪酬=40×2000+10×16000=240 000(元)

作会计分录如下：

借：管理费用　　　　　　　　　　　　　240 000
　　贷：应付职工薪酬——非货币性福利　　　　240 000

借：应付职工薪酬——非货币性福利　　　80 000
　　贷：累计折旧　　　　　　　　　　　　　80 000

(2) 每月支付住房租金。作会计分录如下：

借：应付职工薪酬——非货币性福利　　　160 000
　　贷：银行存款　　　　　　　　　　　　　160 000

需要说明的是，在以外购商品发放给职工作为福利的情况下，商品流通企业在进行账务处理时，应当先通过"应付职工薪酬"科目归集当期应计入成本费用的非货币性薪酬金额，以确定完整准确的企业人工成本金额。

思政案例 9-1
降本增效的故事.docx

9.2　税金的核算

9.2.1　税金概述

税金概述.mp4

1. 税金的概念

税金是国家根据税法规定的税率向企业和个人征收各种税款和教育费附加。国家财政收入的主要来源是企业和个人上缴的各种税金，企业缴纳的税金也形成企业的一项重要支出。商品流通企业依照税法规定及时足额缴纳各种税金，对于加强企业经济核算、保证国家财政收入、促进国民经济发展有着重要的作用。

2. 税金的税种

根据我国现行税法的规定，商品流通企业缴纳的税费主要有：增值税、城市维护建设税、土地使用税、车船税、印花税、教育费附加、企业所得税等。

3. 科目设置

商品流通企业应设置"应交税费""税金及附加"科目核算税金支出及其交纳情况。

"税金及附加"是损益类科目，反映商品流通企业应由销售商品负担的税金，包括消费税、城市维护建设税、出口关税和教育费附加、房产税、土地使用税、车船税、印花税等。该科目的借方登记计算应交纳的各种税金及附加，贷方登记期末结转至"本年利润"科目的金额，结转后该科目无余额。

"应交税费"科目核算商品流通企业应交税费的形成及其交纳情况。该科目贷方登记应交纳的各种税金，借方登记实际交纳的税金。期末余额在贷方，表示企业尚未交纳的税金；期末余额在借方，表示多交或尚未抵扣的税金。其明细账应按应交税金的种类设置。印花税不通过应交税费核算，直接通过银行存款缴纳。

9.2.2　"应交税费——应交增值税"的核算

"应交税费——应交增值税"的核算.mp4

增值税是在中华人民共和国境内销售货物或提供加工、修理修配劳务、销售服务、无形资产、不动产以及进口货物的单位和个人取得的增值额为课税对象征收的一种税。

国务院于 2023 年 4 月 1 日起正式实施了最新的增值税税收政策，条例规定的增值税税率如下。

(1) 纳税人销售货物、劳务、有形动产租赁服务或者进口货物，除下列另有规定外，税率为 13%。

(2) 纳税人销售交通运输、邮政、基础电信、建筑、不动产租赁服务，销售不动产，转让土地使用权，销售或者进口下列货物，税率为 9%：①粮食等农产品、食用植物油、食用盐；②自来水、暖气、冷气、热水、煤气、石油液化气、天然气、二甲醚、沼气、居民用煤炭制品；③图书、报纸、杂志、音像制品、电子出版物；④饲料、化肥、农药、农机、农膜；⑤国务院规定的其他货物。

(3) 纳税人销售服务、无形资产，除另有规定外，税率为6%。

(4) 纳税人出口货物，税率为零；但是，国务院另有规定的除外。

(5) 境内单位和个人跨境销售国务院规定范围内的服务、无形资产，税率为零。

对增值税一般纳税人的核算则比较特殊，一般涉及四个二级科目：应交增值税、未交增值税、增值税检查调整、增值税留抵税额；同时，在"应交增值税"下面还设置10个专栏进行三级明细核算。

1. 商业批发企业

对商品流通企业在采购商品过程中发生的运输费、装卸费等，明确规定计入存货采购成本。企业采购商品的进货费用金额较小的，可以在发生时直接计入当期损益(销售费用)。

【例9-10】 某百货批发公司(增值税一般纳税人)购进商品一批，全部款项12 390元，其中增值税专用发票上注明的价款为10 000元，税额为1 300元，对方代垫运费1 090元，取得承运部门开具的增值税专用发票一张，价税款项合计及代垫运费已由银行划拨。

采购货物并验收入库时。作会计分录如下：

借：库存商品　　　　　　　　　　　　　　　11 000
　　应交税费——应交增值税(进项税额)　　　　1 390
　　　贷：银行存款　　　　　　　　　　　　　　　　12 390

若外购商品发生合理损耗，应计入存货成本。

若发现有1 100元(含运费成本)的货物因管理不善损毁，根据损毁商品报告单，作会计分录如下：

借：待处理财产损溢　　　　　　　　　　　　1 239
　　贷：库存商品　　　　　　　　　　　　　　　1 100
　　　　应交税费——应交增值税(进项税额转出)　　139

商业批发企业销售商品增值税的账务处理如下。

(1) 一般销售商品业务增值税的账务处理。作会计分录如下：

借：银行存款等
　　贷：主营(其他)业务收入
　　　　应交税费——应交增值税(销项税额)

(2) 视同销售行为增值税的账务处理(委托代销商品)。

纳税义务发生时间为收到代销单位转来代销清单或收到全部或部分货款的当天；未收到代销清单及货款的，为发出代销商品满180日的当天。

【例9-11】 某百货商场委托某代销店代销洗衣机20台，双方合同约定，每台洗衣机不含税价1 000元，每销售1台，商场付给代销店手续费50元。本月末，商场收到代销店转来的代销清单1张，销售了10台，并收到收取手续费的结算发票1张，注明手续费金额500元。百货商场应根据结算清单向代销店开具增值税专用发票，并结转收入。代销商品的实际成本为800元/台。

(1) 根据委托方的账务处理，作会计分录如下：

① 发出代销商品。

借：发出商品(或委托代销商品)　　　　　　　16 000
　　贷：库存商品　　　　　　　　　　　　　　　　　16 000

② 收到代销清单。

借：应收账款——××代销店　　　　　　　　11 300
　　贷：主营业务收入　　　　　　　　　　　　　　　10 000
　　　　应交税费——应交增值税(销项税额)　　　　　 1 300

同时结转成本：

借：主营业务成本　　　　　　　　　　　　　 8 000
　　贷：发出商品(或委托代销商品)　　　　　　　　　 8 000

③ 收到手续费结算发票：

借：销售费用　　　　　　　　　　　　　　　　 500
　　贷：应收账款——××代销店　　　　　　　　　　　 500

④ 收到代销店货款：

借：银行存款　　　　　　　　　　　　　　　10 800
　　贷：应收账款——××代销店　　　　　　　　　　　10 800

(2) 根据受托方的账务处理，作会计分录如下：

① 收到代销商品：

借：受托代销商品　　　　　　　　　　　　　20 000
　　贷：受托代销商品款　　　　　　　　　　　　　　　20 000

② 售出代销商品：

借：银行存款　　　　　　　　　　　　　　　11 300
　　贷：应付账款——××百货商场　　　　　　　　　　10 000
　　　　应交税费——应交增值税(销项税额)　　　　　 1 300

③ 结转应收手续费收入：

借：应付账款——××百货商场　　　　　　　　 500
　　贷：其他业务收入　　　　　　　　　　　　　　　　 500

④ 收到百货商场开具的增值税专用发票并支付剩余货款：

借：应付账款——××百货商场　　　　　　　 9 500
　　应交税费——应交增值税(进项税额)　　　 1 300
　　贷：银行存款　　　　　　　　　　　　　　　　　10 800

2. 商业零售企业

库存商品的核算采用"售价记账，实物负责"制。

1) 一般购进商品业务的账务处理

采购时，作会计分录如下：

借：在途物资(不含税进价)
　　应交税费——应交增值税(进项税额)
　　贷：银行存款等

商品入库时，作会计分录如下：

借：库存商品(含税售价)

贷：在途物资(不含税进价)

商品进销差价(含税的进销差价)

商品进销差价包括：不含税的进价与不含税的售价之间的差额；向消费者(或购买者)收取的增值税额。

【例9-12】 某百货商场(增值税一般纳税人)，本月购入某产品100件，每件成本3 000元，取得的增值税专用发票上注明增值税39 000元。该产品实际零售价为每件4 200元。

购入时，作会计分录如下：

借：在途物资 300 000

应交税费——应交增值税(进项税额) 39 000

贷：银行存款 339 000

验收入库时，作会计分录如下：

借：库存商品 420 000

贷：在途物资 300 000

商品进销差价 120 000

2) 进货退回的账务处理

发生进货退回时，应按商品含税零售价冲减"库存商品"科目，相应调整"商品进销差价"科目。同时还应将收回的已付进项税额予以冲销。

【例9-13】 某零售商业企业(增值税一般纳税人)本月上旬购进A种商品2 000件(已取得增值税专用发票)，每件进价50元，增值税额6.50元，含税售价63.28元。甲营业柜组拆包上柜时发现有200件商品在质量上有严重缺陷，经与供货单位协商，同意退货。如数退回该商品后，收回价款存入银行。作会计分录如下：

借：银行存款 11 300

商品进销差价 2 656 [(63.28-50)×200]

应交税费——应交增值税(进项税额) 1 300(红字)

贷：库存商品——甲营业柜组 12 656 [63.28×200]

3) 商业零售企业销售商品增值税的账务处理

零售企业销售商品时，作会计分录如下：

借：银行存款

贷：主营业务收入(含增值税售价)

同时结转成本，作会计分录如下：

借：主营业务成本(金额与收入相同)

贷：库存商品

计算出销项税额，将商品销售收入调整为不含税收入。作会计分录如下：

借：主营业务收入

贷：应交税费——应交增值税(销项税额)

月末，按含税的商品进销差价率计算已销商品应分摊的进销差价，根据计算出来的已销商品应分摊的进销差价，调整商品销售成本。作会计分录如下：

借：商品进销差价

　　贷：主营业务成本

【例 9-14】 某零售商店采用售价金额核算，2023 年 9 月 5 日购进 B 商品一批，进价 10 000 元，支付的进项税额为 1 300 元(已取得增值税专用发票)，款项通过银行转账，该批商品的含税售价为 14 000 元；9 月 20 日，该批商品全部售出并收到货款，增值税税率为 17%，假设 9 月份无期初同类商品的存货。

(1) 购进商品支付款项时，作会计分录如下：

借：在途物资　　　　　　　　　　　　　　　　　10 000

　　应交税费——应交增值税(进项税额)　　　　　1 300

　　　　贷：银行存款　　　　　　　　　　　　　　　　11 300

(2) 商品验收入库时，作会计分录如下：

借：库存商品　　　　　　　　　　　　　　　　　14 000

　　贷：在途物资　　　　　　　　　　　　　　　　10 000

　　　　商品进销差价　　　　　　　　　　　　　　4 000

(3) 商品售出收到销货款。作会计分录如下：

借：银行存款　　　　　　　　　　　　　　　　　14 000

　　贷：主营业务收入　　　　　　　　　　　　　　14 000

同时结转成本：

借：主营业务成本　　　　　　　　　　　　　　　14 000

　　贷：库存商品　　　　　　　　　　　　　　　　14 000

(4) 月末终了，计算不含税销售额和销项税额。作会计分录如下：

不含税销售额=14 000÷(1+13%)=12 389.38(元)

销项税额=12 389.38×13%=1 610.62(元)

借：主营业务收入　　　　　　　　　　　　　　　1 610.62

　　贷：应交税费——应交增值税(销项税额)　　　1 610.62

(5) 月末结转商品进销差价。作会计分录如下：

借：商品进销差价　　　　　　　　　　　　　　　4 000

　　贷：主营业务成本　　　　　　　　　　　　　　4 000

根据公式商品进销差价率= (期初库存商品进销差价金额+本期购入库存商品进销差价金额)÷(期初库存商品售价+本期购入库存商品售价)×100%，本期销售商品应分摊的商品进销差价=本期商品销售收入×商品进销差价率，上例中商品进销差价率=(0+4 000)÷(0+14 000)×100%=28.57%，本期销售商品应分摊的商品进销差价=14 000×28.57%=4 000(元)。

9.2.3 "应交税费——应交消费税"的核算

我国现行《消费税暂行条例》规定，消费税实行单环节征收，只在生产环节和进口环节征收。商品流通企业中只有经营"金银首饰零售"的企业征收此税种，其他批发零售商品不征收。

"应交税费——
应交消费税"的
核算.mp4

消费税税率：金银首饰、铂金首饰和钻石及钻石饰品的税率为 5%；其他贵重首饰和珠宝玉石的税率为 10%。

应纳消费税额的计算公式为：

$$应纳消费税额=含税销售额×税率(5\%或 10\%)$$

1. 一般销售的会计处理

(1) 计提时：

借：税金及附加

    贷：应交税费——应交消费税

(2) 上交时：

借：应交税费——应交消费税

    贷：银行存款

【例 9-15】 上海老凤祥珠宝股份有限公司某金银首饰零售商场，2023 年 11 月金银首饰零售收入 100 万元，增值税税率为 13%，消费税税率为 5%，货款已交存银行，税款于次月 6 日交纳。

(1) 确认收入。作会计分录如下：

借：银行存款 1 130 000

    贷：主营业务收入 1 000 000

        应交税费——应交增值税(销项税额) 130 000

(2) 计提消费税。

应交消费税额=含税销售额×税率=100×5%=5(万元)

作会计分录如下：

借：税金及附加 50 000

    贷：应交税费——应交消费税 50 000

(3) 上缴消费税。作会计分录如下：

借：应交税费——应交消费税 50 000

    贷：银行存款 50 000

2. 以旧换新销售业务的核算

按实际收到的不含税价计算增值税、消费税，作会计分录如下：

借：库存商品等(旧首饰作价)

    库存现金(补价)

    贷：主营业务收入

        应交税费——应交增值税(销项税额)

借：税金及附加

    贷：应交税费——应交消费税

【例 9-16】 某珠宝行(增值税一般纳税人)以旧换新销售金项链一条，售价 15 000 元(含税)，旧项链作价 2 000 元，实际收到价款 13 000 元。消费税税率 5%。作会计分录如下：

借：库存商品 2 000

库存现金　　　　　　　　　　　　　　　　　13 000
　　贷：主营业务收入　　　　　　　　　　　　　　　13 274.34
　　　　应交税费——应交增值税(销项税额)　　　　　1 725.66
　借：税金及附加　　　　　　　　　　　　　　　　　555.56
　　贷：应交税费——应交消费税　　　　　　　　　　555.56

9.2.4　"应交税费——应交城市维护建设税(教育费附加)"的核算

　　城市维护建设税的计税依据是纳税人实际缴纳的"三税"税额，不包括非税款项。城市维护建设税税率按纳税单位的所在地不同实行地区差别比例税率，市区的税率为 7%，县镇的税率为 5%，其他地区的税率 1%。教育费附加税率为 3%。城市维护建设税的应纳税额的计算公式如下：

*"应交税费——应交
城市维护建设税(教育
费附加)"的核算.mp4*

　　应交税额=(实际缴纳的增值税+实际缴纳的消费税)×适用税率
　　(1) 计提时，作会计分录如下：
　借：税金及附加
　　贷：应交税费——城市维护建设税(教育费附加)
　　(2) 上缴时，作会计分录如下：
　借：应交税费——城市维护建设税(教育费附加)
　　贷：银行存款
　【例 9-17】和人商场 2023 年 9 月购进商品进项税额 350 000 元，销项税额 950 000 元，增值税税率 13%，城市维护建设税税率 7%，未发生应交的消费税。
　　应交增值税=(950 000-350 000)×13%=78 000(元)
　　应交城市维护建设税=78 000×7%=5 460(元)
　　(1) 计提时，作会计分录如下：
　借：税金及附加　　　　　　　　　　　　　　　　　5 460
　　贷：应交税费——应交城市维护建设税　　　　　　5 460
　　(2) 上缴时，作会计分录如下：
　借：应交税费——应交城市维护建设税　　　　　　　5 460
　　贷：银行存款　　　　　　　　　　　　　　　　　5 460

9.2.5　"应交税费——应交房产税(土地使用税、车船税)"的核算

1. 房产税

　　房产税是以房产为征税对象，依据房产价格或房产租金收入向房产所有人或经营人征收的一种税。房产税的纳税义务人是房屋的产权所有人，包括产权所有人、经营管理单位、承典人、房产代管人或者使用人。房产税的计税依据是房产的计税价值或房产的租金收入。房产税的税率

*"应交税费——应交
房产税(土地使用税、
车船税)"的核算.mp4*

有两种，从价计征的，即按房产原值一次减除 10%～30%的余值计征的，税率为 1.2%；从租计征，以房产租金收入为计税依据，税率为 12%。

2. 城镇土地使用税

城镇土地使用税(以下简称"土地使用税")是以城镇土地为征税对象，对拥有土地使用权的单位和个人征收的一种税。城镇土地使用税的纳税人，是指承担缴纳城镇土地使用税义务的所有单位和个人。以纳税人实际占用的土地面积为计税依据，土地面积计量标准是"平方米"。城镇土地使用税采用地区幅度定额税率，即采用有幅度的差别税额，按大、中、小城市和县城、建制镇、工矿区分别规定每平方米土地使用税年应交税额。具体标准为：大城市 1.5～30 元；中等城市 1.2～24 元；小城市 0.9～18 元；县城、建制镇、工矿区 0.6～12 元。

3. 车船税

车船税是对在我国境内拥有并使用车船的单位和个人，按照车船种类、数量、吨位等实行定额征收的一个税种。车船税对拥有但不使用的车船不征税。车船税根据不同类型的车船及其适用的计税标准分别计算应交税额。

$$应交税额=征税对象×比例税率(单位税额)$$

企业按规定计算应缴的房产税、土地使用税、车船税时，作会计分录如下：

借：管理费用

　　贷：应交税费——应交房产税、应交土地使用税、应交车船税

上缴时，作会计分录如下：

借：应交税费——应交房产税、应交土地使用税、应交车船税

　　贷：银行存款

印花税也通过管理费用科目核算，但是不通过应交税费科目核算。作会计分录如下：

借：管理费用

　　贷：银行存款

【例 9-18】 某商品流通企业有机动客车 10 辆，净吨位为 20 吨的机动载货汽车 5 辆，机动三轮摩托车 1 辆。该企业所在地的省人民政府规定，客车每辆全年税额 90 元，货车每吨全年税额 50 元，三轮摩托车每辆全年税额 35 元。

(1) 按规定计算车船税。

应交税额=(10×90)+(5×20×50)+35=5 935(元)

作会计分录如下：

借：管理费用——车船税　　　　　　　　　　5 935

　　贷：应交税费——应交车船税　　　　　　　　　　5 935

(2) 上缴车船税。作会计分录如下：

借：应交税费——应交车船税　　　　　　　　5 935

　　贷：银行存款　　　　　　　　　　　　　　　　　5 935

【例 9-19】 福台商品流通企业 2023 年 2 月与供应商订立商品购销合同两件，所载金额为 300 万元，税率为 0.03%；与银行订立借款合同一份，所载金额为 100 万元，税率为

0.005%。税款以银行存款付讫。则：

订立购销合同应纳税额=3 000 000×0.03%=900(元)

订立借款合同应纳税额=1 000 000×0.005%=50(元)

作会计分录如下：

借：管理费用——印花税   950

  贷：银行存款   950

9.2.6 "应交税费——应交所得税"的核算

"应交税费——
应交所得税"
的核算.mp4

1. 所得税的计算和缴纳

所得税是对从事工商业经营的经济单位和个人，就其利润所得征收的一种税。

计算公式如下：

应交所得税额=应交税所得额×所得税率

应交税所得额=利润总额-弥补以前年度亏损±调整项目

商业企业的所得税实行按年计征、分期预交、年终汇算清缴、多退少补的办法。

预交所得税时，作会计分录如下：

借：应交税费——应交所得税

  贷：银行存款

年终计算出全年应交所得税时，年终汇算清缴，多退少补，作会计分录如下：

借：所得税费用

  贷：应交税费——应交所得税

补交时，作会计分录如下：

借：应交税费——应交所得税

  贷：银行存款

退回多交税款时，作相反分录。

【例9-20】 利华公司本年利润为290 500元，最近5年没有弥补亏损事项，也没有扣减调整项目，所得税税率为25%，每季度预交所得税16 000元，四个季度共预缴64 000元。

(1) 预缴时，作会计分录如下：

借：应交税费——应交所得税   23 000

  贷：银行存款   23 000

(2) 年终清缴时，作会计分录如下：

借：所得税费用(290 500×25%)   72 625

  贷：应交税费——应交所得税   72 625

(3) 补缴时，作会计分录如下：

借：应交税费——应交所得税(72 625-64 000) 8 625

  贷：银行存款   8 625

2. 清算所得税

会计利润总额与计税所得额之间的差额通常有两种情况。第一种是永久性差异,是由于会计收益和应税收益的收入和支出确认范围的不同而形成的。即税前会计利润与纳税所得额之间的差异永久存在,今后不会消除是一种绝对性差异。例如,企业的各种罚款、滞纳金及公益救助性质以外的捐赠支出等,在会计上都是按营业外支出处理的,是在会计利润总额中扣除,但在计税利润中却不能扣除,两者出现永久性差额。第二种是暂时性差异,即企业的某些收入和支出,虽然在计算会计收益和应税收益时,计算口径是一致的,但由于两者确认的时间不同,故不产生差异。例如,企业的某些固定资产,税法上规定按照直线法每年提取折旧,但因企业自身情况,会计上采用了加速折旧法,每年提取折旧的差额就是时间性差异,所以其差异会在以后一段时间内予以冲回。

(1) 永久性差异在会计核算上一般采用应付税款法,即将本期税前会计利润与纳税所得之间的差异造成的影响纳税的金额直接计入当期损益,而不递延计入以后各期。

【例 9-21】 某公司在年终决算时,账面利润为 600 000 元,本年度已交罚款 5 000 元,滞纳金 6 000 元,作为营业外支出入账。税务机关按规定剔除这两项开支,核算计税所得额为 611 000 元,所得税税率为 25%,应交所得税计 152 750 元。作会计分录如下:

借:所得税费用   152 750
 贷:应交税费——应交所得税   152 750

(2) 暂时性差异在会计核算上采用资产负债表债务法,即将本期税前会计利润与纳税所得之间的时间性差异造成的影响纳税的金额递延和分配到以后各期。

【例 9-22】 某公司税前会计利润为 500 万元,有某项设备原值 40 万元,按税法规定使用期为 10 年,如不考虑残值因素,每年摊销折旧费 $4 \times (40 \div 10)$ 万元;自己选定使用年限为 8 年,每年摊销折旧费 $5 \times (40 \div 8)$ 万元,暂时性差异为每年 $1 \times (5-4)$ 万元,所得税税率为 25%,根据会计所得额计算,应交所得税为 $125 \times (500 \times 25\%)$ 万元;根据纳税所得额计算,应交所得税为 $125.25 \times [(500+1) \times 25\%]$ 万元,暂时性差异影响本期纳税金额 0.25 万元。作会计分录如下:

借:所得税费用   125
  递延所得税资产   0.25
 贷:应交税费——应交所得税   125.25

专业案例 9-1 应纳税
所得额和所得税计算
案例分析.docx

小　　结

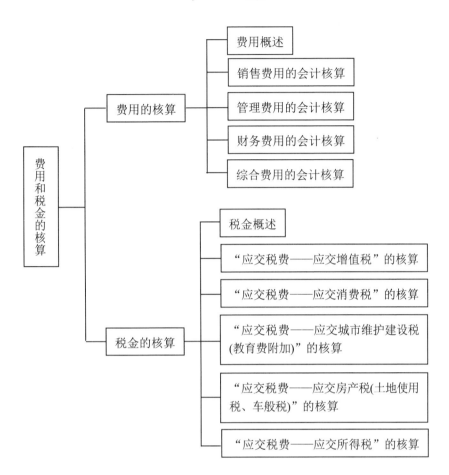

同 步 测 试

一、单项选择题

1. 某市商贸公司实际上交增值税 5 万元，则其缴纳的城市维护建设税为(　　)元。

   A. 500　　　　　　B. 2 500　　　　　C. 3 000　　　　　D. 3 500

2. 某商品流通企业为修理一固定资产支付 2 000 元，则 2 000 元应借记(　　)科目。

   A. 固定资产　　　B. 在建工程　　　C. 管理费用　　　D. 销售费用

3. 增值税税率为 11%的是(　　)。

   A. 销售货物　　　　　　　　　B. 金融保险

   C. 有形动产租赁服务　　　　　D. 销售交通运输

4. 以下税种属于附加税性质的是(　　)。

   A. 城建税　　　B. 消费税　　　C. 印花税　　　D. 增值税

5. 企业在经营活动中发生的下列税费,不应在"税金及附加"科目中核算的是(　　)。

    A. 房产税　　　　B. 土地使用税　　C. 增值税　　　　D. 车船税

6. 林某为 C 公司经理,个人所得税由公司代扣代缴,12 月份税款为 260 元,公司代扣税款时应作会计分录如下(　　)。

    A. 借:管理费用 260,贷:应付职工薪酬 260

    B. 借:营业外支出 260,贷:应交税费——应交个人所得税 260

    C. 借:所得税 260,贷:应交税费——应交个人所得税 260

    D. 借:应付职工薪酬 260,贷:应交税费——应交个人所得税 260

7. 下列属于价外税的是(　　)。

    A. 城建税　　　　B. 消费税　　　　C. 印花税　　　　D. 增值税

二、多项选择题

1. 以下税种通过"应交税费"核算的有(　　)。

    A. 印花税　　　　B. 房产税　　　　C. 增值税　　　　D. 土地使用税

2. 以下税种通过税金及附加核算的有(　　)。

    A. 房产税　　　　B. 消费税　　　　C. 增值税　　　　D. 土地使用税

3. 以下计入财务费用的有(　　)。

    A. 利息支出　　　B. 汇兑损失　　　C. 手续费　　　　D. 滞纳金

4. 以下项目中不能作为费用开支核算的有(　　)收款两种。

    A. 固定资产折旧　　　　　　　　　B. 捐赠支出

    C. 支付的罚款和滞纳金　　　　　　D. 非正常损失

5. (　　)一般通过"应交税费"科目核算。

    A. 增值税　　　　　　　　　　　　B. 代扣代缴的个人所得税

    C. 房产税　　　　　　　　　　　　D. 耕地占用税

项 目 实 训

【实训一】

(一)目的: 练习费用的会计处理。

(二)资料:

某商品流通企业计算出 10 月份应发给商业职工的工资总额 28 000 元(其中经营人员工资 22 000 元,管理人员工资 6 000 元),医务、福利机构职工的工资总额 2600 元,另外,为房管部门代扣商业职工中经营人员的本月房租 3 500 元,扣回职工王文明的欠款 360 元,代扣住房公积金 2 576 元,养老保险金 2 940 元,医疗保险金 728 元,失业保险金 364 元,计算实发工资额,并提现发工资,以及结算代扣的房租款项。

(三)要求: 根据以上资料编制以下会计分录。

(1) 计算实发工资额,向银行提取现金。

(2) 发放工资及处理代扣款项。

(3) 月份终了将本月应发的工资进行分配。

【实训二】

(一)目的: 练习增值税的会计处理。

(二)资料:

某零售商店采用售价金额核算,2023 年 9 月 5 日购进甲商品一批,进价 20 000 元,支付的进项税额为 2 600 元(已取得增值税专用发票),款项通过银行转账,该批商品的含税售价为 30 000 元;9 月 20 日,该批商品全部售出并收到货款,增值税税率为 13%,假设 9 月份无期初同类商品的存货。

(三)要求: 根据以上资料编制以下会计分录。

(1) 购进商品支付款项。

(2) 商品验收入库。

(3) 商品售出收到销货款。

(4) 月末终了,计算不含税销售额和销项税额。

(5) 月末结转商品进销差价。

【实训三】

(一)目的: 练习所得税的会计处理。

(二)资料: 某公司 2023 年利润总额为 1 000 000 元,该公司适用的所得税税率为 25%。递延所得税资产及递延所得税负债没有期初余额。与所得税核算有关的情况如下。

(1) 2019 年 12 月对某存货计提了 100 000 元存货跌价准备。

(2) 违反环保规定应支付罚款 200 000 万元。

(三)要求: 根据以上资料编制会计分录。

思考与练习

1. 什么是费用? 商品流通企业的费用开支范围包括哪些? 哪些支出不能列作费用?

2. 什么是销售费用、管理费用、财务费用? 它们各包括哪些内容?

3. 费用的列支方式有哪些? 怎样进行账务处理?

4. 什么是税金? 商品流通企业应缴纳哪几种税金?

5. 各种税金如何进行核算和会计处理?

项目 10

财务报告的编制

【知识目标】

- 理解财务报告的含义以及报表分类；明确企业编制财务报告的目标。
- 理解资产负债表的内容、结构；掌握资产负债表的编制方法。
- 理解利润表的内容、结构；掌握利润表的编制方法。
- 理解现金流量表的内容、结构；掌握现金流量表的编制方法。
- 了解所有者权益变动表的结构；熟悉所有者权益变动表的编制。
- 了解报表附注的概念；熟悉报表附注披露的主要内容。

【技能目标】

- 能熟练运用会计报表的编制方法，编制资产负债表、利润表、现金流量表。
- 能利用会计报表的列报规则，阅读所有者权益变动表和会计报表附注内容。

【素质目标】

- 培养学生确保会计信息真实可靠的会计职业道德。
- 培养学生严谨细致的个人素质，能够不出错误和疏忽地完成财务报告编制任务。

【思政目标】

- 培养学生奉公守法、保守商业秘密的职业道德。
- 培养学生树立会计职业道德：操守为重、坚持准则、不做假账、廉洁自律、提高技能、客观公正、依法合规。

【情境导入】

金融危机下的雷曼兄弟破产案

雷曼兄弟公司创立于1850年，经过一个半世纪的经营，以其雄厚的财务实力奠定了在所从事业务领域的领导地位，并且是全球最具实力的股票和债券承销和交易商之一。

雷曼兄弟公司作为一家顶级的投资银行，起初只注重于传统的投资银行业务，如兼并收购顾问、证券发行承销等。20世纪90年代以后，它开始拓展金融衍生品、固定收益产品等业务，取得了巨大的成功，曾被称为"债券之王"。

2000年后，雷曼兄弟公司又开始涉足房地产和信贷这些非传统的业务。在利益的诱惑下，雷曼公司加快了扩张速度，接着又经营商业地产债券和住宅抵押债券。然而，这一切的辉煌战绩都在2008年彻底结束了。

2008年9月15日，这是一个具有历史意义的日子。这一天清晨，还没有到上班时间，雷曼大厦门前就人潮涌动。只见有些人西装笔挺，有些人却身着休闲服。不过，有一点是一样的，他们手中都拿着空背包和行李箱。每一个人的面色都很凝重，纷纷进入各自的办公室，将个人的物品整理打包。

当人们提着箱子走出公司大门时，钉在黑色墙面上的金属招牌依然闪闪发光——"LEHMAN BROTHERS"(雷曼兄弟)。有些人临走前还在雷曼董事长迪克•福尔德(Dick Fuld)的肖像上签字"留念"。记者已经在门前等候，一看到从雷曼兄弟公司打包出来的人，他们就蜂拥而上。有些员工再也无法抑制内心的失望和愤怒，开始怒斥记者。也有的员工对记者说："这是我一生当中最难过的事情。"

的确，面对6130亿美元的负债和一夜之间轰然倒塌的雷曼兄弟公司，2万多名员工除了离去，别无选择。在严重的次贷危机面前，在苦苦寻找买家却始终没有结果的情况下，公司董事会不得不做出申请破产保护的决定。至此有着158年悠久历史、在美国抵押贷款债券业连续40年独占鳌头的第四大投资银行——雷曼兄弟正式宣布申请破产保护。

(资料来源：武永梅.世界500强财务总监管理日志[M].天津：天津科学技术出版社，2017.)

根据材料，分析与讨论：

拥有158年历史的雷曼兄弟公司陷入严重的财务危机，不得不宣布申请破产保护。为什么如此显赫的雷曼兄弟公司会一夜之间轰然倒塌呢？

【案例分析】

雷曼兄弟破产原因主要有三点：首先是高杠杆经营且资本少，其作为投资银行，自有资本匮乏，资本充足率低，依赖大量借贷维持运营，这是华尔街投行的惯常做法，但雷曼兄弟计提减值少，对资产风险预估严重不足，危机时股东权益无法承受垃圾资产贬值冲击；其次是不良资产持有过多，大量房产抵押债券属第三级资产，评级高、利率低、缺乏流通市场，难定合理价值，持有者只能依靠近似产品或特有模型估算损益，且受多种因素干扰，导致资产难以准确评估；最后是业务高度集中且财务机制不健全，CDO、CDS等与房地产高度相关的衍生金融工具业务集中，无法分散风险，而美国次贷危机虽为导火索，根本上还是自身财务管理机制漏洞致使破产，这也为金融行业敲响了警钟。

(资料来源：https://mp.weixin.qq.com/s/mbDrBhAqIMlUW83wPvjbNQ)

10.1　财务报告概述

财务报告概述.mp4

10.1.1　财务报告的含义和目标

1. 财务报告的含义

财务报告又称财务会计报告，是指单位会计部门根据经过审核的会计账簿记录和有关资料，编制并对外提供的反映单位某一特定日期财务状况和某一会计期间经营成果、现金流量及所有者权益等会计信息的总结性书面文件。

财务报告由财务报表、报表附注和财务情况说明书组成。财务报表是对企业财务状况、经营成果和现金流量的结构性表述。一套完整的财务报表至少应当包括资产负债表、利润表、现金流量表、所有者权益(或股东权益，下同)变动表以及附注。

企业必须按照国家统一的会计制度规定定期编制财务报告。

2. 财务报告目标

2006 年 2 月 15 日，中国财政部颁布了经过修订的新准则《企业会计准则——基本准则》，其中首次明确提出了我国财务报告的目标是向财务报告使用者提供与企业财务状况、经营成果和现金流量等有关的会计信息，反映企业管理层受托责任履行情况，有助于财务会计报告使用者做出经济决策。

财务报告使用者包括投资者、债权人、政府及其有关部门、社会公众等。

10.1.2　财务报表的分类和列报的基本要求

1. 财务报表的分类

财务报表可以按照不同的标准进行分类。

(1) 按照财务报表反映的资金运动状态，可将其分为静态报表和动态报表。

静态报表是指反映企业资金运动处于某一相对静止状态情况的会计报表，如反映企业某一特定日期资产、负债和所有者权益的资产负债表。

动态报表是指反映企业资金运动状况的会计报表，如反映企业一定期间的经营成果情况的损益表、反映企业一定会计期间内营运资金来源和运用及其增减变化情况的现金流量表等。

(2) 按报表所提供会计信息的重要性，可以分为主表和附表。

主表即主要财务报表，是指所提供的会计信息比较全面、完整，能基本满足各种信息需要者不同需要的财务报表。现行的主表主要有三张，即资产负债表、利润表和现金流量表。

附表即从属报表，是指对主表中不能或难以详细反映的一些重要信息所做的补充说明的报表。现行的附表主要有：①利润分配表和分部报表，是利润表的附表；②应交增值税明细表和资产减值准备明细表,是资产负债表的附表。主表与有关附表之间存在着钩稽关系,主表反映企业的主要财务状况、经营成果和现金流量,附表则对主表作进一步补充说明。

(3) 按编制和报送的时间分类,可分为中期财务报表和年度财务报表。

广义的中期财务报表包括月份、季度、半年期财务报表。狭义的中期财务报表仅指半年期财务报表。

年度财务报表是全面反映企业整个会计年度的经营成果、现金流量情况及年末财务状况的财务报表。企业每年年底必须编制并报送年度财务报表。

(4) 按编报单位不同,可分为基层财务报表和汇总财务报表。

基层财务报表是由独立核算的基层单位编制的财务报表,是用以反映本单位财务状况和经营成果的报表。

汇总财务报表是指上级主管部门将本身的财务报表与其所属单位报送的基层报表汇总编制而成的财务报表。

(5) 按编报的会计主体不同,可分为个别报表和合并报表。

个别报表是指在由母公司和子公司组成的具有控股关系的企业集团中,母公司和子公司以各自为主体分别单独编制的报表,用以分别反映母公司和子公司各自的财务状况和经营成果。

合并报表是将母公司和子公司组成的企业集团作为一会计主体,以母公司和子公司单独编制的个别报表为基础,由母公司编制的综合反映企业集团经营成果、财务状况及资金变动情况的财务报表。

(6) 按服务对象,可分为对外报表和内部报表。

对外报表是企业必须定期编制、定期向上级主管部门、投资者、财税部门等报送或按规定向社会公布的财务报表。这是一种主要的、定期规范化的财务报表。它要求有统一的报表格式、指标体系和编制时间等,资产负债表、利润表和现金流量表等均属于对外报表。

内部报表是企业根据内部经营管理的需要编制的,供其内部管理人员使用的财务报表。它不要求统一格式,没有统一指标体系,如成本报表就属于内部报表。

2. 财务报表列报的基本要求

列报是指交易和事项在报表中的列示和在附注中的披露。在财务报表的列报中,"列示"通常反映资产负债表、利润表、现金流量表和所有者权益变动表等报表中的信息,"披露"通常反映附注中的信息。《企业会计准则第 30 号——财务报表列报》规范了财务报表的列报。

财务报表列报应遵循以下基本要求。

1) 遵循各项会计准则进行确认和计量

企业应当根据实际发生的交易和事项,遵循各项具体会计准则的规定进行确认和计量,在此基础上编制财务报表。如果由于某种原因没有遵循准则的要求,应在附注中加以说明。

2) 列报基础

企业以持续经营为基础编制财务报表。

注意区分列报基础和记账基础。企业的记账基础为权责发生制,列报基础是持续经营。

如果一个企业不能持续经营，那么应按照破产清算的思路处理，此时要用清算时的价值来代替以历史成本为主的计量属性的选择。

3) 项目列报

(1) 性质或功能不同的项目，应当在财务报表中单独列报，但是不具有重要性的项目可以合并列报。性质或功能不同的项目，对财务报表使用者的含义是不同的。

(2) 性质或功能类似的项目，一般可以合并列报，但是具有一定重要性的类别，应当在财务报表中单独列报。比如，库存现金、银行存款、其他货币资金合并作为货币资金列报；原材料、在途商品、库存商品的性质类似，合并作为存货项目列报；但是存货与固定资产项目不能合并列报。

(3) 项目单独列报的原则不仅适用于报表，也适用于附注。

(4) 企业会计准则规定单独列报的项目，企业都应当予以单独列报。

重要性是判断项目是否单独列报的重要标准。重要性应当根据企业所处环境，从项目的性质和金额大小两个方面予以判断。

4) 列报的一致性

财务报表项目的列报应当在各个会计期间保持一致，不得随意变更，但下列情况除外。

(1) 会计准则要求改变财务报表项目的列报。

(2) 企业经营业务的性质发生重大变化后，变更财务报表项目的列报能够提供更可靠、更相关的会计信息。

5) 财务报表项目金额间的相互抵消

财务报表项目应当以总额列报，资产和负债、收入和费用不得相互抵销，但会计准则另有规定的除外。下列两种情况不属于抵销，可以净额列示。

(1) 非日常活动产生的损益，以收入扣减费用后的净额列示，不属于抵销。比如，固定资产清理净损益，不需要将清理收入、发生的清理费用等单独列报。

(2) 资产项目按扣除减值准备后的净额列示，不属于抵销。

6) 比较信息的列报

把提供两期或两期以上的报表信息称为比较报表。我国的报表是比较报表，即至少提供两期的数据。比如，资产负债表有年初余额和期末余额，利润表、现金流量表、所有者权益变动表都有本年数和上年数，这就是比较报表。

企业在列报当期财务报表时，至少应当提供所有列报项目上一可比会计期间的比较数据，以及与理解当期财务报表相关的说明。

7) 财务报表表首的列报要求

企业编制的财务报表应当在表首部分概括说明下列基本信息。

(1) 编报企业的名称。

(2) 资产负债表日或财务报表涵盖的会计期间。

(3) 货币名称和金额单位。

(4) 财务报表是合并财务报表的应当予以标明。

8) 报告期间

企业至少应当按年编制财务报表。根据《中华人民共和国会计法》的规定，会计年度自公历 1 月 1 日起至 12 月 31 日止。因此，年度财务报表涵盖期间短于 1 年的，应当披露年度财务报表的涵盖期间,以及短于 1 年的原因,并应提示报表读者注意此财务报表项目与比较数据可能不具备可比性。

10.2 资产负债表

10.2.1 资产负债表概述

资产负债表.mp4

资产负债表是指反映企业在某一特定日期的财务状况的报表。资产负债表主要反映资产、负债和所有者权益三个方面的内容,并满足"资产=负债+所有者权益"平衡式。

企业的资产负债表采用账户式结构(见表 10.1)。账户式资产负债表分左右两方,左方为资产项目,大体按资产的流动性大小排列,流动性大的资产,如"货币资金""交易性金融资产"等排在前面,流动性小的资产,如"长期股权投资""固定资产"等排在后面。右方为负债及所有者权益项目,一般按要求清偿时间的先后顺序排列:"短期借款""应付票据""应付账款"等需要在 1 年以内,或长于 1 年但在一个正常营业周期内偿还的流动负债排在前面,"长期借款"等在 1 年以上才需要偿还的非流动负债排在中间,在企业清算之前不需要偿还的所有者权益项目排在后面。

表 10.1 资产负债表　　　　　　　　　　　会企 01 表

编制单位:　　　　　　　　　年　　月　　日　　　　　　　单位:元

资　产	期末余额	年初余额	负债和所有者权益	期末余额	年初余额
流动资产:			流动负债:		
货币资金			短期借款		
交易性金融资产			交易性金融负债		
应收票据			应付票据		
应收账款			应付账款		
预付账款			预收账款		
应收利息			应付职工薪酬		
应收股利			应交税费		
其他应收款			应付利息		
存货			应付股利		
一年内到期的非流动资产			其他应付款		
其他流动资产			一年内到期的非流动负债		
流动资产合计			其他流动负债		
非流动资产:			流动负债合计		
可供出售金融资产			非流动负债:		
持有至到期投资			长期借款		

续表

资　产	期末余额	年初余额	负债和所有者权益	期末余额	年初余额
长期应收款			应付债券		
长期股权投资			长期应付款		
投资性房地产			专项应付款		
固定资产			预计负债		
在建工程			递延所得税负债		
工程物资			其他非流动负债		
固定资产清理			非流动负债合计		
生产性生物资产			负债合计		
油气资产			所有者权益(或股东权益):		
无形资产			实收资本(或股本)		
开发支出			资本公积		
商誉			减：库存股		
长期待摊费用			盈余公积		
递延所得税资产			未分配利润		
其他非流动资产			所有者权益		
非流动资产合计			(或股东权益)合计		
资产总计			负债和所有者权益总计		

账户式资产负债表中的资产各项目的合计值等于负债和所有者权益各项目的合计值，即资产负债表左方和右方平衡。因此，通过账户式资产负债表，可以反映资产、负债、所有者权益之间的内在联系，即"资产=负债+所有者权益"。

10.2.2　资产负债表的编制

资产负债表各项目均需要填列"年初余额"和"期末余额"两栏。其中"年初余额"栏内各项数字，应根据上年末资产负债表的"期末余额"栏内所列数字填列。

"期末余额"栏主要有以下几种填列方法。

1. 根据总账科目余额填列

如"交易性金融资产""短期借款""应付票据""应付职工薪酬"等项目，根据"交易性金融资产""短期借款""应付票据""应付职工薪酬"各总账科目的余额直接填列；有些项目则需要根据几个总账科目的期末余额计算填列，如"货币资金"项目，需根据"库存现金""银行存款""其他货币资金"三个总账科目期末余额的合计数填列。

【例 10-1】甲商品流通企业 2023 年 12 月 31 日应付管理人员工资 300 000 元，应计提福利费 42 000 元，应付销售人员工资 57 000 元，无其他应付职工薪酬项目。

企业 2023 年 12 月 31 日资产负债表中"应付职工薪酬"项目金额为：

$$300\ 000+42\ 000+57\ 000=399\ 000(元)$$

本例中，管理人员工资、销售人员工资和福利费都属于职工薪酬的范围，应当以各种应付未付职工薪酬加总后的金额，即"应付职工薪酬"总账科目余额填列在资产负债表中。

【例10-2】甲商品流通企业2023年12月31日结账后的"库存现金"科目余额为10 000元，"银行存款"科目余额为4 000 000元，"其他货币资金"科目余额为1 000 000元。

该企业2023年12月31日资产负债表中的"货币资金"项目金额为：

$$10\ 000+4\ 000\ 000+1\ 000\ 000=5\ 010\ 000(元)$$

本例中，企业应当按照"库存现金""银行存款""其他货币资金"三个总账科目余额加总后的金额，作为资产负债表中"货币资金"项目的金额。

2. 根据明细科目余额计算填列

如"应付账款"项目，需要根据"应付账款"和"预付账款"两个科目所属的相关明细科目的期末贷方余额计算填列；"应收账款"项目，需要根据"应收账款"和"预收账款"两个科目所属的相关明细科目的期末借方余额计算填列。

【例10-3】甲商品流通企业2023年12月31日结账后有关科目所属明细科目借贷方余额如表10.2所示。

表10.2　明细科目借贷方余额

单位：元

科目名称	明细科目借方余额合计	明细科目贷方余额合计
应收账款	1 600 000	100 000
预付账款	800 000	60 000
应付账款	400 000	1 800 000
预收账款	600 000	1 400 000

该企业2023年12月31日资产负债表中相关项目的金额为：

(1)"应收账款"项目金额为：1 600 000+600 000=2 200 000(元)

(2)"预付账款"项目金额为：800 000+400 000=1 200 000(元)

(3)"应付账款"项目金额为：60 000+1 800 000=1 860 000(元)

(4)"预收账款"项目金额为：1 400 000+100 000=1 500 000(元)

本例中，应收账款项目，应当根据"应收账款"科目所属明细科目借方余额1 600 000元和"预收账款"科目所属明细科目借方余额600 000元加总，将其作为资产负债表中"应收账款"的项目金额，即2 200 000元。

预付账款项目，应当根据"预付账款"科目所属明细科目借方余额800 000元和"应付账款"科目所属明细科目借方余额400 000元加总，将其作为资产负债表中"预付账款"的项目金额，即1 200 000元。

应付账款项目，应当根据"应付账款"科目所属明细科目贷方余额1 800 000元和"预付账款"科目所属明细科目贷方余额60 000元加总，将其作为资产负债表中"应付账款"的项目金额，即1 860 000元。

预收款项项目，应当根据"预收账款"科目所属明细科目贷方余额1 400 000元和"应

收账款"科目所属明细科目贷方余额 100 000 元加总,将其作为资产负债表中"预收账款"的项目金额,即 1 500 000 元。

【例 10-4】 甲商品流通企业 2023 年 12 月 1 日购入商品一批,价款 150 000 元,增值税 25 500 元,款项已付,商品已验收入库,当年根据实现的产品销售收入计算的增值税销项税额为 50 000 元。该月转让一项专利,需要缴纳营业税 50 000 元,尚未支付,没有其他未支付的税费。

该企业 2023 年 12 月 31 日资产负债表中"应交税费"项目金额为:
$$50\ 000-25\ 500+50\ 000=74\ 500(元)$$

本例中,只有未付增值税和简易计征增值税两项:由于本期应交增值税为销项税额减进项税额,即 24 500(50 000-25 500)元,加上未缴纳简易计征增值税 50 000 元,作为资产负债表中"应交税费"的项目金额,即 74 500 元。

3. 根据总账科目和明细科目余额分析计算填列

如"长期借款"项目,需要根据"长期借款"总账科目余额扣除"长期借款"科目所属的明细科目中将在一年内到期,且企业不能自主地将清偿义务延期的长期借款后的金额计算填列。

【例 10-5】 甲商品流通企业长期借款情况如表 10.3 所示。

表 10.3 甲商品流通企业长期借款情况

借款起始日期	借款期限(年)	金额(元)
2023 年 1 月 1 日	3	1 000 000
2020 年 1 月 1 日	5	2 000 000
2019 年 6 月 1 日	4	1 500 000

该企业 2023 年 12 月 31 日资产负债表中"长期借款"项目金额为:
$$1\ 000\ 000+2\ 000\ 000=3\ 000\ 000(元)$$

本例中,企业应当根据"长期借款"总账科目余额 4 500 000(1 000 000+2 000 000+1 500 000)元,减去一年内到期的长期借款 1 500 000 元,作为资产负债表中"长期借款"项目的金额,即 3 000 000 元。将在一年内到期的长期借款 1 500 000 元,应当填列在流动负债下"一年内到期的非流动负债"项目中。

4. 根据有关科目余额减去其备抵科目余额后的净额填列

如资产负债表中的"应收票据""应收账款""长期股权投资""在建工程"等项目,应当根据"应收票据""应收账款""长期股权投资""在建工程"等科目的期末余额减去"坏账准备""长期股权投资减值准备""在建工程减值准备"等科目余额后的净额填列。"固定资产"项目,应当根据"固定资产"科目的期末余额减去"累计折旧""固定资产减值准备"备抵科目余额后的净额填列;"无形资产"项目,应当根据"无形资产"科目的期末余额,减去"累计摊销""无形资产减值准备"备抵科目余额后的净额填列。

【例 10-6】 甲商品流通企业 2023 年 12 月 31 日结账后的"固定资产"科目余额为 1 000 000 元,"累计折旧"科目余额为 90 000 元,"固定资产减值准备"科目余额为 200 000 元。

该企业 2023 年 12 月 31 日资产负债表中的"固定资产"项目金额为：

$$1\ 000\ 000-90\ 000-200\ 000=710\ 000(元)$$

本例中，企业应当以"固定资产"总账科目余额，减去"累计折旧"和"固定资产减值准备"两个备抵类总账科目余额后的净额，作为资产负债表中"固定资产"的项目金额。

【例 10-7】 甲商品流通企业 2023 年 12 月 31 日结账后的"无形资产"科目余额为 488 000元，"累计摊销"科目余额为 48 800 元，"无形资产减值准备"科目余额为 93 000 元。

该企业 2023 年 12 月 31 日资产负债表中的"无形资产"项目金额为：

$$488\ 000-48\ 800-93\ 000=346\ 200(元)$$

本例中，企业应当以"无形资产"总账科目余额，减去"累计摊销"和"无形资产减值准备"两个备抵类总账科目余额后的净额，作为资产负债表中"无形资产"的项目金额。

5. 综合运用上述填列方法分析填列

如资产负债表中存货项目，应根据"原材料""委托加工物资""周转材料""材料采购""在途物资""发出商品""委托代销商品""受托代销商品"等总账科目期末余额合计数减去"受托代销商品款""商品进销差价""存货跌价准备"的账户期末余额后的金额列示。材料采用计划成本核算和库存商品采用售价金额核算的企业，还应加上或者减去"材料成本差异""商品进销差价"。

【例 10-8】 甲商品流通企业采用售价金额核算制核算材料和商品，2023 年 12 月 31日结账后有关科目余额为："材料采购"科目余额为 140 000 元(借方)，"受托代销商品"科目余额为 2 400 000 元(借方)，"委托代销商品"科目余额为 1800 000 元(借方)，"库存商品"科目余额为 1 600 000 元(借方)，"受托代销商品款"科目余额为 600 000 元(贷方)，"商品进销差价"科目余额为 120 000 元(贷方)，"存货跌价准备"科目余额为 210 000 元。

该企业 2023 年 12 月 31 日资产负债表中的"存货"项目金额为：

$$140\ 000+2\ 400\ 000+1\ 800\ 000+1\ 600\ 000-600\ 000-120\ 000-210\ 000=5\ 010\ 000(元)$$

本例中，企业应当用"材料采购"(表示在途材料采购成本)、"委托代销商品""受托代销商品""库存商品"各总账科目余额加总后，加上或减去"商品进销差价"总账科目的余额(若为贷方余额，应减去；若为借方余额，应加上)，再减去"受托代销商品款""存货跌价准备"总账科目余额后的净额，作为资产负债表中"存货"项目的金额。

10.3 利 润 表

10.3.1 利润表概述

利润表.mp4

利润表是指反映企业在一定会计期间内经营成果的报表。

企业一定会计期间的经营成果既可能表现为盈利，也可能表现为亏损，因此，利润表也被称为损益表。它全面揭示了企业在某一特定时期实现的各种收入、发生的各种费用、成本或支出，以及企业实现的利润或发生的亏损情况。

利润表是根据"收入−费用=利润"的基本关系编制的，其具体内容取决于收入、费用、利润等会计要素及其内容，利润表项目是收入、费用和利润要素内容的具体体现。

利润表正表的格式一般有两种：单步式利润表和多步式利润表。单步式利润表是将当期所有的收入和当期所有的费用列在一起，两者相减得出当期净损益。多步式利润表是通过对当期的收入、费用、支出项目按性质加以归类，按利润形成的主要环节列示一些中间性利润指标，如营业利润、利润总额、净利润，分步计算当期净损益。

在我国，利润表多采用多步式，如表 10.4 所示。

表 10.4　多步式利润表

会企 02 表

编制单位：　　　　　　　　　年　　月　　　　　　　　　单位：元

项　　目	本期金额	上期金额
一、营业收入		
减：营业成本		
税金及附加		
销售费用		
管理费用		
财务费用(收益以"-"填列)		
资产减值损失		
加：公允价值变动净收益(损失以"-"填列)		
投资净收益(损失以"-"填列)		
二、营业利润(亏损以"-"填列)		
加：营业外收入		
减：营业外支出		
其中：非流动资产处置净损失		
三、利润总额		
减：所得税费用		
四、净利润(净亏损以"-"填列)		
五、每股收益		
(一)基本每股收益		
(二)稀释每股收益		
六、其他综合收益		
七、综合收益总额		

10.3.2　利润表的编制

我国企业利润表的主要编制步骤和内容如下。

第一步，以营业收入为基础，减去营业成本、税金及附加、销售费用、管理费用、财务费用、资产减值损失，加上公允价值变动收益(减去公允价值变动损失)和投资收益(减去投资损失)，计算出营业利润。

第二步,以营业利润为基础,加上营业外收入,减去营业外支出,计算出利润总额。

第三步,以利润总额为基础,减去所得税费用,计算出净利润(或亏损)。

普通股或潜在普通股已公开交易的企业,以及正处于公开发行普通股或潜在普通股过程中的企业,还应当在利润表中列示每股收益信息。

利润表各项目均需填列"本期金额"和"上期金额"两栏。

利润表"本期金额"栏反映各项目的本期实际发生数。利润表"上期金额"栏内各项数字,应根据上年该期利润表"本期金额"栏内所列数字填列。

1. 一般根据账户的本期发生额分析填列

由于该表是反映企业一定时期经营成果的动态报表,因此,"本期金额"栏内各项目一般根据账户的本期发生额分析填列。

(1) "营业收入"项目,反映企业经营业务所得的收入总额。本项目应根据"主营业务收入"和"其他业务收入"账户的发生额分析填列。

(2) "营业成本"项目,反映企业经营业务发生的实际成本。本项目应根据"主营业务成本"和"其他业务成本"账户的发生额分析填列。

(3) "税金及附加"项目,反映企业经营业务应负担的消费税、城市维护建设税、资源税、土地增值税和教育费附加等。本项目应根据"税金及附加"账户的发生额分析填列。

(4) "销售费用"项目,反映企业在销售商品和商品流通企业在购入商品等过程中发生的费用。本项目应根据"销售费用"账户的发生额分析填列。

(5) "管理费用"项目,反映企业行政管理等部门所发生的费用。本项目应根据"管理费用"账户的发生额分析填列。

(6) "财务费用"项目,反映企业发生的利息费用等。本项目应根据"财务费用"账户的发生额分析填列。

(7) "资产减值损失"项目,反映企业发生的各项减值损失。本项目应根据"资产减值损失"账户的发生额分析填列。

(8) "公允价值变动损益"项目,反映企业交易性金融资产等公允价值变动所形成的当期利得和损失。本项目应根据"公允价值变动损益"账户的发生额分析填列。

(9) "投资收益"项目,反映企业以各种方式对外投资所取得的收益。本项目应根据"投资收益"账户的发生额分析填列;如为投资损失,以"-"号填列。

(10) "营业外收入"项目和"营业外支出"项目,反映企业发生的与其生产经营无直接关系的各项收入和支出。这两个项目应分别根据"营业外收入"账户和"营业外支出"账户的发生额分析填列。

(11) "所得税费用"项目,反映企业按规定从本期损益中减去的所得税。本项目应根据"所得税费用"账户的发生额分析填列。

(12) "每股收益"项目,又称每股税后利润、每股盈余,是指税后利润与股本总数的比率。包括基本收益和稀释每股收益。

(13) "其他综合收益"项目,反映企业根据企业会计准则规定未在损益中确认的各项利得和损失扣除所得税后的净额。此项目主要根据"资本公积——其他资本公积"科目的发生额分析填列。

(14)"综合收益总额"项目,反映企业净利润与其他综合收益的合计金额。

2. 利润的构成分类项目根据本表有关项目计算填列

利润表中"营业利润""利润总额""净利润"等项目,均根据有关项目计算填列,此处不再赘述。

【例 10-9】 甲商品流通企业 2023 年度"主营业务收入"科目的贷方发生额为 33 000 000 元,借方发生额为 200 000 元(系 11 月份发生的购买方退货),"其他业务收入"科目的贷方发生额为 2 000 000 元。

该企业 2023 年度利润表中"营业收入"的项目金额为:

$$33\ 000\ 000-200\ 000+2\ 000\ 000=34\ 800\ 000(元)$$

本例中,企业一般应当以"主营业务收入"和"其他业务收入"两个总账科目的贷方发生额之和,作为利润表中"营业收入"项目金额。当年发生销售退回的,应当以冲减销售退回主营业务收入后的金额填列"营业收入"项目。

【例 10-10】 甲商品流通企业 2023 年度"主营业务成本"科目的借方发生额为 30 000 000 元,当年 9 月销售给某单位的一批产品由于质量问题被退回,该项销售已确认成本 1 800 000 元;"其他业务成本"科目借方发生额为 800 000 元。

该企业 2023 年度利润表中的"营业成本"的项目金额为:

$$30\ 000\ 000-1\ 800\ 000+800\ 000=29\ 000\ 000(元)$$

本例中,企业一般应当以"主营业务成本"和"其他业务成本"两个总账科目的借方发生额之和,作为利润表中"营业成本"的项目金额。当年发生销售退回的,应当以减去销售退回商品成本后的金额填列"营业成本"项目。

【例 10-11】 甲商品流通企业 2023 年 12 月 31 日"资产减值损失"科目当年借方发生额为 680 000 元,贷方发生额为 320 000 元。

该企业 2023 年度利润表中"资产减值损失"的项目金额为:

$$680\ 000-320\ 000=360\ 000(元)$$

本例中,企业应当以"资产减值损失"总账科目借方发生额减去贷方发生额后的余额作为利润表中"资产减值损失"的项目金额。

【例 10-12】 甲商品流通企业 2023 年"公允价值变动损益"科目贷方发生额为 900 000 元,借方发生额为 120 000 元。

该企业 2023 年度利润表中"公允价值变动收益"的项目金额为:

$$900\ 000-120\ 000=780\ 000(元)$$

本例中,企业应当以"公允价值变动损益"总账科目贷方发生额减去借方发生额后的余额,作为利润表中"公允价值变动收益"的项目金额,若相减后为负数,表示公允价值变动损失,以"−"号填列。

【例 10-13】 截至 2023 年 12 月 31 日,甲商品流通企业"主营业务收入"科目发生额为 1 990 000 元,"主营业务成本"科目发生额为 630 000 元,"其他业务收入"科目发生额为 500 000 元,"其他业务成本"科目发生额为 150 000 元,"税金及附加"科目发生额为 780 000 元,"销售费用"科目发生额为 60 000 元,"管理费用"科目发生额为 50 000 元,"财务费用"科目发生额为 170 000 元,"资产减值损失"科目借方发生额为 50 000 元

(无贷方发生额)，"公允价值变动损益"科目借方发生额为 450 000 元(无贷方发生额)，"投资收益"科目贷方发生额为 850 000 元(无借方发生额)，"营业外收入"科目发生额为 100 000元，"营业外支出"科目发生额为 40 000 元，"所得税费用"科目发生额为 171 600 元。

该企业 2023 年度利润表中营业利润、利润总额和净利润的计算过程如下：

营业利润=1 990 000+500 000-630 000-150 000-780 000-60 000-50 000-170 000-
50 000-450 000+850 000=1 000 000(元)

利润总额=1 000 000+100 000-40 000=1 060 000(元)

净利润=1 060 000-171 600=888 400(元)

本例中，企业应当根据编制利润表的多步式步骤，确定利润表中各主要项目的金额，相关计算公式如下。

营业利润=营业收入-营业成本-税金及附加-销售费用-管理费用-财务费用-资产减值损失+公允价值变动收益(或-公允价值变动损失)+投资收益(或-投资损失)

其中，

营业收入=主营业务收入+其他业务收入营业成本=主营业务成本+其他业务成本

利润总额=营业利润+营业外收入-营业外支出

净利润=利润总额-所得税费用

思政案例 10-1 虚假财务报表案例.docx

10.4 现金流量表

10.4.1 现金流量表概述

现金流量表.mp4

现金流量表是反映企业在一定会计期间现金及现金等价物流入和流出的报表。

现金流量是指一定会计期间内企业现金及现金等价物的流入和流出。企业从银行提取现金、用现金购买短期到期的国库券等现金及现金等价物之间的转换不属于现金流量。

现金是指企业库存现金以及可以随时用于支付的存款，包括库存现金、银行存款和其他货币资金(如外埠存款、银行汇票存款、银行本票存款等)等。不能随时用于支付的存款不属于现金。

现金等价物是指企业持有的期限短、流动性强、易于转换为已知金额现金、价值变动风险很小的投资。期限短，一般是指从购买日起 3 个月内到期。现金等价物通常包括 3 个月内到期的债券投资等。权益性投资变现的金额通常不确定，因而不属于现金等价物。企业应当根据具体情况确定现金等价物的范围，一经确定不得随意变更。

企业的现金流量可分为以下三大类。

1. 经营活动产生的现金流量

经营活动是指企业投资活动和筹资活动以外的所有交易事项。经营活动产生的现金流量主要包括销售商品或提供劳务、购买商品、接受劳务、支付工资和交纳税款等流入和流出的现金及现金等价物。

2. 投资活动产生的现金流量

投资活动是指企业长期资产的购建和不包括在现金等价物范围内的投资及其处置活动。投资活动产生的现金流量主要包括购建固定资产、处置子公司及其他营业单位等流入和流出的现金及现金等价物。

3. 筹资活动产生的现金流量

筹资活动是指导致企业资本及负债规模或构成发生变化的活动。筹资活动产生的现金流量主要包括吸收投资、发行股票、分配利润、发行债券、偿还债务等流入和流出的现金及现金等价物。偿还应付账款、应付票据等应付款项属于经营活动，不属于筹资活动。

我国企业现金流量表采用报告式结构，分类反映经营活动产生的现金流量、投资活动产生的现金流量和筹资活动产生的现金流量，最后汇总反映企业某一期间现金及现金等价物的净增加额。

我国企业现金流量表的格式如表 10.5 所示。

表 10.5 现金流量表　　　　　　　　　会企 03 表

编制单位：　　　　　　　　　年　　月　　　　　　　　　单位：元

项　　目	本年金额
一、经营活动产生的现金流量：	
销售商品、提供劳务收到的现金	
收到的税费返还	
收到的其他与经营活动有关的现金	
经营活动现金流入小计	
购买商品、接受劳务支付的现金	
支付给职工以及为职工支付的现金	
支付的各项税费	
支付的其他与经营活动有关的现金	
经营活动现金流出小计	
经营活动产生的现金流量净额	
二、投资活动产生的现金流量：	
收回投资所收到的现金	
取得投资收益所收到的现金	
处置固定资产、无形资产和其他长期资产所收回的现金净额	
处置子公司及其他营业单位收到的现金净额	
收到的其他与投资活动有关的现金	
投资活动现金流入小计	
购建固定资产、无形资产和其他长期资产所支付的现金	
投资所支付的现金	
支付的其他与投资活动有关的现金	

续表

项　　目	本年金额
投资活动现金流出小计	
投资活动产生的现金流量净额	
三、筹资活动产生的现金流量	
吸收投资收到的现金	
取得借款收到的现金	
收到的其他与筹资活动有关的现金	
筹资活动现金流入小计	
偿还债务所支付的现金	
分配股利、利润或偿还利息所支付的现金	
支付的其他与筹资活动有关的现金	
筹资活动现金流出小计	
筹资活动产生的现金流量净额	
四、汇率变动对现金的影响	
五、现金及现金等价物净增加额	
加：期初现金及现金等价物余额	
六、期末现金及现金等价物余额	

10.4.2　现金流量表的编制

1. 经营活动产生的现金流量

(1)"销售商品、提供劳务收到的现金"项目。该项目反映企业销售商品、提供劳务实际收到的现金(含销售收入和应向购买者收取的增值税额)。由于现金流量表以现金制为基础,因此该项目应包括本期销售商品、提供劳务收到的现金,以及前期销售和前期提供劳务本期收到的现金和本期预收的账款,减去本期退回本期销售的商品和前期销售本期退回的商品支付的现金。企业销售材料和代购代销业务收到的现金,也在本项目中反映。本项目可根据"库存现金""银行存款""应收账款""应收票据""预收账款""主营业务收入""其他业务收入"等账户的记录分析填列。

(2)"收到的税费返还"项目。该项目反映企业收到的各种税费,如收到的增值税、消费税、所得税、教育费附加返还等。本项目可根据"库存现金""银行存款""其他业务收入""其他应收款"等账户的记录分析填列。

(3)"收到的其他与经营活动有关的现金"项目。该项目反映企业除了上述项目外,收到的其他与经营活动有关的现金流入,如罚款收入、流动资产损失中由个人赔偿的现金收入等。其他现金流入价值较大的,应单独列项反映。本项目可根据"库存现金""银行存款""营业外收入"等账户的记录分析填列。

(4)"购买商品、接受劳务支付的现金"项目。该项目反映企业购买商品、接受劳务支付的现金，包括本期购入的材料、商品、接受劳务支付的现金(包括增值税进项税款)，以及本期支付前期的购入商品、接受劳务的未付款项和本期预付款项。本期发生的购货退回收到的现金应从本期项目中减去。本项目可根据"库存现金""银行存款""应付账款""应付票据""主营业务成本"等账户的记录分析填列。

【例 10-14】某企业 2023 年度发生以下业务：以银行存款购买将于 2 个月后到期的国债 5 000 000 元，偿还应付账款 2 000 000 元，支付销售人员工资 1 500 000 元，购买固定资产 3 000 000 元。假定不考虑其他因素，则该企业 2023 年度现金流量表中"购买商品、接受劳务支付的现金"项目的金额为 2 000 000 元。

本例中，购买 2 个月后到期的国债属于用银行存款购买了现金等价物，不对现金流量造成影响，因此不用考虑此事项；偿还应付账款属于购买商品支付的现金；支付销售人员工资属于支付给职工以及为职工支付的现金；购买固定资产属于投资活动。因此，本例只需要考虑偿还应付账款这个事项，"购买商品，接受劳务支付的现金"项目的金额为 2 000 000 元。

(5) "支付给职工以及为职工支付的现金"项目。该项目反映企业实际支付给职工以及为职工支付的现金，包括本期实际支付给员工的工资、奖金、各种津贴和补贴，以及为职工支付的其他费用。本项目中不包括企业支付的离退休人员的各项费用和支付给在建工程人员的工资等。

企业支付给离退休人员的费用，包括支付的统筹退休金以及未参加统筹的退休人员的费用，在"支付的其他与经营活动有关的现金"项目中反映；企业支付的在建工程人员的工资，在"购建固定资产、无形资产和其他长期资产支付的现金"项目中反映。本项目可以根据"应付职工薪酬""库存现金""银行存款"等账户的记录分析填列。

企业为职工支付的养老、失业等社会保险基金、补充养老保险、住房公积金，支付给职工的住房困难补助以及其他福利费用等，应按职工的工作性质和服务对象，分别在本项目和"购建固定资产、无形资产和其他长期资产支付的现金"项目中反映。

【例 10-15】某企业本期实际发放工资和津贴共计 1 100 000 元，其中销售人员 550 000 元，行政管理人员 250 000 元。该企业本期现金流量表中"支付给职工以及为职工支付的现金"项目填列的金额为 800 000 元。

(6) "支付的各项税费"项目。该项目反映企业按规定支付的各种税费，包括本期发生并支付的税费，以及本期支付以前各期发生的税费和预交的税费，如支付的教育费附加、矿产资源补偿费、印花税、房产税、土地增值税、车船使用税、所得税、消费税等，不包括计入固定资产价值、实际支付的耕地占用税等，也不包括本期退回的增值税、所得税。本期收到的增值税、所得税在"收到的税费返还"项目中反映。本项目可根据"库存现金""银行存款""应交税金"等账户的记录分析填列。

(7) "支付的其他与经营活动有关的现金"项目。该项目反映企业除上述各项外，支付的其他与经营活动有关的现金流出，如罚款、差旅费、业务招待费、保险、宣传广告费等。其他现金流出如果具有价值较大的，应单列项目反映。本项目可根据有关账户的记录分析填列。

2. 投资活动产生的现金流量

(1) "收回投资所收到的现金"项目。该项目反映企业出售、转让或到期收回除现金等价物以外的对其他企业的权益工具、债务工具和合营中的权益等投资收到的现金。收回债务工具实现的投资收益、处置子公司及其他营业单位收到的现金净额不在本项目中反映。本项目可根据"可供出售金融资产""持有至到期投资""长期股权投资""库存现金""银行存款"等账户的记录分析填列。

(2)"取得投资收益所收到的现金"项目。该项目反映企业除现金等价物以外的其他企业的权益工具、债务工具和合营中的权益投资分回的现金股利的利息等,但不包括现金股利。本项目可根据"库存现金""银行存款""投资收益"等账户的记录分析填列。

(3)"处置固定资产、无形资产和其他长期资产收回的现金净额"项目。该项目反映企业处置固定资产、无形资产和其他长期资产取得的现金,减去处置这些资产而支付的有关费用后的净额。由于自然灾害所造成的固定资产等长期资产损失而收到的保险赔偿收入,也在本项目中反映。本项目可根据"固定资产清理""库存现金""银行存款"等账户的记录分析填列。

(4)"处置子公司及其他营业单位收到的现金净额"项目。该项目反映企业处置子公司及其他营业单位取得的现金,减去相关处置费用以及子公司及其他营业单位持有的现金及现金等价物后的净额。本项目可根据"长期股权投资""库存现金""银行存款"等账户的记录分析填列。

(5)"收到其他与投资活动有关的现金"项目。该项目反映了企业除上述各项目以外,收到的其他与投资活动有关的现金流入。比如,企业收回购买股票和债券时支付的已宣告但尚未领取的债券利息。其他现金流入如价值较大的,应单列项目反映。本项目可根据有关账户的记录分析填列。

(6)"购建固定资产、无形资产和其他长期资产所支付的现金"项目。该项目反映企业购买、建造固定资产、取得无形资产和其他长期资产支付的现金,以及用现金支付的应由在建工程和无形资产担负的职工薪酬,不包括为购建固定资产而发生的借款利息资本化的部分,以及融资租入固定资产支付的租赁费。借款利息和融资租入固定资产支付的租赁费,在筹资活动产生的现金流量中单独反映。本项目可根据"固定资产""无形资产""在建工程"等科目的记录分析填列。

(7)"投资所支付的现金"项目。该项目反映企业取得的除现金以外的其他企业的权益工具、债务工具和合营中的权益等投资支付的现金,以及支付的佣金、手续费等交易费用,但取得子公司及其他经营单位支付的现金除外。本项目可根据"可供出售金融资产""持有至到期投资""长期股权投资""库存现金""银行存款"等账户的记录分析填列。

企业购买股票和债券时实际支付的价款中包含的已宣告但尚未领取的现金股利或已支付到期但尚未领取的债券利息,应在投资活动的"支付的其他与投资活动有关的现金"项目反映;收回股票和债券时支付的已宣告但尚未领取的现金股利和已到期但尚未领取的债券的利息,应在投资活动的"收到的其他与投资活动有关的现金"项目中反映。

(8)"支付与其他投资活动有关的现金"项目。该项目反映企业除上述各项以外,支付的其他与投资活动有关的现金流出。比如,企业购买股票时实际支付的价款中包含的已宣告但尚未领取的现金股利,购买债券时支付的价款中包含的已宣告但尚未领取的债券利息等。其他现金流出如果价值较大,应单列项目反映。本项目可根据"应收股利""应收利息""库存现金""银行存款"等账户的记录分析填列。

3. 筹资活动产生的现金流量

(1) "吸收投资收到的现金"项目。该项目反映企业以发行股票、债券等方式筹集资金实际收到的款项，减去直接支付的佣金、手续费、宣传费、咨询费、印刷费等发行费用后的净额。本项目可根据"实收资本(或股本)""资本公积""应付债券"等科目的记录分析填列或根据"实收资本(或股本)""资本公积"备查登记簿的"现金入股"栏目的记录金额填列。

(2) "取得借款收到的现金"项目。该项目反映企业举借各种短期、长期借款收到的现金。本项目可根据"短期借款""长期借款""库存现金""银行存款"等账户的记录分析填列。

(3) "收到的其他与筹资活动有关的现金"项目。该项目反映企业除了上述各项目外收到的其他与筹资活动有关的现金流入，如接受现金捐赠等。其他现金收入如价值较大的，应当单列项目反映。本项目可根据有关账户的记录分析填列。

(4) "偿还债务所支付的现金"项目。该项目反映企业以现金偿还债务的本金，包括偿还金融企业的借款本金、偿还债券本金等，企业偿还的借款利息、债券利息，在"分配股利、利润和偿还利息支付的现金"项目中反映，不包括在本项目内。本项目可依据"短期借款""长期借款""库存现金""银行存款"等账户的记录分析填列。

(5) "分配股利、利润和偿还利息支付的现金"项目。该项目反映企业实际支付的现金股利、支付给其他投资单位以及支付的借款利息、债券利息等。本项目可根据"应付股利""应付利息""财务费用""长期借款""库存现金""银行存款"等账户的记录分析填列。

(6) "支付的与其他筹资活动有关的现金"项目。该项目反映企业除了上述各项目以外，支付的其他与筹资活动有关的现金流出，如捐赠现金支出、融资租入固定资产支付的租赁费等。其他现金流出如果价值较大，应单列项目反映。本项目可根据"营业外支出""长期应付款""库存现金""银行存款"等账户的记录分析填列。

4. 汇率变动对现金的影响

企业外币现金流量及境外子公司的现金流量折算成记账本位币时，所采用的是现金流量发生日的汇率或即期汇率近似的汇率，而现金流量表"现金及现金等价物净增加额"项目中外币现金净增加额是按资产负债表日的即期汇率折算。这两者的差额即为汇率变动对现金的影响。

【例 10-16】　甲商品流通企业当期出口商品一批，售价 10 000 美元，款项已收到，收汇当日汇率为 1∶6.90。当期进口货物一批，价值 5 000 美元，款项已支付，结汇当日汇率为 1∶6.92。资产负债表日的即期汇率为 1∶6.93。假设银行存款的期初余额为 0，当期没有其他业务发生。

汇率变动对现金的影响额计算如下：

经营活动流入的现金　　　　10 000(美元)

汇率变动(6.93−6.90)　　　　×0.03

汇率变动对现金流入的影响额　　300(元)

经营活动流出的现金　　　　5 000(美元)

汇率变动(6.93-6.92)　　　　　×0.01

汇率变动对现金流出的影响额　　50(元)

汇率变动对现金的影响额　　　　250(元)

现金流量表中：

经营活动流入的现金　　　　　　69 000

经营活动流出的现金　　　　　　34 600

经营活动产生的现金流量净额　　34 400

汇率变动对现金的影响额　　　　　　250

现金及现金等价物净增加额　　　34 650

现金流量表补充资料中：

现金及现金等价物净增加情况：

银行存款的期末余额(5 000×6.93)　34 650

银行存款的期初余额　　　　　　　　0

现金及现金等价物净增加额　　　34 650

5. 现金及现金等价物净增加额

该项目反映企业本期现金的净增加额或净减少额，是现金流量表中"经营活动产生的现金流量净额""投资活动产生的现金流量净额""筹资活动产生的现金流量净额"与汇率变动对现金的影响额的合计数。

从例 10-16 中可以看出，现金流量表"现金及现金等价物净增加额"项目数额与现金流量表补充资料中"现金及现金等价物净增加额"数额相等，应当核对后确认相符。在编制现金流量表时，对当期发生的外币业务，也可不必逐笔计算汇率变动对现金的影响，可以通过现金流量表补充资料中"现金及现金等价物净增加额"数额与现金流量表中"经营活动产生的现金流量净额""投资活动产生的现金流量净额""筹资活动产生的现金流量净额"三项之和比较，其差额即为"汇率变动对现金的影响额"。

6. 期末现金及现金等价物余额

该项目是将计算出来的现金及现金等价物净增加额加上期初现金及现金等价物金额求得。它应该与企业期末的全部货币资金及现金等价物的合计余额相等。

10.5　所有者权益变动表

10.5.1　所有者权益变动表概述

所有者权益变动表.mp4

所有者权益变动表是反映构成所有者权益的各组成部分当期的增减变动情况的报表。所有者权益变动表应当全面反映一定时期所有者权益变动的情况，不仅包括所有者权益总量的增减变动，还包括所有者权益增减变动的重要结构性信息，特别是要反映直接计入所有者权益的利得和损失，让报表使用者准确了解所有者权益增减变动的根源。

因此，在所有者权益变动表上，企业至少应当单独列示反映下列信息的项目。

(1) 净利润。

(2) 直接计入所有者权益的利得和损失项目及其总额。

(3) 会计政策变更和差错更正的累积影响金额。

(4) 所有者投入资本和向所有者分配利润等。

(5) 提取的盈余公积。

(6) 实收资本、资本公积、盈余公积、未分配利润的期初余额、期末余额及其调节情况。

所有者权益变动表以矩阵的形式列示：一方面，列示导致所有者权益变动的交易或事项，即所有者权益变动的来源对一定时期所有者权益的变动情况进行全面反映；另一方面，按照所有者权益各组成部分(即实收资本、资本公积、盈余公积、未分配利润和库存股)列示交易或事项对所有者权益各部分的影响。

我国企业所有者权益变动表的格式如表 10.6 所示。

表 10.6　所有者权益变动表　　　　　　　　　　　　　　　会企 04 表

编制单位：　　　　　　　　　　　　　　年度　　　　　　　　　　　　单位：元

项　目	本年金额						上年金额					
	实收资本(或股本)	资本公积	减:库存股	盈余公积	未分配利润	所有者权益合计	实收资本(或股本)	资本公积	减:库存股	盈余公积	未分配利润	所有者权益合计
一、上年年末余额												
加：会计政策变更												
前期差错更正												
二、本年年初余额												
三、本年增减变动金额(减少以"−"填列)												
(一)净利润												
(二)直接计入所有者权益的利得和损失												
1.可供出售金融资产公允价值变动净额												
2.权益法下被投资单位其他所有者权益变动的影响												
3.与计入所有者权益项目有关的所得税影响												
4.其他												
上述(一)和(二)小计												
(三)所有者投入和减少资本												

续表

项　目	本年金额						上年金额					
	实收资本(或股本)	资本公积	减:库存股	盈余公积	未分配利润	所有者权益合计	实收资本(或股本)	资本公积	减:库存股	盈余公积	未分配利润	所有者权益合计
1.所有者投入资本												
2.股份支付计入所有者权益的金额												
3.其他												
(四)利润分配												
1.提取盈余公积												
2.对所有者(或股东)的分配												
3.其他												
(五)所有者权益内部结转												
1.资本公积转增资本(或股本)												
2.盈余公积转增资本(或股本)												
3.盈余公积弥补亏损												
4.其他												
四、本年年末余额												

10.5.2　所有者权益变动表的编制

所有者权益变动表各项目均需要填列"本年金额"和"上年金额"两栏。

1. 上年金额栏的列报方法

所有者权益变动表"上年金额"栏内各项数字,应根据上年度所有者权益变动表"本年金额"内所列数字填列。上年度所有者权益变动表规定的各个项目的名称和内容同本年度不一致的,应对上年度所有者权益变动表各项目的名称和数字按照本年度的规定进行调整,并将其填入所有者权益变动表的"上年金额"栏内。

思政案例10-2　财务报告造假案例.docx

2. 本年金额栏的列报方法

所有者权益变动表"本年金额"栏内各项数字一般应根据"实收资本(或股本)""资本

公积""盈余公积""利润分配""库存股""以前年度损益调整"科目的发生额分析填列。企业的净利润及其分配情况作为所有者权益变动的组成部分，不需要单独设置利润分配表列示。

3. 所有者权益变动表各项目的列报说明

(1) "上年年末余额"项目，反映企业上年资产负债表中实收资本(或股本)、资本公积、盈余公积、未分配利润的年末余额。

(2) "会计政策变更"和"前期差错更正"项目，分别反映企业采用追溯调整法处理的会计政策变更的累积影响金额和采用追溯重述法处理的会计差错更正的累积影响金额。为了体现会计政策变更和前期差错更正的影响，企业应当在上期期末所有者权益余额的基础上进行调整，得出本期期初所有者权益，根据"盈余公积""利润分配""以前年度损益调整"等科目的发生额分析填列。

(3) "本年增减变动额"项目分别反映如下内容。

① "净利润"项目，反映企业当年实现的净利润(或净亏损)金额，并对应列在"未分配利润"栏内。

② "直接计入所有者权益的利得和损失"项目，反映企业当年根据企业会计准则规定未在损益中确认的各项利得和损失扣除所得税影响后的净额，并对应列在"资本公积"栏内。

③ "净利润"和"直接计入所有者权益的利得和损失"小计项目，反映企业当年实现的净利润(或净亏损)金额和当年直接计入所有者权益的利得和损失的合计额。

④ "所有者投入和减少资本"项目，反映企业当年所有者投入的资本和减少的资本。其中："所有者投入资本"项目，反映企业接受投资者投入形成的实收资本(或股本)和资本溢价或股本溢价，并对应列在"实收资本"和"资本公积"栏。"股份支付计入所有者权益的金额"项目，反映企业处于等待期中的权益结算的股份支付当年计入资本公积的金额，并对应列在"资本公积"栏内。

⑤ "利润分配"下各项目，反映当年对所有者(或股东)分配的利润(或股利)金额和按照规定提取的盈余公积金额，并对应列在"未分配利润"和"盈余公积"栏。其中："提取盈余公积"项目，反映企业按照规定提取的盈余公积。"对所有者(或股东)的分配"项目，反映对所有者(或股东)分配的利润(或股利)金额。

⑥ "所有者权益内部结转"下各项目，反映不影响当年所有者权益总额的所有者权益各组成部分之间当年的增减变动，包括资本公积转增资本(或股本)、盈余公积转增资本(或股本)、盈余公积弥补亏损等项金额。为了全面反映所有者权益各组成部分的增减变动情况，所有者权益内部结转也是所有者权益变动表的重要组成部分，主要指不影响所有者权益总额、所有者权益的各组成部分当期的增减变动。其中："资本公积转增资本(或股本)"项目，反映企业以资本公积转增资本或股本的金额；"盈余公积转增资本(或股本)"项目，反映企业以盈余公积转增资本或股本的金额；"盈余公积弥补亏损"项目，反映企业以盈余公积弥补亏损的金额。

10.6 财务报表附注

财务报表附注.mp4

10.6.1 财务报表附注概述

财务报表附注是对资产负债表、利润表、现金流量表和所有者权益变动表等报表中列示项目的文字描述或明细资料，以及对未能在这些报表中列示项目的说明等。它可以使报表使用者全面了解企业的财务状况、经营成果和现金流量。

财务报表附注是对会计报表的补充说明，是财务会计报告体系的重要组成部分。随着经济环境的复杂化以及人们对相关信息要求的提高，附注在整个财务报告体系中的地位日益突出。

10.6.2 附注披露的内容

企业应当按照规定披露如下有关内容。

1. 企业的基本情况

(1) 企业注册地、组织形式和总部地址。

(2) 企业的业务性质和主要经营活动，如企业所处的行业、所提供的主要产品或服务、客户的性质、销售策略、监管环境的性质等。

(3) 母公司以及集团最终母公司的名称。

(4) 财务报告的批准报出者和财务报告批准报出日。

2. 财务报表的编制基础

企业应当以持续经营为基础，根据实际发生的交易和事项，按照《企业会计准则——基本准则》和其他各项会计准则的规定进行确认和计量，在此基础上编制财务报表。

3. 遵循企业会计准则的声明

企业应当声明编制的财务报表符合企业会计准则的要求，真实、完整地反映企业的财务状况、经营成果和现金流量等有关信息，以此明确企业编制财务报表所依据的制度基础。

如果企业编制的财务报表只是部分地遵循了企业会计准则，附注中不得作出这种表述。

4. 重要会计政策和会计估计

根据《企业会计准则第30号——财务报表列报》的规定，企业应当披露采用的重要会计政策和会计估计，不重要的会计政策和会计估计可以不披露。

1) 重要会计政策的说明

由于企业经济业务的复杂性和多样化，某些经济业务可以有多种会计处理方法，也即存在不止一种可供选择的会计政策。例如，存货的计价可以有先进先出法、加权平均法、个别计价法等；固定资产的折旧，可以有平均年限法、工作量法、双倍余额递减法、年数总额法等。企业在发生某项经济业务时，必须从允许的会计处理方法中选择适合本企业特点的会计政策，企业选择不同的会计处理方法，可能极大地影响企业的财务状况和经营成果，进而编制出不同的财务报表。为了有助于报表使用者理解，有必要对这些会计政策加以披露。

需要特别指出的是，说明会计政策时还需要披露下列两项内容。

(1) 财务报表项目的计量基础。会计计量属性包括历史成本、重置成本、可变现净值、现值和公允价值，这直接显著影响报表使用者的分析，这项披露要求便于使用者了解企业财务报表中的项目是按何种计量基础予以计量的，如存货是按成本还是可变现净值计量等。

(2) 会计政策的确定依据，主要是指企业在运用会计政策过程中所做的对报表中确认的项目金额最具影响力的判断。例如，企业如何判断持有的金融资产是持有至到期的投资而不是交易性投资；又如，对于拥有的持股不足 50%的关联企业，企业如何判断企业拥有控制权因此将其纳入合并范围；再如，企业如何判断与租赁资产相关的所有风险和报酬已转移给企业，从而符合融资租赁的标准；以及投资性房地产的判断标准是什么；等等。这些判断对在报表中确认的项目金额具有重要影响。因此，这项披露要求有助于使用者理解企业选择和运用会计政策的背景，从而提高财务报表的可理解性。

2) 重要会计估计的说明

财务报表列报准则强调了对会计估计不确定因素的披露要求，企业应当披露会计估计中所采用的关键假设和不确定因素的确定依据，这些关键假设和不确定因素在下一会计期间内很可能导致企业需要对资产、负债账面价值进行重大调整。

在确定报表中确认的资产和负债的账面金额过程中，企业有时需要对不确定的未来事项在资产负债表日对这些资产和负债的影响加以估计。例如，固定资产可收回金额的计算需要根据其公允价值减去处置费用后的净额与预计未来现金流量的现值两者之间的较高者确定，在计算资产预计未来现金流量的现值时需要对未来现金流量进行预测，并选择适当的折现率，应当在附注中披露未来现金流量预测所采用的假设及其依据、所选择的折现率为什么是合理的等。又如，为正在进行中的诉讼提取准备时最佳估计数的确定依据等。这些假设的变动对这些资产和负债项目金额的确定影响很大，有可能会使企业在下一个会计年度内做出重大调整。因此，强调这一披露要求，有助于提高财务报表的可理解性。

5. 会计政策和会计估计变更以及差错更正的说明

企业应当按照《企业会计准则第 28 号——会计政策、会计估计变更和差错更正》及其应用指南的规定，披露会计政策和会计估计变更以及差错更正的有关情况。

6. 报表重要项目的说明

企业应当以文字和数字描述相结合，尽可能以列表形式披露报表重要项目的构成或当期增减变动情况，并且报表重要项目的明细金额合计，应当与报表项目金额相衔接。在披露过程中，一般应当按照资产负债表、利润表、现金流量表、所有者权益变动表的顺序及其项目列示的顺序进行披露。

7. 其他需要说明的重要事项

这主要包括有关承诺事项、资产负债表日后非调整事项、关联方关系及其交易等，具体的披露要求须遵循相关准则的规定。

小　　结

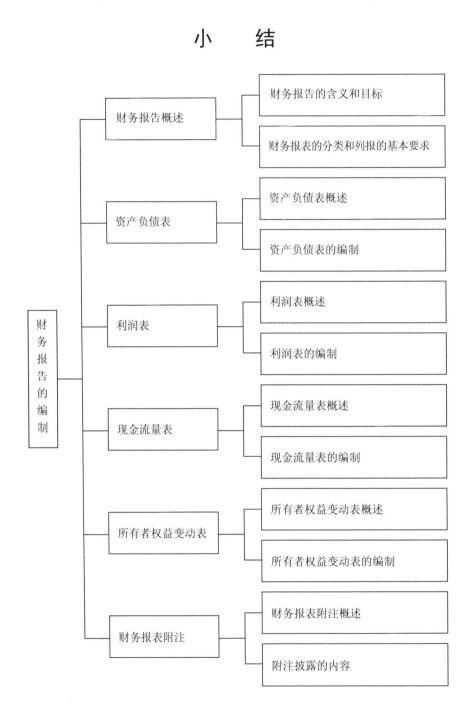

同 步 测 试

一、单项选择题

1. 某企业 2023 年发生如下业务：本年销售商品收到现金 20 000 000 元，以前年度销售商品本年收到的现金 4 000 000 元，本年预收销售商品款项 2 000 000 元，本年销售本年退回商品支付现金 1 600 000 元，以前年度销售本年退回商品支付的现金 1 200 000 元。2019年该企业现金流量表中"销售商品、提供劳务收到的现金"项目的金额为(   )元。

    A. 17 200 000   B. 21 200 000   C. 23 200 000   D. 20 000 000

  2. 编制利润表的主要依据是(   )。

    A. 资产、负债及所有者权益各账户的本期发生额

    B. 损益类各账户的本期发生额

    C. 资产、负债及所有者权益各账户的期末余额

    D. 损益类各账户的期末余额

  3. 企业"应付账款"科目月末贷方余额 50 000 元，其中："应付甲公司账款"明细科目贷方余额 45 000 元，"应付乙公司账款"明细科目贷方余额 20 000 元，"应付丙公司账款"明细科目借方余额 15 000 元；"预付账款"科目月末贷方余额 20 000 元，其中："预付 A 工厂账款"明细科目贷方余额 30 000 元，"预付 B 工厂账款"明细科目借方余额 10 000 元。该企业月末资产负债表中"预付款项"项目的金额为(   )元。

    A. 45 000   B. 25 000   C. −20 000   D. 20 000

  4. "预收账款"科目明细账中若有借方余额，应将其计入资产负债表中的(   )项目。

    A. 应收账款   B. 预收款项   C. 预付款项   D. 其他应收款

  5. 资产负债表中资产的排列依据是(   )。

    A. 项目重要性   B. 项目流动性   C. 项目时间性   D. 项目收益性

  6. 下列各科目的期末余额，不应在资产负债表"存货"项目列示的是(   )。

    A. 库存商品   B. 商品进销差价

    C. 在建工程   D. 委托加工物资

  7. 某企业期末"工程物资"科目的余额为 2 000 000 元，"委托代销商品"科目的余额为 500 000 元，"原材料"科目的余额为 600 000 元，"材料成本差异"科目的贷方余额为 5 万元。假定不考虑其他因素，该企业资产负债表中"存货"项目的金额为(   )元。

    A. 1 050 000   B. 1 150 000   C. 2 050 000   D. 2 150 000

  8. 某企业 2023 年主营业务收入科目贷方发生额是 20 000 000 元，借方发生额为退货 500 000 元，发生现金折扣 500 000 元，其他业务收入科目贷方发生额 1 000 000 元，其他业务成本科目借方发生额为 800 000 元，那么企业利润表中"营业收入"项目填列的金额为(   )元。

    A. 20 000 000   B. 20 500 000   C. 21 000 000   D. 20 700 000

  9. A 公司 2023 年购买商品支付 5 000 000 元(含增值税)，支付 2019 年接受劳务的未付款项 500 000 元，2023 年发生的购货退回 150 000 元，假设不考虑其他条件，A 公司 2019年现金流量表"购买商品、接受劳务支付的现金"项目中应填列(   )元。

    A. 5 350 000   B. 4 650 000   C. 4 350 000   D. 5 000 000

  10. 对于现金流量表，下列说法不正确的是(   )。

    A. 在具体编制时，可以采用工作底稿法或 T 形账户法

    B. 采用多步式

    C. 在具体编制时，也可根据有关科目记录分析填列

    D. 采用报告式

二、多项选择题

1. 资产负债表项目的"期末余额"栏，主要的填列方法是(　　)。

    A. 根据几个总账科目的期末余额的合计数填列

    B. 根据有关科目的余额减去其备抵科目余额后的净额填列

    C. 根据明细科目的余额计算填列

    D. 直接根据各自的总账科目的期末余额填列

2. 下列各项中，应在资产负债表"应收账款"项目列示的有(　　)。

    A. "预付账款"科目所属明细科目的贷方余额

    B. "应收账款"科目所属明细科目的借方余额

    C. "应收账款"科目所属明细科目的贷方余额

    D. "预收账款"科目所属明细科目的借方余额

3. 下列各项中，属于企业资产负债表存货项目范围的有(　　)。

    A. 已经购入但尚未运达本企业的货物

    B. 已售出但货物尚未运离本企业的存货

    C. 存放外地仓库但尚未售出的存货

    D. 支付手续费的委托代销方式下已发出的委托代销商品但尚未收到代销清单的存货

4. 下列选项中，不属于利润表项目的有(　　)。

    A. 未分配利润   B. 营业外收入   C. 净利润   D. 主营业务收入

5. 下列各项中，属于工业企业现金流量表"筹资活动产生的现金流量"的有(　　)。

    A. 吸收投资收到的现金   B. 分配利润支付的现金

    C. 取得借款收到的现金   D. 投资收到的现金股利

6. 下列资产负债表项目中，应根据有关科目余额减去其备抵科目余额后的净额填列的有(　　)。

    A. 应付票据   B. 交易性金融资产

    C. 无形资产   D. 长期股权投资

7. 下列各项中，属于流动负债的有(　　)。

    A. 预收款项   B. 其他应付款

    C. 预付款项   D. 一年内到期的长期借款

8. 下列项目中，会影响企业利润表中"营业利润"项目填列金额的有(　　)。

    A. 对外投资取得的投资收益   B. 出租无形资产取得的租金收入

    C. 计提固定资产减值准备   D. 缴纳所得税

9. 现金流量表中的"支付给职工以及为职工支付的现金"项目包括(　　)。

    A. 支付给退休人员的退休金   B. 支付给在建工程人员的职工薪酬

    C. 支付给销售部门人员的职工薪酬   D. 支付给生产工人的职工薪酬

10. 下列各项现金流出，属于企业现金流量表中投资活动产生的现金流量的有(　　)。

A. 发放管理人员工资　　　　　B. 购买固定资产支付的现金

C. 购买无形资产支付的现金　　D. 购买办公用品支付的现金

项 目 实 训

【实训一】

(一)目的: 练习计算资产负债表项目年末余额。

(二)资料:

甲商业股份有限公司 2023 年有关资料如下。

(1) 1 月 1 日，部分总账及其所属明细账余额如表 10.7 所示。

表 10.7　总账及其所属明细账余额

单位：元

总　账	明　细　账	借/贷	余　额
应收账款	——A 公司	借	6 000 000
坏账准备		贷	300 000
长期股权投资	——B 公司	借	25 000 000
固定资产	——厂房	借	30 000 000
累计折旧		贷	9 000 000
固定资产减值准备		贷	2 000 000
应付账款	——C 公司	借	1 500 000
	——D 公司	贷	10 500 000
长期借款	——甲银行	贷	3 000 000

注：①该公司未单独设置"预付账款"会计科目。

②表中长期借款为 2023 年 10 月 1 日从银行借入，借款期限 2 年，年利率 5%，每年付息一次。

(2) 2023 年甲商业股份有限公司发生如下业务。

① 3 月 10 日，收回上年已作为坏账转销的应收 A 公司账款 700 000 元并存入银行。

② 4 月 15 日，收到 C 公司发来的商品一批并验收入库，增值税专用发票注明货款 1 000 000 元，增值税 170 000 元，其款项上年已预付。

③ 4 月 20 日，对商场进行更新改造，发生后续支出总计 5 000 000 元，所替换的旧设施账面价值为 3 000 000 元(该设施原价 5 000 000 元，已提折旧 1 670 000 元，已提减值准备 330 000 元)。该商场于 12 月 30 日达到预定可使用状态，其后续支出符合资本化条件。

④ 1 至 4 月该商场已计提折旧 1 000 000 元。

⑤ 6 月 30 日，从乙银行借款 2 000 000 元，期限 3 年，年利率 6%，每半年付息一次。

⑥ 10 月份以票据结算的经济业务有(不考虑增值税)：持银行汇票购进商品 5 000 000 元；持银行本票购进库存商品 3 000 000 元；签发 6 个月的商业汇票购进物资 8 000 000 元。

⑦ 12 月 31 日，经计算本月应付职工工资 2 000 000 元，应计提社会保险费 500 000 元。同日，以银行存款预付下月住房租金 20 000 元，该住房供公司高级管理人员免费居住。

⑧ 12 月 31 日，经减值测试，应收 A 公司账款预计未来现金流量现值为 4 000 000 元。

⑨ 甲股份有限公司对 B 公司的长期股权投资采用权益法核算，其投资占 B 公司的表决权股份的 30%。2023 年 B 公司实现净利润 90 000 000 元。长期股权投资在资产负债表日不存在减值迹象。

除上述资料外，不考虑其他因素。

(三)要求： 计算甲商业股份有限公司 2023 年 12 月 31 日资产负债表下列项目的年末余额，并对上述业务进行会计处理。

(1) 应收账款　　(2)预付账款　　(3)长期股权投资　　(4)固定资产

(5) 应付票据　　(6)应付账款　　(7)应付职工薪酬　　(8)长期借款

【实训二】

(一)目的： 练习计算营业利润、利润总额、净利润。

(二)资料：

丁公司本年损益类科目余额如表 10.8 所示。

表 10.8　损益类科目余额　　　　　　　　　　　　　　　单位：元

科目名称	借方发生额	贷方发生额
主营业务收入		1 250 000
主营业务成本	750 000	
税金及附加	20 000	
其他业务收入	10 000	
其他业务成本	7 000	
销售费用	20 000	
管理费用	158 000	
财务费用	41 500	
投资收益		37 500
营业外收入		50 000
营业外支出	49 700	
所得税费用	78 000	

(三)要求： 计算丁公司的营业利润、利润总额、净利润。

思考与练习

1. 财务报告的概念是什么？一套完整的财务报表由哪几部分构成？企业是否需要编制利润分配表？

2. 企业编制的财务报表主要为谁提供会计信息？

3. 从结构来看，我国企业资产负债表是账户式还是报告式？账户式结构的内在含义是什么？资产和负债应当如何分别列示？

4. 流动资产的划分标准是什么？企业中主要的流动资产项目有哪些？

5. 流动负债的划分标准是什么？企业中主要的流动负债项目有哪些？

6. 所有者权益的内涵是什么？所有者权益项目主要有哪些？

7. 利润表各项目的编制方法与资产负债表主要有什么区别？

8. 现金流量分为哪几类？企业编制经营活动现金流量的方法是什么？

参 考 文 献

[1] 李海波，蒋瑛. 新编商业会计：商品流通企业会计[M]. 上海：立信会计出版社，2012.

[2] 倪明辉，耿洪英. 商品流通企业会计[M]. 哈尔滨：哈尔滨工程大学出版社，2013.

[3] 王国生. 商品流通企业会计[M]. 3 版. 北京：首都经济贸易大学出版社，2013.

[4] 冷雪艳，裴淑琴，袁中文. 商品流通企业会计[M]. 杭州：浙江大学出版社，2014.

[5] 丁元霖. 商品流通企业会计[M]. 10 版. 上海：立信会计出版社，2015.

[6] 史玉光. 新会计准则下商品流通企业会计实务[M]. 4 版. 北京：电子工业出版社，2013.

[7] 卢德湖，陈德洪. 商品流通企业会计实务[M]. 4 版. 大连：东北财经大学出版社，2019.

[8] 张立波. 商品流通企业会计[M]. 3 版. 北京：高等教育出版社，2013.

[9] 郑建志. 商品流通企业会计[M]. 2 版. 北京：中国财政经济出版社，2012.